D1668882

NO HAY LADRÓN
QUE POR BIEN NO VENGA
y otras comedias

NO HAY LADRÓN
QUE POR BIEN NO VENGA
y otras comedias

DARIO FO
con la colaboración de
Franca Rame

Traducción y prólogo de
Carla Matteini

Ediciones Siruela

Todos los derechos reservados. Ninguna parte de esta publicación
puede ser reproducida, almacenada o transmitida en manera alguna
ni por ningún medio, ya sea eléctrico, químico, mecánico, óptico,
de grabación o de fotocopia, sin permiso previo del editor.

Títulos originales: *Gli imbianchini non hanno ricordi,*
Non tutti i ladri vengono per nuocere,
L'uomo nudo e l'uomo in frak,
I cadaveri si spediscono e le donne si spogliano
y *Chi ruba un piede è fortunato in amore*
En cubierta: Fotografías extraídas del libro
Dario Fo de R. Nepoti y M. Cappa, Gremese Editore.
Todos los derechos reservados
Diseño gráfico: G. Gauger & J. Siruela
© Giulio Einaudi editore s.p.a., Turín 1984
© De *Chi ruba un piede...,*
Giulio Einaudi editore s.p.a, Turín 1966
© De la traducción y del prólogo, Carla Matteini
© Ediciones Siruela, S. A., 1998
Plaza de Manuel Becerra, 15. «El Pabellón»
28028 Madrid. Tels.: 91 355 57 20 / 91 355 22 02
Telefax: 91 355 22 01
Printed and made in Spain

ÍNDICE

El tresillo volcado

Milán, verano de 1958: el Piccolo Teatro de Milán, dirigido por Giorgio Strehler, se toma vacaciones tras una intensa temporada de «descubrimiento» italiano de algunos textos de Bertold Brecht, como *La buena persona de Sezuan* o *La ópera de tres centavos*. Durante la pausa estival, programa un espectáculo de la compañía de Franca Rame y Dario Fo, quien vuelve al teatro tras cuatro años de una larga estancia en Roma dedicada al cine. Franca Rame había continuado mientras tanto su carrera de brillante actriz de comedia y revista, cosechando sonados éxitos con obras de Labiche y Feydeau. Fue ella quien convenció a Fo de que regresara a su ciudad para crear juntos una compañía y hacer teatro con textos propios, abandonando la escritura de guiones y el mundo superficial y frívolo del cine romano, que tan infeliz le había hecho.

Hasta entonces, Fo no había escrito en solitario un texto completo, sino algunos de los sketches que componían los dos espectáculos satírico-musicales montados con ayuda del gran mimo Jacques Lecoq, y representados junto a Franco Parenti y Giustino Durano: *Il dito nell'occhio* en 1953, y *Sani da legare* al año siguiente. La escritura a seis manos se había mostrado eficaz para el estilo de cabaret literario, o revista «progre», que los tres cómicos habían paseado con notable éxito por escenarios canónicamente «teatrales», entre ellos el Piccolo Teatro.

Pero la necesidad personal de regresar al ambiente milanés y la profesional de volverse a encontrar con el teatro conducen a Dario Fo a plantearse sus primeros textos de autor, bajo la influencia del trabajo de Franca con los textos de Feydeau y Labiche. Si los dos maestros franceses del teatro de boulevard, del vodevil de calidad literaria, de la farsa de equívoco y situación tenían tanto éxito con el público italiano, ¿por qué no investigar en una farsa más popular, más cercana en situaciones, personajes y contemporaneidad, y al mismo tiempo con las señas de identidad que Fo ya estaba perfilando como autor y actor? De este regreso a Milán y al teatro, y de la libertad de escribir «a medida» unas farsas «a la italiana» para su propia compañía, nace el espectáculo que, con el título genérico de *Ladrones, maniquíes y mujeres desnudas,* agrupa los cuatro actos únicos que lanzan a Dario Fo por el camino de la autoría, y señala a la pareja Fo-Rame como iconos imprescindibles de la interpretación escénica de la segunda mitad del siglo.

Los títulos burlones parecen anticipar el género que Fo va, como siempre, a subvertir y reinventar: farsa clásica, de situación, pero refrescada por un componente surreal y poético que remitirá más, en ciertos casos, a Ionesco o a Beckett que a los clásicos autores de boulevard, contaminada también por elementos espurios, como el musical o la revista, la tradición de los payasos, o la intriga policiaca. Es un género nuevo, pero entreverado de antiguos trucos más propios de la Comedia del Arte que de la revista, divertido y comercial pero de rigurosa construcción dramatúrgica y escénica, popular pero poseedor de una potente alquimia teatral, casi artesana y heredera de toda la tradición bufa en la que Fo indagaría a fondo años después. Las cuatro piezas eran, en este orden en la representación: *No hay ladrón que por bien no venga, El hombre desnudo y el hombre de frac, Los pintores no tienen recuerdos,* y *Los muertos se facturan y las mujeres se desnudan.* El título genérico hurga irónicamente en el muestrario de los personajes que permiten, en situaciones delirantes, dislocar, desestructurar las reglas clásicas de la farsa comercial. Un soplo de surrealismo y de tierna ironía las acerca más a los grandes cómicos del cine mudo, como Chaplin o Keaton, que al humor más inmediato y elemental de la revista o el vodevil.

Personajes, situaciones, enredos

En una entrevista concedida en 1990 a Luigi Allegri, Fo reflexionaba largamente sobre la degradación de la tragedia y la sátira, los dos pilares esenciales del teatro clásico, que ha dado lugar al nacimiento de «dos polos intermedios, la comedia y el drama. Y en lugar de esas dos grandes dimensiones, contrapuestas e irreductibles, se produce un acercamiento de los dos polos, drama y comedia, que a menudo se contaminan en formas híbridas, sobre todo en el XIX, un siglo que ha producido o desarrollado una infinidad de formas mixtas: el neomelodrama, la ópera bufa, la opereta, hasta llegar al vodevil, a la *pochade*, al cabaret, y por supuesto a las variedades. A menudo son formas degradadas de una comicidad que ya no arremete contra el poder sino que se lanza sólo contra los débiles, los menores, los infelices..., es decir, el cornudo, la puta, el vagabundo..., con excepciones, por supuesto. Basta pensar en los personajes casi fijos: el empleaducho, la mujer un poco tonta, el pequeño timador, el borracho. La pacotilla: el juego de disfraces, los cambios de persona. (...) Nunca encontraremos locura en el vodevil, no existe ya el loco transgresor, como mucho está el idiota». Más de treinta años antes, si bien Fo no teorizaba sobre las nuevas formas que debía tener la farsa, moderna sátira, sí las intuía y aplicaba en sus primeros textos, al tiempo que evitaba conscientemente el peligro de los clichés del género.

El paso del vodevil blanco o inofensivo, aunque algo despectivo y cruel con los débiles, como subraya Fo, a la farsa que no hace cosquillas, sino que araña con más aspereza la mente del espectador, es claro para Fo desde estas primeras escrituras. Aún no es un brechtiano convencido, aún no ha recorrido el camino posterior de la sátira política que se observará en sus obras a partir de los años sesenta, pero estos actos únicos y la obra que les sigue están impregnados ya de una nueva comicidad y una manera diferente de entender la diversión.

Tomemos como ejemplo los personajes. Inmersos en situaciones paradójicas y disparatadas, movidos a velocidades vertiginosas en medio de equívocos, sustos y sorpresas, son más parientes de Arlequín y de los pícaros clásicos que de los más recientes cómicos de la astracanada o del vodevil. Ante todo, y sin necesidad de ningún análisis ideológico, es evidente en todas estas obras que los protagonistas «buenos», aunque a veces algo bribones, pertenecen siempre a una clase más humilde, si no lumpen, que el resto de los personajes de la intriga: son ladrones chapuceros, barrenderos fantasiosos, pintores de brocha gorda y cerebro algo lento, incluso guardias y policías de escasas luces, taxistas sin vehículo pero con picardía. Todos tienen en común cierto candor, la extrañeza ante la situación y el entorno en que el autor los precipita, ambientes siempre ajenos y «superiores», y esa dosis de sana locura que padecen los protagonistas de Fo, desde los que configuran esta galería hasta el Loco de *Muerte accidental de un anarquista*. Es el personaje reactivo, que desbarata la lógica del mundo en que cae por obra y gracia de la máquina dramatúrgica, que altera con su presencia torpe e ingenua el absurdo orden establecido. No verbalizan la denuncia, más bien la encarnan con su propia presencia: Fo tardará años en pasar a la expresión más directa y crítica en la voz de sus personajes, pero estos que ahora vemos actúan, desde la primera escena de cada obra, como bombas de espoleta retardada que al final harán estallar la apacible bonanza burguesa de los «otros».

El ladrón de la primera comedia se ve envuelto en un vodevil con todos sus ingredientes, cuernos, tresillo, e incluso puertas; los barrenderos, en otro embrollo de adulterios y disimulos, donde nadie es lo que parece, pero en la situación más surrealista y poética posible, un parque nocturno y solitario; los pintores introducen su larga escalera y sus gags de payasos en un burdel regentado por una viuda algo negra y tres buenas chicas malas; y el guardia de aduanas y el policía de la última pieza corta descubren una trama asesina en el interior de una inofensiva sastrería teatral... Por no hablar de las situaciones grotescas en que se encuentran los taxistas de «A donde el corazón se inclina, el pie camina», que, tras robar el pie de una famosa estatua, desenmascaran una intriga de corruptelas en la construcción y el mundo de la clase alta milanesa. ¿Son estas las estructuras previstas por el género? Es evidente que no, y que desde la propia construcción imaginativa de la trama, de la historia «cómica», se desintegran los esquemas tradicionales. Si se añade a las situaciones enloquecidas, a los personajes atípicos, reinventados y ajenos a toda trivialización convencional, la interpretación antinaturalista que Fo, Rame y su compañía practicaban, la receta de esa nueva farsa que Fo buscaba qudaba servida en bandeja de plata. Gustó tanto a la crítica especializada de izquierdas que algunos llegaron a contraponer el «antiteatro» de Fo –esa fue la definición entonces– al de Ionesco, porque «en el autor italiano hay un impulso positivo para modificar el teatro, para avanzar, mientras que en las comedias de Ionesco se llega sólo al grito inarticulado, a la nada, al suicidio».

Los títulos, el lenguaje y el juego escénico

La provocación, por supuesto, empezaba ya desde los títulos, largos, poco «comerciales» por tanto, a veces proverbios o dichos manipulados, siempre declaración de intenciones *ante litteram*. No son títulos contundentes ni fáciles de recordar, pero anticipan tanto la situación básica como el absurdo lingüístico que va a recorrer el lenguaje, veloz y plagado de rupturas de sentido, brillante y picado para permitir el rápido juego actoral de los mimos-actores, que tienen que cantar y bailar, correr y saltar, inmovilizarse como maniquíes o muertos, resucitar, encerrarse en relojes de péndulo o en cubos de basura, manejar objetos con identidad cómica propia, como las enormes jeringuillas y las escaleras infinitas típicas de los gags de payasos.

El lenguaje se corresponde con la estética que Fo indica para estos textos. Hay tresillos, como en toda comedia que se respete, pero están para volcarse y provocar la caída del actor; hay biombos, otro elemento canónico del vodevil de adulterio, de donde salen mujeres con bigote; hay puertas, muchas, y ventanas, pero hay también farolas y espacios vacíos. Pocos elementos, los imprescindibles para el continuo juego escénico, pues nada es gratuito ni ornamental en las sugerencias del Fo autor. Las farsas se basan sobre todo en la interpretación de los actores, que tienen que ser pequeños Fo casi miméticos, de veloz verbalización y ágil gestualidad para poder seguir el ritmo acelerado y sin respiro de los acontecimientos sin perder ni una broma, ni un gag, ni un chiste, ni un momento de ese diálogo preciso como un mecanismo de relojería.

Porque estas comedias, puzzles algo malintencionados que se resuelven con cada final, respondían ya a una reflexión posterior del autor: «Lo cómico es una especie de juego enloquecido, pero que reafirma la superioridad de la razón. En realidad, lo cómico es "razón". Cuando olvidamos emplear la risa, la razón muere por asfixia. La ironía es el oxígeno insustituible de la razón». De ese oxígeno respiran y se alimentan estas cinco comedias de Dario Fo, cuyos esbozos partieron del baúl de los guiones escénicos de la compañía ambulante de la familia de Franca Rame.

Carla Matteini

NO HAY LADRÓN QUE POR BIEN NO VENGA

y otras comedias

LOS PINTORES NO TIENEN RECUERDOS
Farsa para clown

Personajes:
Viuda
Pintor
Jefe
Señor
Ana
Daina
Sonia
Maniquí (Jorge)

Un salón de estilo indefinido, atiborrado de los objetos más dispares en gusto y forma; cortinas y cuadros, fotos de familiares de aspecto mortecino y anónimo; a un lado, bien visible, sentado en una butaca, un maniquí de cera de un hombre con bigote, gafas, cejas espesas y porte imponente. Llaman a la puerta; una mujer de unos treinta años, vestida de modo austero y algo anticuado, sale por una puerta lateral, se detiene un instante a observar la sala, coloca algún objeto. Se acerca al maniquí, lo contempla con amor, lo acaricia, y luego se dirige hacia la puerta de la derecha y la abre.

Viuda Voy, voy. ¿Quién es? *(Abre.)*

Pintor *(Entra llevando a hombros una escalera de la que sólo vemos un tramo, el resto prosigue fuera de escena.)* El pintor, señora... es aquí donde teníamos que venir, ¿no?

Viuda La verdad, yo no esperaba pintores, sino tapiceros.

Pintor ¿Para qué?

Viuda ¿Cómo que para qué? Pero, oiga, usted también es tapicero, ¿no?

Pintor Yo no lo sé... Tiene que preguntárselo al jefe.

Viuda Está bien... ¿Dónde está su jefe?

Pintor Ya viene... espere aquí, que ahora llega. Con permiso, con permiso. *(Así diciendo avanza por el salón tirando de la escalera y desaparece por la puerta opuesta, hasta que del otro extremo de la larga escalera aparece colgado otro pintor.)*

Viuda ¡Oh, por fin! Ese señor que... está en la otra punta de la escalera me ha dicho que... ¿Es usted el jefe?

Jefe Sí, soy el jefe.

Viuda ¿Ustedes son también tapiceros?

Jefe Apuesto a que ese sinvergüenza le ha dicho que no.

Viuda No... me ha dicho que...

Jefe ¿Ah, sí?

Viuda No, no me ha dicho... ni que sí ni que no...

Jefe Pues es que sí... sujete un momento la escalera, que tengo que decirle un par de cosas... *(Al decir esto obliga a la mujer a colocarse en su lugar, y haciendo correr la escalera la hace salir por la puerta de entrada, hasta que reaparece el otro pintor.)*

Viuda Oiga, pero qué hace... por favor, yo nunca he llevado una escalera.

Jefe No es difícil. Por supuesto no hay que pensar que es una escalera. Si no, se dice en seguida: «Caramba, cómo pesan estas escaleras».

Pintor *(Entrando.)* ¿Me has llamado?

Jefe *(Lo agarra de la solapa.)* ¿Qué le has ido contando a la señora?

Pintor Pero si no le he contado nada... me ha preguntado si éramos también tapiceros... y yo no sabía qué contestar...

Jefe Ah, no sabías... cuántas veces te tengo que decir que cualquier trabajo que te pidan tienes que contestar que sí... que sabemos hacerlo...

Pintor Pero tapiceros... si no sabemos...

Jefe Ah, ¿y pintar sí?... ¡Qué cara tienes!... Y además, digo yo, para una vez en toda la semana que damos con una insensata que nos llama... tú vas y pones pegas: ¡no sé, a lo mejor, veremos, quién sabe!

Pintor Vale, vale... no te enfades... le diré que sí... ¿dónde está la señora?

Jefe En la otra punta de la escalera.

Pintor Ah... toma, ahora mismo hablo con ella.

La misma escena de antes, al revés.

Jefe ¡Sí, pero espabila y no metas más la pata!

Pintor *(A la señora, que está entrando.)* Bienvenida... Acabo de hablar con mi jefe... ha dicho que sí.

Viuda Me alegro... ¿pero no cree que es mejor que la sujete usted? *(Le pasa la escalera.)*

Pintor Ah... sí... es mejor... perdone.

Viuda Pues en vista de que son también tapiceros... hay que descolgar esas dos cortinas y sustituirlas por otras que le voy a enseñar... todavía están en la pieza, pero... ¿ustedes saben cortarlas?

Pintor Pues claro... nosotros sabemos de todo... de todo...

Viuda Bien... pero, oiga, esta escalera... me parece un poco larga... ¿cabrá aquí dentro?

Pintor Pues... si acaso la cortamos... pero creo que de través cabe.

Viuda Claro, ustedes saben más de estas cosas. Comprenda que soy una mujer.

Pintor ¡Ja, ja, ja! *(Ríe.)* Ya me había dado cuenta... por el collar.

Viuda Por cierto... el presupuesto... cuánto me van a cobrar por dos cortinas... verá, soy una pobre viuda y no dispongo de mucho...

Pintor ¿Es viuda?

Viuda Sí...

Pintor Yo también.

Viuda ¿También es viuda?

Pintor ...No... yo soy viudo.

Viuda Ya... *(suspira)* ...ay, qué malo es quedarse solo... usted me comprende, verdad... espero que me haga un buen precio...

Pintor Sí, pero del precio tiene que hablar con mi jefe.

Viuda ¿También es viudo?

Pintor No, él no...

Viuda ¡Lástima!

Pintor Pero su mujer sí...

Viuda ¿Su mujer?... ¿Pero cuándo ha muerto? Hace poco estaba aquí y no me parecía...

Pintor No... su mujer es viuda, pero del primer marido... él no tiene nada que ver... pero ya verá que en lo del precio se pondrán de acuerdo... nos vemos... con permiso...

El pintor sale arrastrando la escalera que desfila otra vez por toda la escena, pero cuando vuelve a entrar el otro extremo, en lugar del jefe aparece un señor.

Viuda Bueno, ¿entonces?...

Señor Buenos días, señora Lucía... ¿qué tal?

Viuda Oh... señor Milvio... ¿qué hace con esa escalera?

Señor No sé... yo bajaba por las escaleras... y un señor me ha pedido que se la sujetara un minuto... me ha preguntado dónde estaba el baño... *(saca la cartera y le tiende unos billetes)* y ha subido.

Viuda *(Coge el dinero simulando indiferencia.)* Oh... no era necesario... *(cambia de tono)* ¡faltan mil liras...!

Señor ¿Pero cómo, no ha sido siempre...?

Viuda Sí, pero... hemos tenido que aumentar... hemos tenido muchos gastos... bueno, los tendremos... se lo dice esta escalera... me he dirigido a una de las mejores empresas de la ciudad... quiero que esta casa se convierta en una joya...

Señor *(Entregándole otro billete.)* Bueno... si está muy bonita así... yo en su lugar no haría muchos cambios... perdería su aire entrañable... acogedor... no me creerá, pero siempre que vengo me parece que vuelvo a ser un muchacho, cuando aún vivía en el pueblo... en la época de los primeros amores... pero dejémoslo... los recuerdos siempre son penosos...

Viuda Oh, no diga eso... no es verdad... los recuerdos son las únicas alegrías que nos atan a la vida... por lo menos para mí, que vivo realmente de recuerdos... a veces hasta me da miedo abrir las ventanas... tengo miedo de que algo de lo que aún vive en esta habitación salga volando... para siempre... Por eso las abro lo menos posible.

Señor *(Olisqueando el aire.)* Ya se nota... *(En ese instante ve al ma-*

niquí.) Oh... no me acordaba... ¿sabe que parece que está vivo?
Viuda Sí... se le parece mucho...
Señor ¡La verdad, para ser un maniquí de cera es impresionante cómo se le parece!
Viuda Por desgracia sigue siendo un maniquí... querido Jorge... ¿se acuerda? Siempre se sentaba ahí... era su sitio preferido... *(Emocionada hasta las lágrimas.)* ...Y ahora ya no está... sólo está en mis recuerdos... a veces me hago ilusiones de que sigue siendo él... me siento... en sus rodillas *(lo hace)* y charlo con él... horas y horas... y me parece volver atrás en el tiempo... me parece que me escucha y me contesta... usted no se imagina lo feliz que era esta casa... era la más alegre de la ciudad... *(Se levanta.)*
Señor Bueno, en cierto modo lo sigue siendo...

Entra el pintor jefe.

Jefe Caray, qué baño tan bonito tienen arriba... ¡yo, a un baño como ese me iría de vacaciones! Bueno, en fin, es un baño estupendo...
Señor Señor pintor, perdone... *(Señala la escalera.)*
Jefe *(Cogiendo la escalera.)* ¡Ah! Gracias... y perdone. Bueno, señora, dígame lo que hay que hacer, y empezamos en seguida.
Viuda Aguarde un momento que acompañe al señor y en seguida estoy con usted. Pase, señor Milvio... gracias por venir a vernos... ¡y ya sabe que queremos verle más a menudo!

Salen por la puerta central.

Jefe *(Observa la escalera.)* Y ahora dónde la metemos... Aldo... Aldo, entra, eh... lo sabía... se ha marchado... *(Así diciendo tira de la escalera y haciendo palanca la endereza.)*
Pintor *(Entre cajas.)* Eh... espera...
Jefe Sí, espera... ahora llegas tú... ¿se puede saber dónde te habías metido? ¿Quién te ha dicho que soltaras ahí la escalera?
Pintor *(Sigue entre cajas.)* Pero si yo no he soltado la escalera...

Jefe *(Preocupado, mira alrededor.)* ¿Dó... dónde estás? Aldo... ¿dónde estás?

Pintor Dónde quieres que esté... aquí estoy... en mi sitio de siempre... encima de la escalera...

Jefe *(Mira hacia arriba.)* No... no se puede ser tan imbécil... qué haces ahí en la punta... baja...

Pintor Pues no... si me regañas... no bajo...

Jefe Está bien... no te regaño... baja...

Pintor Sí, no me regañas... pero ya sé que luego me pones mala cara...

Jefe Que no... *(perdiendo la paciencia)* ...vamos, date prisa...

Pintor Sí... sí... me pones mala cara... y me entra una pena... apaga la luz... ¡así no te veo!

Jefe ¿La luz?... ¿estás loco?... vamos, no seas crío... ¡baja!

Pintor No, no... si no apagas la luz...

Jefe Está bien... la apago. *(Desconecta el interruptor. La escena se oscurece.)* ¡Pero no te muevas así, desgraciado! *(Se oye un estrépito.)* Espera que encienda. *(El estrépito aumenta.)* ¿Pero qué estás haciendo?

Pintor Ayyy... socorro... ahh...

Jefe ¿Te has hecho daño? Espera que encienda. *(Luz en escena. La escalera ha caído en la cabeza del maniquí y el pintor está en brazos del maniquí. Sólo ahora ambos se dan cuenta de su presencia.)* Desgraciado... *(Trata de enderezar la escalera.)* ¿Y este quién es?

Pintor ¿Eh?

Jefe ¿Quién es este? ¿Estaba arriba contigo?

Pintor *(Aterrado.)* No. Perdone, señor... ¿se ha hecho daño? Dios mío, lo que faltaba... *(le abofetea)* ...vamos... vamos... no es nada... un golpe... pero se pasa en seguida... es más el susto que otra cosa... Juan, lo hemos matado.

Jefe Lo has matado... Déjame ver... pero mira que ponerse debajo de una escalera... con la mala suerte que trae... *(Al llegar junto al maniquí, lo mira y sin tocarle sacude la cabeza.)* ...Conmoción cerebral... no se puede hacer nada... no lo ves... ya tiene la palidez de cera...

Pintor *(Con lágrimas en los ojos.)* ¿Y ahora qué hacemos?... Juan... tenemos que huir...

Jefe Muy listo, tú... y qué ganas... saben que estábamos aquí... nos pescarán en seguida... Más bien... ¿Tú le conoces? Me parece que le he visto antes...

Pintor Es verdad... de no ser por el bigote y las gafas... casi diría... fíjate...

Jefe *(Agarra la cara de su ayudante y le obliga a acercarla a la del maniquí.)* Mira a quién se parece... se parece a ti... reconocerás que has tenido suerte...

Pintor ¿Por qué?... ¿qué suerte hay en matar a uno que se te parece?

Jefe ...Yo te lo diré. Bájale la pierna. Sujétale. *(Levanta al maniquí y lo carga a hombros del otro.)* Ahora vete... arriba, en el primer piso, hay un baño... le desnudas, y te pones su ropa...

Pintor ¿Y por qué tengo que robarle la ropa? Así luego, además de condenarme a cadena perpetua, me meten en la cárcel por robo...

Jefe No temas, no pueden hacerte nada porque el muerto serás tú...

Pintor ¿Qué? Yo no me quiero morir...

Jefe ¡Trata de entender!... Te pones su ropa y le vistes a él con la tuya... de pintor... luego simulamos un accidente... así todos creerán que el muerto eres tú y no él...

Pintor *(Se le ilumina la cara.)* Claro... y además pillaré la pensión por accidente de trabajo... o sea yo no... porque estaré muerto... la pillará mi familia... lo que se van a alegrar... Juan...

Jefe ¿Eh?

Pintor Juan, no. No pienso darles ese gusto. No, Juan, no me muero. *(Se libra del Maniquí y lo deja caer en la butaca.)*

Jefe Vale, si prefieres la cadena perpetua... vamos, espabila, échame una mano.

El jefe se pone de espaldas, dispuesto a cargar con el maniquí; el pintor le tiende una mano que el jefe agarra, de modo que carga a hombros a su socio.

Pintor Toma la mano.

Jefe *(No se ha dado cuenta del cambio.)* Ah, otra cosa... arriba en el baño encontrarás una maquinilla de afeitar... tendrás que afeitarle el bigote... y tú en cambio...

Pintor *(Sigue en su espalda)* ...Me lo dejaré.

Jefe Aldo, ¿dónde estás?

Pintor Estoy aquí.

Jefe ¿Dónde estás, Aldo?

Pintor Sigo en mi sitio.

Jefe ¡Desgraciado! *(Dándose cuenta del equívoco lo deja caer al suelo.)*

Pintor Me has dicho échame una mano.

Jefe Anda, ven aquí, ayúdame. No, mejor no me ayudes, me arreglo solo. *(Carga con el maniquí.)* Te estaba diciendo que arriba, en el baño, encontrarás una maquinilla de afeitar. Tendrás que afeitarle el bigote, y tú en cambio...

Pintor Me lo dejaré.

Salen.

Jefe *(Fuera de escena.)* Que no, que te lo hago yo con el pincel... Anda, sube.

Pintor Subo.

Jefe Y no enredes más, estoy harto de aguantar que cada cinco minutos te...

Vuelven a entrar en escena, Aldo a hombros de Juan.

Pintor No, no, tranquilo, Juan, que ya no enredo más.

Jefe Aldo, ¿dónde estás?

Pintor Sigo en mi sitio.

Jefe ¡Desgraciado!

El jefe sale con Aldo a hombros, fuera de escena se oye un fuerte batacazo, seguido del gimoteo del pintor.

Pintor *(Grita.)* ¡Ay! ¡Ayyy, mamá!

Jefe ¡Desgraciado! *(Vuelve a entrar en escena y coloca en su sitio la escalera.)*

Entra una joven en bata con un cigarro en la boca.

Ana Hola... usted es el tapicero, ¿verdad?

Jefe *(Cortado.)* Sí, soy el tapicero...

Ana Ya era hora de que la señora decidiese hacer algo con este mausoleo... *(se da cuenta de que falta el maniquí)* ...anda ...¿y Jorge... dónde está?... Perdone, pero ¿cuando entraron no había aquí un...?

Jefe *(Azarado.)* Sí... estaba aquí... pero luego... no sé... habrá salido un momento.

Ana ¿Salido?... No diga tonterías... habrá venido alguien a buscarle...

Jefe Ah, sí, ahora me acuerdo... ha venido un amigo suyo... a buscarle...

Ana ¿Un amigo? Ah, sí, el amigo de la señora... el restaurador... Hay que ver en lo que tira esa el dinero...

Jefe *(Sin comprender, por decir algo.)* Pues sí... cada cual tiene sus vicios... Pero, perdone, ¿quién era ese señor... que estaba sentado donde se sienta usted ahora?

Ana El patrón, el marido de la señora...

Jefe *(Se le salen los ojos de la cara.)* ¡Buen mozo, eh!

Ana Sí, y muy sinvergüenza, que en paz descanse.

Jefe ¿Cómo... que en paz... descanse?

Ana Como está muerto...

Jefe *(Para sí.)* ...Vaya, ese desgraciado se ha dejado pescar...

Ana Pobre señora, lo que sufrió... Casi se vuelve loca...

Jefe Ya me figuro... pero verá... ha sido una desgracia...

Ana Una liberación, más bien... habría que darle gracias al cielo.

Jefe Bueno, no hace falta... nosotros, si podemos hacer un favor... si alguien necesita un muerto en casa, se lo buscamos con mucho gusto...

Ana No crea, yo también sufro... también le quería. Todos le queríamos a ese sinvergüenza. Pero llegar a... embalsamarle, como quería ella...

Jefe ¿Ella quería embalsamarle? ¡Oh!

Ana Por suerte la convencimos de que encargara una estatua de cera...

Jefe De cera... ¡era de cera!... ¡Oh!

Ana Pero, la verdad, tener eso siempre entre los pies... da mucha grima.

Jefe Perdone... ¿cuándo murió eso... que daba mucha grima de pie?

Ana ¿Jorge? Hace tres años.

Jefe ¿Hace tres años murió ese Jorge de pie?

Viuda *(Entre cajas.)* Ana... Ana... preguntan por ti...

Ana Voy... con permiso... *(Sale.)*

Por la otra puerta entra el pintor vestido con la ropa del maniquí.

Pintor ¿Qué tal estoy?... Esta vez no pondrás pegas, espero... He estado bien, ¿verdad?

Jefe Que bien ni qué bien... peor imposible... ¿Cómo has podido no darte cuenta de que ese no estaba vivo?

Pintor Precisamente... me he dado cuenta en seguida de que estaba muerto... ¿no?

Jefe Pero qué vivo ni muerto... era un maniquí... una estatua de cera...

Pintor ¿Qué?

Jefe Pues sí... era el retrato del marido de la dueña de la casa que murió hace tres años... ¡de pie!

Pintor ¡Vale, pero hace tres años no estábamos aquí! Así que no lo hemos matado nosotros... *(Se sienta en la butaca donde antes estaba el maniquí.)* Bueno, menos mal...

Jefe ¡Menos mal, narices!... Tienes que subir corriendo a buscarle... le vuelves a poner su ropa...

Pintor Y el bigote...

Viuda *(Entre cajas.)* Perdone, señor tapicero... pero había gente y entonces...

Jefe Quieto, no te muevas... por favor, señora... no tiene por qué excusarse...

La viuda entra y se detiene.

Viuda ¿Están observando a mi Jorge?... Oh, qué despiste, he olvidado las cortinas... *(Se dispone a salir.)* ...Ahora mismo se las traigo. *(Sale.)*

Jefe Rápido... antes de que vuelva... ¿dónde has dejado el bote de los colores?

Pintor Ahí... *(señala)* ...¿por qué, qué piensas hacer?

Jefe Maquillarte de Jorge... pintarte el bigote y todo lo demás... *(Coge la caja de pinceles, elige uno y lo moja en el bote del negro.)*

Pintor ¿Y por qué?

Jefe No nos da tiempo de subir a por el auténtico... así que harás de maniquí... que como la patrona se dé cuenta del sacrilegio que hemos cometido... nos echa con cajas destempladas y adiós encargo... adiós dinero... estáte quieto... *(Se dispone a pintarle el bigote al pobre pintor, que hace muecas por las cosquillas.)*

Pintor Que me haces cosquillas... achch... *(se aguanta)* ... achchííss...

Parte del color del pincel acaba en la cara del jefe.

Jefe ¡Desgraciado! *(Coge otro pincel, lo moja en el blanco y le tiñe las sienes. Después lo observa como un maestro pintor.)* Ponte las gafas... espero que las hayas traído...

Pintor Cómo no, aquí están... *(Se las pone.)* ¿Qué tal me quedan?

Jefe Divinamente... espera, Jorge tenía un surco amargo aquí... así. *(Lo marca.)*

Pintor ¿No será demasiado amargo?

Jefe No, no lo es... Y ahora ten cuidado, cuando venga la señora, tú disimula... ¡Y no respires! Por lo que más quieras...

Pintor ¡Cómo que no respire! ¿Ni por la nariz?

Jefe Ni por la nariz.

Pintor Oye, si no respiro ni por la boca ni por la nariz...

Jefe ¡No seas pesado!... ¿Qué necesidad tienes de respirar por la nariz?... Hay buzos que bajan kilómetros... *(Guarda los colores. Vuelve a coger un pincel para dar un último retoque.)*

En ese momento entra la viuda, que al verle tocar a su Jorge, arremete contra él.

Viuda Pero qué está haciendo... con ese pincel...

Jefe ¿Con el pincel? *(Obligando al otro a que se quede quieto.)* Ah... estaba viendo si... ya sabe... por probar... he visto que tenía un bigote torcido y entonces... con el pincel...

Viuda Ah, ¿también es restaurador? *(Observa al falso maniquí, que está tieso como un poste tratando de adoptar en lo posible el aspecto rígido de una momia.)*

Jefe Bueno... en realidad el de restaurador es mi verdadero oficio... he notado que se había estropeado un poco... y entonces... con el pincel...

Viuda Ah... bien... estaba esperando a un amigo que trabaja en cosas de restauración... pero en vista de que está usted... A ver qué tal se le da. *(Se acerca a la cara del falso maniquí, saca unas gafas y observa atentamente, pero no puede evitar lanzar un grito y caer desmayada en brazos del jefe, que apenas consigue sujetarla. Pero pierde el equilibrio y se sienta sobre el bombín que poco antes había dejado sobre la mesita.)* Ahaaahhaa...

Jefe Desgraciado, ayúdame. ¿No ves que la señora se ha desmayado?

Pintor Pero... si me has dicho que no me moviera.

Jefe No te muevas... está volviendo en sí.

Viuda *(Vuelve en sí y advierte que está sentada en las rodillas del jefe.)* ¡Aaahh! Perdón.

Jefe El perdón es mío. *(Mientras habla arregla el sombrero aplastado y vuelve a dejarlo sobre la mesita.)*

Viuda Oh, Dios mío... me ha parecido que estaba vivo... ha sido usted fantástico... es el mejor restaurador que jamás he conocido...

Jefe *(Quitándole importancia.)* Bueno... sabe... modestamente...

Viuda *(Volviendo a contemplar extasiada al falso maniquí.)* No, no, es usted un artista, un gran artista. *(Saca del bolsillo un fajo de billetes y le entrega una parte al jefe.)* Tome... se lo merece de verdad... me ha hecho un regalo que ni se puede figurar...

Jefe *(Esquivo.)* No, no... es demasiado... en el fondo sólo le he dado tres o cuatro pinceladas para restaurarle el bigote.

Viuda Se lo ruego, acéptelo... me hace un verdadero favor...

Jefe Que no... es demasiado... me da vergüenza...

Viuda Está bien, no miro...

El pintor alarga una mano y coge el dinero, el jefe rápidamente se lo quita, con un tortazo lo devuelve a su personaje y se sitúa entre los dos para que la mujer no pueda ver.

Jefe Bueno, si insiste, gracias... aceptaré el dinero por la restauración del bigote a pincel. Es la primera vez que me dan tanto dinero por restaurar un bigote.

El pintor no se da por vencido y esta vez coge el resto del dinero de la mano de la mujer y lo hace desaparecer a toda velocidad en el chaleco.

Viuda Vaya por Dios... se me ha caído el dinero que tenía en la mano... *(Se agacha para buscarlo.)* A saber a dónde ha ido a parar.

Jefe *(Aprovechando que la mujer no puede verle ni oírle, habla en voz baja.)* Sinvergüenza, chorizo, saca el dinero o te parto la cara.

Pintor Ni lo sueñes... ¿por qué no le das el tuyo?

Jefe *(Lo agarra de la solapa.)* Saca el dinero o te parto la cara.

Viuda *(Incorporándose.)* ¿Qué ocurre? ¿Qué está haciendo?

Jefe *(En ese instante levanta la mano para abofetear al pintor.)* ¿Con el pincel? *(Se da cuenta de que no tiene nada en la mano.)* ¿Sin el pincel? Ah, estaba discutiendo con un moscón que había en la nariz de Jorge. Decía: «¡Vete, mal bicho!». En seguida atrapo a la mosca en la nariz de Jorge... Mire cómo se cogen las moscas... se coloca la mano en forma de palita y luego se dice... un, dos, tres... ¡zas! ¡Caramba, se me ha escapado!

Viuda Pues yo no la veo... ah... ¡Ahí está! *(Le suelta un tremendo bofetón.)*

Jefe Ay...

Viuda Oh, perdone... es un lunar... creía que era... Veo que ha encontrado mi dinero... gracias. *(Le quita de las manos el dinero que le había dado antes.)*

Jefe En realidad... bueno... sí... lo he encontrado debajo de la butaca... cuéntelo a ver si está todo...

Viuda Por favor... cómo no voy a fiarme de una persona como usted... se nota en seguida que es un caballero... yo de eso entiendo... Jorge también era un caballero... tal vez por eso no tuvo mucha suerte...

Jefe Yo no diría eso... ¿Ser el marido difunto de una viuda como usted no es acaso un gran pincel... una gran suerte?

Viuda Qué galante... de todos modos puedo afirmar que jamás le he dado ni la más mínima desilusión... el más mínimo disgusto... jamás jamás... pero se lo merecía... sabe... era un hombre maravilloso... inteligente. *(El pintor va tomando una actitud cada vez más altanera e imponente.)* Mírelo, se ve en seguida que era un hombre fuera de lo común. *(Le vuelve la cabeza.)*

Jefe Déle la vuelta, me impresiona.

Viuda Era un pensador... pensaba escribir un libro muy gordo sobre los usos y costumbres de las civilizaciones orientales... pero no le dio tiempo... *(Le acaricia cariñosamente... luego le desabrocha la chaqueta.)* ¡Vigile que no venga nadie! *(Rebusca en el bolsillo interior, haciéndole cosquillas al pintor, que resiste a duras penas.)*

Jefe ¿De dónde, señora?... ¿Pero qué está haciendo?...

Viuda Guardo este dinero antes de que... verá, cuando estaba vivo... el dinero de la casa siempre lo guardaba él!... y todavía no puedo dejar de entregárselo... aparte de que es más seguro... a nadie se le puede ocurrir buscarlo precisamente aquí...

El pintor observa por el rabillo del ojo los manejos de la mujer y hace muecas de satisfacción.

Jefe Ah, sí, está muy seguro... es como llevarlo al banco...

Viuda *(Mira el reloj que el falso maniquí lleva en el chaleco.)* Vaya, son las seis y cuarto... tengo que ponerle en seguida la inyección...

Jefe ¿La inyección? ¿La inyección de qué?

El pintor escucha aterrado.

Viuda Como sabrá, hay muchísimos insectos ávidos de cera... carcoma, dípteros, etc... y si no se actúa a diario con un insecticida especial, en menos de una semana mi Jorge quedaría destruido...

Jefe Ah, claro, porque Jorge es de cera... *(Ríe, sarcástico.)* Ja, ja... pues sí, entonces hay que ponerle la inyección insecticida... bien, bien...

Viuda Exacto... con permiso, voy a buscar la jeringuilla... *(Sale.)*

Pintor Pero como yo no soy de cera, la inyección que te la ponga a ti, porque yo me esfumo...

Jefe Espera... piensa un momento... no será para tanto... ¡por una inyección de nada quieres perder este regalo de Dios! *(Señala el dinero en la chaqueta.)* Piensa en la suerte que tenemos... en la mano...

Pintor Ante todo soy yo el que tiene suerte... pero sólo por eso no quiero tener otra cosa en otro sitio... adiós...

Entra Ana con otras dos chicas también en bata.

Jefe Quieto, no te muevas...

Ana Oiga, ¿dónde está su amigo?

Jefe ¿Qué amigo?

Ana Sí, el otro tapicero...

Sonia Lleva una hora metido en el baño... ¿no se habrá puesto malo?

Jefe ¿Quién?... ¿Ponerse malo ese?... Se pone malo de pensar en trabajar... eso sí... siempre que hay algo que hacer, se encierra en un baño, y adiós muy buenas...

Daina Oh, mira qué guapo está hoy nuestro Jorge... *(se le sienta en las rodillas y le acaricia)* ...¿pero qué le ha pasado?

Jefe Le he hecho unos retoques con el pincel.

Sonia Caray... pues si es usted tan bueno yo también quiero que me haga un retoque... *(Observa más atentamente al maniquí.)* Santo cielo... si parece que está vivo... déjame sitio que yo también le quiero sobar un poco...

Daina Ni lo sueñes... y no empujes, que yo estaba antes...

Sonia Por eso... ahora me toca a mí... y no le trates así, que lo rompes...

Ana Ojalá se cayera en pedazos... el muñeco este...

Sonia Claro... mira quién habla... sigues estando celosa... *(A Daina, que se ha agarrado literalmente del falso maniquí.)* ¡Desgra-

ciada! ¡Que me tiras! *(Y de hecho pierde el equilibrio y cae al suelo arrastrando a la otra y al pobre pintor que sigue interpretando su papel de maniquí.)*
Daina ¿A quién le has dicho desgraciada?... Retíralo o... *(Hace el gesto de abofetearla.)*
Ana Dejadlo ya... mira que poneros así por esta cosa... *(Le da una patada al pobre que a duras penas retiene un grito de dolor.)*

Mientras tanto entra la viuda, que se pone en jarras y con voz decidida invita a las chicas a comportarse con más corrección.

Viuda ¿Ya estamos otra vez? Descaradas... cuántas veces os he dicho que... Vamos, volved a vuestras habitaciones... y multa para todas... *(Las chicas salen de la sala, seguidas por el jefe; la Viuda se acerca al falso maniquí y se dispone a levantarlo.)* Vaya modales... Bueno, ¿y ahora dónde está? *(Vuelve a entrar el jefe.)* ¿A dónde ha ido?
Jefe Pensé que a mí también me había puesto multa.
Viuda ¡Écheme una mano, rápido!
Jefe Le echo una mano. *(Se esfuerza por sujetar al maniquí, que hace unas extrañas contorsiones, máxime cuando la viuda habla de inyecciones.)*
Viuda Hay que darse prisa, o se pasará la hora de la inyección y entonces... menudo problema... ¿Pero qué hace? ¡Sujételo! *(El maniquí cae al suelo.)* Vaya por Dios... bueno, se la pondré así. *(Saca una jeringuilla y se vuelve un instante para expulsar el líquido, lo que aprovecha el pintor para darse la vuelta.)* ¿Por qué le ha dado la vuelta?
Jefe ¡Era del año pasado!
Viuda Vamos, rápido, tenemos que colocarlo como antes, déle la vuelta...
Jefe *(A duras penas logra colocarlo en una extraña postura, con las piernas al aire y la cabeza hacia abajo.)* Bien, así ya no se mueve... Quería preguntarle una cosa, señora, ¿quiénes son esas chicas que estaban aquí hace un rato con multa... parientes suyas con multa?
Viuda En cierto modo, sí... son mis conviudas...
Jefe ¿Sus conviudas con multa?

Viuda *(Se queda con la jeringuilla en el aire, cerca del trasero del pintor, que está aterrado.)* Sí, mis conviudas... que antes de la muerte de Jorge eran mis conesposas... En fin, eran las otras esposas de Jorge...

Jefe ¿Las otras esposas?

Viuda *(Saca de la caja otra jeringuilla enorme, y pensándoselo mejor, guarda la más pequeña.)* Sí, sé que le parecerá un poco raro... Pero ya le conté que mi marido se interesaba mucho por las civilizaciones orientales... Por desgracia Jorge carecía de medios para desplazarse a Asia y seguir de cerca las costumbres y tradiciones de esos pueblos. Así que he tenido que reconstruir lo mejor que he podido un ambiente que le diese por lo menos la ilusión de encontrarse entre los musulmanes, que, como sabe, son polígamos.

Jefe *(Sólo ahora repara en la enorme jeringuilla.)* Son polígamos los musulmanes... ¡Oh, cómo exageran esos musulmanes... qué polígamos son... qué poligamones!

Viuda Me ha costado mucho encontrar mujeres dispuestas a compartir la mesa... y todo lo demás con otras mujeres...

Jefe Ya me figuro...

Viuda Pero al final lo he conseguido...

Jefe ¿Cómo?

Viuda He comprado en bloque una casa de citas.

Jefe Una casa de... entonces esas señoras son unas...

Viuda Unas señoritas... exacto... sé que es reprobable y también algo insólito... Pero mi Jorge tenía que continuar sus estudios como fuera...

Jefe Qué no haría uno por la cultura...

Viuda Ya... y luego dicen que los intelectuales son corruptos y cobardes...

Jefe Con todo lo que... por favor, que no digan tonterías...

Viuda Ahora sujete bien que voy a inyectar...

Pero con mucha habilidad el falso maniquí rueda fuera de los brazos del jefe, quien para sujetarlo tiene que colocarse en una extraña postura, de manera que la señora toma su trasero por el del maniquí e inyecta, ayudada en la operación por el pintor, que desde abajo guía con la mano la jeringuilla hacia el sitio adecuado... El jefe lanza un grito ahogado y se queda extrañamente rígido.

Jefe No... no... ¡cobardes!

Viuda Usted lo ha dicho... por suerte, con lo de la nueva ley hay cada liquidación a precios familiares que ni se figura, así que pude comprarla a plazos... *(Entretanto guarda la jeringuilla y vuelve a sentar al falso maniquí.)* El único contratiempo fue que esas desvergonzadas acabaron enamorándose todas de mi Jorge... y entonces se acabó la tranquilidad... doméstica... ha tenido que morirse para que recuperaran el juicio... y volvieran a trabajar como es debido...

Jefe *(Se ha quedado como embalsamado, y ahora hace un extraño movimiento de ajuste.)* Ehehe... mamá.

Viuda Sí, a trabajar como lo hacían antes... no voy a mantenerlas gratis... si quieren quedarse, porque, como dicen...

Jefe *(Con un gemido, como si fuera una muñeca.)* Eha-ehee... ¡Papá!

Viuda Pero le estoy aburriendo con mi charla... Perdone, le dejo con su trabajo... hasta pronto... *(Sale.)*

Pintor Hay que ver dónde hemos ido a parar... Oye... por qué me miras así... con esa cara de enfado... no es para tanto... tú has dicho antes que total, por una inyección de nada... Qué cara de cabreo... vale... perdóname... no lo volveré a hacer... *(Le da una palmada en la espalda, el jefe oscila peligrosamente y a duras penas el pintor consigue sujetarlo.)* Juan, tú no estás bien... No habrá sido la inyección... oh Dios... pero si estás helado... despierta... no me hagas eso... Juan... no pongas esa cara... *(En ese momento aparece por el fondo el maniquí vestido de pintor que camina como un autómata y se acerca a ellos.)* Pero qué demonios había en esa inyección que te ha puesto la viuda...

Maniquí *(Habla con voz profunda, de momia resucitada.)* Yo le diré lo que había en esa jeringuilla...

Pintor *(Desfalleciendo.)* Ohoh... Dios... el maniquí resucitado... *(Hace gestos de conjuro.)*

Maniquí *(Continúa, impertérrito.)* Esa inyección iba destinada a mí...

Pintor Sí, sí, lo sé... y por poco no me la pone a mí...

Maniquí ¿Ha sido usted quien me ha llevado al baño... a ponerme estos andrajos y afeitarme el bigote?

Pintor *(Cada vez más aterrado.)* Sí, he sido yo porque al principio creía...

Maniquí No tiene importancia... le debo la vida, señor... de no ser por usted, a estas horas aún estaría... en la butaca, embalsamado...

Pintor ¿Embalsamado? Ah, ¿pero entonces no es usted el maniquí del muerto?

Maniquí No... yo nunca he muerto... he sido víctima de los celos de mi mujer, que me ha embalsamado... para no dejarme ir a Marruecos.

Pintor ¿A Marruecos? ¿Embalsamado por Marruecos?

Maniquí Exactamente. Y después, la muy malvada ha simulado un accidente para que me creyeran muerto... así podía tenerme todo para ella...

Pintor ¿Y para qué quería a un hombre embalsamado?

Maniquí Usted no conoce a las mujeres... son los hombres más egoístas que hay en la tierra... ¡mi mujer es un auténtico monstruo! Figúrese: ¡me ha tenido embalsamado tres años!

Pintor ¿Tres años? ¿Así que también mi jefe va a estar embalsamado tres años?

Maniquí No tema... esas inyecciones actúan como mucho cuarenta y ocho horas... si no le ponen otra... como hacía precisamente mi mujer... todos los días...

Pintor ¿Y ahora qué hacemos? Como ella vuelva y le ponga otra inyección estamos perdidos... Juan... tres años así... ya no comemos.

Maniquí ¿Ese sombrero es de su jefe? *(Señala el bombín, que sigue encima de la mesa.)*

Pintor Sí, ¿por qué lo pregunta?

Maniquí Perfecto, póngaselo. *(Le tiende el bombín y sale.)*

Pintor *(Lo hace.)* Ah, ya entiendo... hacemos otro maniquí... ja, ja... *(Coge el pincel mojado en negro y empieza a pintar con entusiasmo.)* Juan, ahora el que se divierte soy yo... Te voy a hacer un bigote a lo Jorge... el surco amargo... Ja, ja, qué guapo estás...

Maniquí *(Vuelve a entrar.)* Tenemos suerte, he encontrado esta chaqueta en mi guardarropa. *(Termina de ponerse la chaqueta.)* Y ahora, si no le importa, me hace el mismo apaño. *(Se sienta en la butaca contigua.)* **Pintor** *(Encantado.)* Barba y corte también para el señor... ¡el señor está servido! *(Da pinceladas aquí y allá bailando, ahora al uno, ahora al otro; llega un momento en que el maniquí no puede evitar estornudar, y casi al unísono estornuda también el jefe.)* ¡Jesús!

Maniquí Jesús.

Pintor Gracias... pero no he sido yo... ha sido él...

Maniquí Imposible... está embalsamado...

Pintor Estará embalsamado, pero ha sido él... Mire... *(Empieza a restregar el pincel bajo la nariz del jefe embalsamado, que en seguida estornuda.)* ¿Lo ve?

Maniquí Continúe... continúe... Es increíble... sin querer, ha encontrado el único antídoto para el sueño hipnótico...

Jefe Achís...

Pintor Sí, sí, continúo... Jesús...

Jefe Gracias... perdón... achís... *(Salpica a ambos con una serie variada de estornudos.)*

Pintor Se despierta... ánimo, jefe, que ya estamos...

Jefe ¿Eh... qué ha pasado? No puedo moverme...

Pintor No tenga miedo, jefe... sólo es un poco de parálisis...

Maniquí Rápido, ayúdeme a incorporarle... hay que obligarle a caminar... *(Hace presión sobre los brazos del jefe, como si fueran émbolos.)*

Pintor Sí, sí... ánimo, jefe... vamos a dar un paseo...

Maniquí No. Usted quédese ahí... no se mueva...

Pintor ¡Otra vez! *(Los dos salen imitando a una locomotora.)* Como entre esa y se le ocurra embalsamarme también a mí... *(En ese instante entra la viuda, que se sorprende al ver que el maniquí se mueve y habla.)* Aunque uno estornuda, y en paz...

Viuda Oh, Dios mío... se está despertando... Hay que ponerle otra inyección... antes de que se despierte del todo. *(Sale.)*

Pintor *(Ha oído las últimas palabras de la viuda.)* Ah, no... esta vez me esfumo... Maldición, la puerta está cerrada... ¿y ahora por dónde me escapo?... ¡Juan, estoy perdido! *(Se esconde detrás de una cortina.)* Me escondo aquí detrás... esperemos que no me vea...

36

Jefe *(Entra apoyado en el ex maniquí.)* Gracias, ya estoy mucho mejor... por lo menos puedo moverme... Sabe, al principio tuve la impresión... casi de estar embalsamado... Pero mi socio estaba aquí antes... ya no le veo... ¿Dónde está?

Maniquí No sé... Le rogué que no se moviera... espere, voy a ver si por casualidad ha salido por allí. *(Sale.)*

Jefe Sí, sí, vaya adonde quiera... yo por mí, de aquí no me muevo... ayyy... *(Se sienta en una butaca en la otra punta de la sala.)*

En ese momento entra la viuda con la jeringuilla en la mano y se da cuenta de que la butaca del maniquí está vacía.

Viuda Maldita sea, he llegado tarde... ¿Dónde se habrá metido? *(Ve al jefe.)* Ah, menos mal... ahí está... *(Se dirige hacia el desdichado, que dormita.)*

Pintor *(Detrás de la cortina.)* No, no, estoy aquí...

Viuda *(Se vuelve de golpe mientras el jefe se escurre rápidamente tras la butaca.)* ¿Cómo?... ¿Quién es?... *(Se vuelve y ya no ve al jefe.)* Ha desaparecido... dónde está...

Pintor *(Saliendo de detrás de la cortina.)* Estoy aquí... pero le advierto que no tengo ninguna gana de dejarme poner la inyección...

Viuda Pero Jorge querido... lo hago por tu bien...

Maniquí *(Entra en ese momento.)* ¡Sí, seguro, por mi bien!

Viuda *(Se vuelve de golpe, estupefacta.)* Pero... ¿por dónde ha entrado?

Maniquí No se lo digo.

Viuda *(Se vuelve otra vez y no ve al pintor, que se ha escondido bajo la mesa.)* Pero... pero... ¿qué ocurre? *(El marido también se ha escondido.)* Jorge, te lo ruego... escúchame...

Jefe *(Cruza rápidamente el escenario.)* La escucho, querida... la escucho... mira cómo la escucho.

Viuda Oh, deje ya de desaparecer... me está volviendo loca...

Maniquí *(Vuelve a aparecer sentado en la butaca.)* Tú tienes la culpa, querida, las inyecciones que me has ido poniendo, a la larga me ha matado... y ahora este que ves ante ti ya no es tu Jorge... sino su imagen celestial...

Viuda *(Deja caer la jeringuilla en la butaca.)* Oh no, Jorge... no es posible...

Pintor *(Reaparece tumbado en la mesa.)* Pues sí, querida, es exactamente así... *(Los otros dos mientras tanto se han escondido, y reaparecerán cada vez en las poses más absurdas, en los lugares más imprevisibles.)* Esta vez podrás realmente decir que eres viuda... ¡ja, ja!

Jefe Ja, ja, tendrás que vivir de recuerdos... tristes recuerdos que no te dejarán dormir...

Maniquí Porque tus noches estarán pobladas de pesadillas...

Viuda No, Jorge, basta... perdóname...

Los tres *(Al unísono.)* ¡Demasiado tarde!

Viuda *(No puede soportar la triple aparición y se desmaya.)* Tres Jorges... nooo, es demasiado... *(Se desploma en la butaca.)*

Jefe ¡Se ha desmayado!

Pintor *(Le toma el pulso.)* Ha muerto... toca, está helada...

Maniquí Oh, no... sería un desastre... *(El jefe rebusca bajo la espalda de la mujer.)* Pero, oiga, qué hace, vamos, un poco de respeto, después de todo sigue siendo mi mujer.

Jefe *(Saca la jeringuilla.)* Esto es lo que ha pasado, se ha autoinyectado...

Pintor Bueno, a cada uno le toca su turno para ser embalsamado...

Maniquí Bien... ahora seré yo el que se divierta...

Pintor Casi estoy por pintarle el bigote también a ella...

Jefe Ni se te ocurra... como estornude, menudo lío...

Maniquí ¿Cómo puedo agradecerles?...

Jefe Bueno, quizás haya un modo...

Pintor ¿Cuál?

Jefe En vista de que somos tres Jorges... y de que Jorge tiene otras tres mujeres...

Pintor Una para cada uno, y todos contentos...

Maniquí Ya... se podría...

Entran las tres chicas.

Las tres *(Al unísono.)* Jorge... *(Miran a los tres.)* ¿Uno, dos tres?... *(Cada una de ellas se arroja en los brazos del otro.)*

Sonia Pero cómo... antes estabas muerto y ahora eres tres...

Las otras dos ¿Tres Jorges?

Maniquí No hagáis caso, queridas mías... los caminos de la providencia son infinitos...

Las tres ¡Oh, Jorge! *(Saltan literalmente con los brazos abiertos a los brazos de sus hombres.)*

Pero el pintor salta a los brazos de su dama... Y, en fila, al son de una marcha, salen de escena con los pasos de los viejos finales de las variedades.

NO HAY LADRÓN
QUE POR BIEN NO VENGA
Pochade en clave redoblada

Personajes

Ladrón

Mujer del ladrón

Hombre

Mujer

Ana

Antonio

Segundo ladrón

Tras forzar la ventana, un ladrón entra en el apartamento del tercer piso de una casa señorial, con su clásica lámpara de tulipa. Echa un vistazo. De la oscuridad vemos aflorar muebles, cortinajes, cuadros antiguos y valiosos. El ladrón cierra las persianas y enciende la luz. Justo cuando va a abrir un cajón, suena el teléfono. En un primer impulso, el ladrón, presa del pánico, va rápidamente a batirse en retirada, pero al ver que no aparece nadie de la casa y por tanto no tiene nada que temer, vuelve sobre sus pasos. Le gustaría ignorar los timbrazos del teléfono, pero no lo consigue. Sigiloso, se acerca al teléfono y de un salto lo alcanza. Arranca el auricular y, como si quisiera ahogarlo, lo estrecha contra su pecho tapándolo con la chaqueta. Y, casi haciendo más probable el delito, del auricular sale una voz cada vez más débil y «apagada».

Voz Oiga, oiga, conteste... ¿Con quién hablo?

El ladrón puede por fin respirar aliviado. La voz ha dejado de vivir. El ladrón saca de su chaqueta el auricular, lo levanta con cautela y lo acerca al oído; luego lo sacude repetidamente y oye un lamento.

Ladrón ¡Oh! ¡Por fin!

Voz Ohhh... por fin... ¿Con quién hablo?

Ladrón *(Otra vez sorprendido.)* María... ¿eres tú?

Voz Sí, soy yo, pero ¿por qué no contestabas?

Ahora, iluminada por un foco, aparece en una zona hasta ahora oscura del escenario la figura de la mujer que habla por teléfono.

Ladrón ¡Estás loca! ¿Ahora me llamas incluso al trabajo? ¡Imagínate si llega a haber alguien en casa, en menudo lío me habrías metido!

Mujer del ladrón Pero si tú mismo me has dicho que los propietarios están en el campo... y además, perdona, pero no podía más... estaba preocupada por ti... me encontraba fatal... incluso ahora, cuando te estaba llamando, me parecía que me ahogaba...

Ladrón Perdona, no lo he hecho aposta, no me imaginaba que eras tú...

Mujer del ladrón ¿Pero qué dices?

Ladrón Nada, nada... Pero ahora déjame... ya he perdido bastante tiempo...

Mujer del ladrón Ah, te hago perder el tiempo... ¡Gracias! Yo me muero de agobio, sufro... me desazono...

Ladrón ¿Qué haces?

Mujer del ladrón Sí, me desazono... me desazono por ti... y tú me tratas así... Muy amable, la verdad... Pero no temas... de ahora en adelante no me desazonaré más... mejor, a partir de ahora deja de decirme adónde vas porque a mí me da...

Ladrón Pero cariño, trata de razonar... Cómo es posible que no te entre en la cabeza que no he venido a divertirme. ¡Cómo es posible que contigo no se pueda robar en paz ni una sola vez!

Mujer del ladrón Exagerado... ¡ahora, como siempre, se hace el mártir! Hay tanta gente que roba, que atraca, incluso a mano armada... y no se da tanta importancia. Menos mal que no te dedicas al robo con engaño y estafa... ¡que si no, pobre de mí!

Ladrón *(Oye un extraño ruido a sus espaldas y tapa instintivamente el auroicular.)* ¡Calla!

Por suerte es sólo el mecanismo del reloj de péndulo que marca la próxima hora... y da la medianoche.

Mujer del ladrón ¿Qué pasa?

Ladrón *(Recuperándose del susto.)* ...Es el reloj de péndulo. Menos mal.

Mujer del ladrón Qué bonito sonido... debe de ser un reloj antiguo... ¿Pesará mucho?

Ladrón *(Distraído.)* ...Por lo menos... *(De pronto cae en las intenciones de su mujer.)* ¿No pretenderás que te lo lleve a casa... por casualidad?

Mujer del ladrón Oh no, figúrate... Cómo se te ocurre que yo pretenda algo así... Tú, con un detalle cariñoso... Tú, pensando hacerme un regalito... ¡qué ocurrencia!

Ladrón Eres una inconsciente, eso es lo que eres... Si cargo con ese catafalco, ¿me quieres explicar cómo me llevo la plata y lo que encuentre?

Mujer del ladrón En el catafalco...

Ladrón Pues ya puestos, ¿por qué no me pides que te lleve también el frigorífico? ¡Aquí hay uno de doscientos litros!

Mujer del ladrón No levante la voz, por favor... No estás en tu casa.

Ladrón Perdona, me he pasado.

Mujer del ladrón Encima te pueden oír, y quedas como un grosero.

Ladrón Te he pedido perdón.

Mujer del ladrón Además, nunca te he dicho que quiera un frigorífico, y menos de doscientos litros, que no sabría dónde meterlo. Me conformo con cualquier cosa... lo que importa es el detalle... así que elige tú. Eres tú el que hace el regalo.

Ladrón Pero cómo quieres que sepa lo que te gusta... además, tengo otras cosas en la cabeza...

Mujer del ladrón Si quieres voy y lo elijo yo...

Ladrón ¡Sí, lo que faltaba!

Mujer del ladrón Me gustaría tanto ver cómo es una auténtica casa señorial... a mis amigas las mataría de envidia.

Ladrón A mí sí que me vas a matar, no a tus amigas... he venido a robar, ¿quieres enterarte o no? Adiós, hasta luego.

Mujer del ladrón ¿A qué viene tanta prisa? Total, qué te cuesta... ser amable por lo menos una vez conmigo, después de todo soy tu mujer... ¡y nos casamos por la iglesia, no en el registro, como cualquier concubina!

Ladrón *(Molesto.)* ¡He dicho adiós!

Mujer del ladrón Por lo menos un besito...

Ladrón Vale... *(Frunce cómicamente los labios al dar un beso sonoro.)*

Mujer del ladrón ¿Me quieres?

Ladrón Sí... te quiero.

Mujer del ladrón ¿Mucho? ¿Mucho?

Ladrón *(Exhausto.)* ¡Mucho mucho! Pero ahora cuelga...

Mujer del ladrón Tú primero...

Ladrón Vale... yo primero...

Cuando va a colgar se oye la voz de la mujer que por última vez lo asalta, fortísima.

Mujer del ladrón ¡Acuérdate del regalito!

El ladrón cuelga rápidamente, mirando con odio el teléfono. En el mismo instante, la figura de la mujer se desvanece en la oscuridad. Por fin solo, el ladrón se mueve por el piso en busca del botín. Abre un cajón: ha encontrado el adecuado... saca de un bolsillo de la chaqueta el saco y se dispone a llenarlo, cuando el chasquido de un cerrojo de varias vueltas le asusta. Después se oyen unas voces que provienen del recibidor.

Voz de mujer La luz del salón está encendida... Dios mío... ¡tengo miedo, vámonos!

Voz de hombre Tranquila... Me la habré dejado yo... ¿quién quieres que sea?

Voz de mujer ¿Y si ha vuelto tu mujer?

Mientras tanto el ladrón, bastante asustado, trata de fugarse por la ventana, pero ha perdido demasiado tiempo y no le queda más remedio que ocultarse dentro de la amplia caja del reloj.

Hombre *(Entra con cierta cautela.)* Pero qué dices... ¡mi mujer! ¿Por qué motivo iba a volver a la ciudad? *(Se asoma a las otras habitaciones.)* No volvería aunque se enterara de que le están desvalijando la casa... ¿Lo ves? ¡No hay nadie!

Mujer *(Entra con cautela y recelo.)* Me siento tan culpable... *(El hombre la ayuda a quitarse el abrigo de piel.)* Qué pensarás de mí... Quizás he hecho mal en ceder tan pronto... Apuesto a que tu mujer se te resistió mucho más que yo...

Hombre ¿Qué tiene que ver mi mujer? Ha estado siempre llena de complejos, de prejuicios pequeño-burgueses... Se me resistió sólo para poder casarse de blanco.

Mujer *(Con tono polémico y resentido.)* Sí, pequeño-burguesa, llena de prejuicios... pero bien que te has casado con ella... Me gustaría saber si harías lo mismo conmigo.

Hombre *(La acaricia mientras trata de empujarla hacia el sofá que está en el centro del escenario.)* Tesoro... Te aseguro que si mi mujer no fuese tan anticuada, y tu marido no tuviese nada en contra...

La mujer se sienta y el hombre se le acerca.

Mujer *(Se suelta del abrazo.)* Ves, lo has estropeado todo... *(El hombre pierde el equilibrio y cae sobre el respaldo, que se vuelca. Se queda tumbado a lo largo del diván.)* ¿Por qué has querido recordarme que tengo un marido? ¿Cómo podré ahora? Ahora que has hecho renacer en mí el remordimiento, el sentimiento de culpa...

Hombre Perdona, no era mi intención. *(Se incorpora, vuelve a colocar el respaldo.)* Pero quizás si hablamos un poco... del tiempo o algo así... a lo mejor te distraes otra vez, y podemos pasar...

Mujer ¿Adónde?

Hombre *(Incómodo.)* A mi dormitorio...

Mujer Tal vez sea la mejor solución... Probemos.

Hombre *(Esperanzado.)* ¿A ir a mi dormitorio?

Mujer No. A hablar un poco.

Hombre ¿Y no podríamos pasar a mi dormitorio a hablar un poco?

Mujer Te lo ruego, no insistas. Hablemos... hablemos de ti cuando eras niño... me gustan tanto los niños...

Hombre *(Resignado.)* Está bien... pero si no te importa, empezaré por cuando tenía cinco años, de antes no recuerdo nada.

Mujer ¿Cinco años? Lástima... a mí me gustan más pequeños... son más inocentes, menos maliciosos... pero mejor que nada...

Hombre Pues recuerdo que a los cinco años era aún un niño... y que a los seis... *(Protesta, fastidiado.)* ¡Oh, no!, dejémoslo... me siento demasiado estúpido... llevas una hora tomándome el pelo... Primero que si mi mujer, luego que si tu marido... Pobre hombre, como también haya tenido que aguantar tantos remilgos...

Mujer No, querido, con él fue otra cosa... cedió en seguida...

Hombre *(Sorprendido.)* ¿Cómo que cedió enseguida?

Mujer Claro, porque en ese caso fui yo quien le invité a mi casa, así que me tocaba a mí hacerle ceder. ¿Si le quitamos al amor el placer de la conquista, qué queda? Por desgracia mi marido ha sido siempre un hombre de una ligereza vergonzosa, y cedió en seguida. Por eso le desprecio. Pero contigo siento que va a ser diferente... ¡Sabes insistir tan bien! Insiste, te lo ruego... Insiste.

Hombre Sí, insisto, insisto muchísimo, vamos al dormitorio. *(Los dos van a salir abrazados cuando suena el teléfono; se detienen confusos, sin saber qué hacer.)* ¿Quién puede ser?

Mujer ¿Tu mujer?

Hombre Qué va... mi mujer... ¿Por qué va a llamar por teléfono? ¿Y a quién? A mí no, desde luego... Cree que he ido a ver a mi madre... Además, no suena como una conferencia... Será algún pesado, o alguien que se ha equivocado de número. *(Vuelve a abrazarla.)* Vamos, verás cómo se acaba callando. *(El teléfono sigue sonando, impertérrito.)*

Mujer Por favor, haz que se calle, me está volviendo loca.

Hombre *(Va hacia el teléfono, lo descuelga y mete el auricular en el cajón de la mesita.)* Ya está; ahora no nos molestará.

Mujer *(Con tono desesperado.)* ¡Oh, Dios, qué has hecho! Ahora ya saben que estás en casa... ¿Quién si no iba a descolgar?

Hombre *(Se da cuenta, desolado.)* Qué estúpido... ¡Tienes razón! Y además, pueden sospechar que no estoy solo, que trato de ocultar algo sucio.

Mujer Gracias, ¿por qué ya de paso no dices que te doy asco? *(Llora.)* Y yo que estaba a punto de dejarme convencer... Me está bien empleado...

Hombre *(Trata de aparentar dominio de sí mismo.)* Pero cariño... no nos equivoquemos. No perdamos la cabeza, por lo que más quieras... mantengamos la calma... Después de todo, ¿por qué van a pensar que he sido precisamente yo el que ha descolgado? Puede haber sido cualquiera... qué sé yo... *(No sabe cómo seguir.)*

Mujer *(Con ironía.)* Ya... alguien de paso...

Hombre *(Incómodo, sin convicción.)* Eso es...

Mujer *(Con el mismo tono.)* Un tipo que pasaba por aquí por casualidad... un ladrón, quizás...

Hombre Pues sí, quizás... *(Se da cuenta de lo absurdo.)* ¡Pero qué dices «un ladrón»! Si pensaran algo así, llamarían enseguida a la policía.

Mujer Claro, y a lo mejor ya lo han hecho. *(Aterrada.)* ¡Dios mío! nos encontrarán aquí juntos, nos detendrán... *(Casi gritando.)* ¡Dios mío, la policía! *(Se lanza hacia la entrada, seguida por el hombre que trata de retenerla.)*

Ladrón *(Sale asustado de su escondrijo.)* La policía... lo que faltaba... ¿Y ahora por dónde me escapo?

Hombre *(Desde el recibidor.)* Espera... trata de razonar.

Mujer ¡Tengo miedo! ¡Vámonos, te lo ruego!

Hombre Está bien, vámonos... pero querrás por lo menos coger el abrigo...

Mujer Oh, claro, el abrigo... he perdido realmente la cabeza... menudo lío hubiera sido... *(El ladrón, que mientras tanto ha estado dudando entre huir por la ventana o esperar a que los dos salieran, al oírlos regresar vuelve a meterse a toda velocidad en su escondite. Pero al entrar en la caja del reloj se golpea la cabeza con el péndulo, que emite un sonoro «don». La mujer al entrar se asusta.)* ¡Oh! ¿Qué ha sido eso?

Hombre *(Sonriendo.)* Nada, cariño... es el péndulo... ha dado la una.

Mujer Perdona, es que estoy muy nerviosa. *(El hombre lleva el abrigo de piel en la mano y se dispone a ayudar a la mujer a ponérselo. Pero ella repara en el auricular descolgado.)* Tú también has perdido la cabeza, mira, íbamos a salir sin colgar. *(Vuelve a dejar el auricular en el aparato.)*

No ha tenido tiempo de pronunciar las últimas palabras, cuando el teléfono vuelve a sonar. Los dos se miran, aún más asustados.

Hombre *(Casi hipnotizado por el sonido, agarra el auricular, se lo lleva lentamente al oído y con voz poco natural.)* ¿Diga?

Aparece, como antes, la figura de la mujer del ladrón, y al mismo tiempo se oye su voz, bastante irritada.

Mujer del ladrón Por fin... llevo una hora llamando. ¿Se puede saber por qué antes me has colgado?
Hombre Perdone, ¿con quién hablo?

La amante acerca el oído al auricular para poder escuchar.

Mujer del ladrón ¡Qué bien, ahora ya ni reconoces la voz de tu mujer!
Mujer *(Casi se desmaya.)* ¡Tu mujer! Ya lo decía yo... ¡Oh, Dios mío!
Mujer del ladrón ¿Quién está contigo? Sinvergüenza... he oído una voz de mujer... ¿quién es?
Hombre *(A su amante.)* Tranquila, debe de ser un error, jamás he oído esa voz...
Mujer del ladrón ¡Pues yo sí que la he oído! Es inútil que disimules... Asesino, canalla, por fin te he descubierto... ahora entiendo por qué no querías que fuera a esa casa. Pero tendrás que volver a la tuya... y entonces...

Mientras, el ladrón se ha asomado desde su escondite para escuchar mejor el diálogo. Al oír la voz de su mujer clamar de esa manera, no puede dejar de preocuparse seriamente.

Hombre Mire, hay un error... se ha equivocado de número... Está hablando con la casa de los señores Mariani...

Mujer del ladrón Lo sé, lo sé, casa Mariani, calle Cenini 47, 3º interior... y ahora deja de hacerte el listo y no trates de disimular la voz porque no lo consigues... sinvergüenza... el que no quería que le molestaran en el trabajo...

Hombre ¿Pero quién trabaja?

Mujer del ladrón Bonito trabajo... ¡divertirse con mujeres! ¡Traidor, falso, mentiroso! ¡Es verdad que el que es mentiroso es ladrón... bueno, que el que es ladrón es mentiroso!

Hombre ¿Cómo se atreve?... ladrón, mentiroso... ¿con quién se cree que está hablando?

Mujer del ladrón Con mi marido... ¿con quién si no?

Hombre Si su marido es un ladrón falso... es asunto suyo, pero yo no soy su marido, sino el marido de mi mujer, que por suerte... no está aquí, que si no...

Mujer ¡Sería la que faltaba!

Mujer del ladrón Para empezar, mi marido no es un falso ladrón, sino un verdadero ladrón...

Hombre Enhorabuena, señora.

Mujer del ladrón Y además, si no es usted mi marido, ¿qué hace ahí, en esa casa?

Hombre ¡Pero señora, esta es mi casa!

Mujer del ladrón Bien. ¿Y usted está en su casa, con una mujer que no es su mujer... solos, a estas horas, cuando todo el mundo cree que no está en la ciudad?

Mujer ¡Nos han descubierto!

Mujer del ladrón ¿Se da cuenta de que usted también es un traidor, falso y mentiroso y por lo tanto ladrón... como mi marido?

Hombre ¡Y dale con su marido! Pero, señora, ¿quiere explicarme quién le ha dicho que yo no debería estar en la ciudad?

Mujer del ladrón Mi marido. Siempre me dice adónde va. Llevaba diez días detrás de usted...

Hombre ¿Cómo?

Mujer del ladrón En fin, esperando el momento oportuno.

Hombre ¿Que su marido esperaba? ¿Pero qué interés tenía su marido en saber...?

Mujer *(Tapa el auricular con la mano.)* ¿Aún no lo has entendido? Tu mujer te ha hecho seguir por su marido, que evidentemente es detective.

Hombre ¡Ah, ahora comprendo! Así que su marido hace ese tipo de trabajitos...

Mujer del ladrón ¡Bueno, es su oficio!

Hombre ¡Bonito oficio, si le parece muy decente ayudar a que una mujer abandone a su marido!

Mujer del ladrón ¿Mi marido hace abandonar a la mujer de su marido? ¿Pero qué dice?

Hombre No se haga la lista... y no me venga con que no sabe nada... Mi mujer... mira que jugarme esta mala pasada... ¡Es cierto que en este mundo se acabó la confianza! Tonto de mí, que me hacía ilusiones: «Mi mujer es incapaz de hacer ciertas cosas... ¡es una mujer a la antigua, ingenua!». ¡Yo sí que soy ingenuo!

Mujer del ladrón ¿Pero, cómo, cree que su mujer y mi marido...?

Hombre ¿Cómo que creo? Estoy más que seguro... ¡y le ruego que se deje de tanta comedia!

Mujer del ladrón Está bien, está bien, ¿dónde está ahora mi marido?

Hombre Y yo qué sé... ¡si no lo sabe usted!

Mujer del ladrón Yo sé que no hace ni una hora seguía ahí, en su casa.

Hombre ¿Aquí, en esta casa?

Mujer del ladrón Seguro, le he llamado. Es más, pensé que seguiría ahí.

Mujer Seguro que las llaves se las ha dado tu mujer.

Hombre Claro... para poder ir y venir a cualquier hora del día y de la noche... y apuesto que ahora ya estará en Villa Poniente.

Mujer del ladrón ¿Villa Poniente? ¿Y qué ha ido a hacer allí mi marido?

Hombre *(Irónico.)* ¿Pero cómo, no se lo ha contado? Creía que no le ocultaba nada de lo que hace, ni adónde va. De todos modos, la complazco en seguida: en «Villa Poniente», calle Arístides Zambroni 34, teléfono 784566, está mi mujer... ¡mi mujer por poco tiempo! *(Cuelga el teléfono con rabia.)*

50

Se desvanece la imagen de la mujer del ladrón, mientras la otra mujer estalla en un llanto desesperado.

Mujer Qué escándalo, qué escándalo... cuando se entere mi marido, será un golpe terrible para él... ¡pobrecillo! Si pienso en los innumerables sacrificios que he tenido que hacer para que no se enterara de nada... para ocultarle las cosas más nimias... por no amargarle... Incluso esta última relación... y precisamente ahora, en lo mejor...

Hombre ¿Acaso no es peor para mí? ¡Había decidido retirarme definitivamente de la asesoría del ayuntamiento, pero ahora, tras este escándalo, estoy seguro de que me propondrán como alcalde!

Mujer ¿Qué podemos hacer ahora? Sólo nos queda huir o entregarnos.

Hombre Tampoco exageres: ¡entregarnos! ¿A quién? ¿Y para qué? ¿Qué hemos hecho, a fin de cuentas? ¿Acaso nos han cogido in fraganti? No, todo lo contrario, hablábamos del tiempo... de niños...

Mujer Es verdad, justo te estaba diciendo que me encantan los niños...

Hombre Sí... pero puede que sea mejor no decirlo, la gente es muy maliciosa, nos acusaría de premeditación... ¡Me pegaría un tiro de la rabia!

Mujer ¡Sí, puede que esa sea la única solución, la mejor!

Hombre ¿Qué? ¿La mejor solución? ¿Te has vuelto loca? Ya estoy viendo los titulares de la prensa: «Asesor municipal, que en calidad de vicealcalde había celebrado más de cincuenta bodas, se dispara por adulterio». ¡Se morirían de risa!

Mujer Dichoso tú que tienes ganas de ironías... eres un verdadero insensato... ¡un irresponsable!

Hombre Y por qué iba a desesperarme, si ya hemos caído en la trampa... sólo nos queda esperar a que llegue mi mujer de Villa Poniente, dentro de un par de horas. *(Reflexiona.)* ¿Un par de horas? ¿Por qué no aprovecharlas? ¡Por lo menos nos condenarán por algo! *(Se acerca a la mujer, que está sentada en el sofá.)*

Mujer No seas ordinario, por favor. *(Empuja al hombre, que*

vuelve a caer como antes, tumbado con la cara por encima del respaldo volcado.)
Hombre *(Maldiciendo, golpea con la mano abierta el sofá de diseño.)* ¡Y lo he comprado yo!
Mujer ¿Cómo es posible que no tengas un poco de sensibilidad... de comprensión, por lo menos hacia mí? ¿No comprendes que estoy desesperada?
Hombre ¡Qué exageración! ¡Desesperada! ¿Se puede saber qué pretendes de mí? *(Teatral.)* ¿Quieres que me pegue un tiro? ¡Está bien, me lo pego! *(Saca del cajón una pistola y se apunta a la frente.)* ¡Así estarás contenta!
Mujer Noooo... ¿Qué haces?... Detente. *(Le quita la pistola.)*

El hombre, que obviamente sólo ha querido asustarla con su gesto, sonríe de tapadillo.

Hombre *(Irónico y satisfecho.)* Ah... ¿Ya no quieres que me dispare?
Mujer Pero cariño, como no quites el seguro y metas la bala... así. *(Hace saltar el cargador y luego le tiende la pistola.)* Ahora ya puedes disparar.
Hombre *(Con voz extrañamente aguda.)* Ah... ah... ahora puedo...
Mujer *(Le alza la pistola a la altura del rostro.)* Vamos, date prisa, ¿no querrás que tu mujer te encuentre vivo cuando llegue? *(El hombre se acerca con terror el cañón a la frente, y en ese preciso instante el péndulo da las doce y media. Ante las primeras campanadas, el hombre se sobresalta y contempla asustado el cañón.)* Qué reloj tan raro, antes tocó la una y ahora las doce... va para atrás, me parece... o sea al contrario...
Hombre Es realmente extraño... nunca había pasado... ¡tal vez sea una señal del cielo! La mano del destino que viene a detener la mano suicida... ¡a recordarme que el tiempo, la vida, se pueden detener, pero después no se puede retroceder! ¡Oh!, gracias, bendita mano del cielo... ¡Mi querido pendulón, me has salvado la vida! *(Se acerca al reloj y lo abraza con arrebato, como si fuese un ser de carne y hueso.)*

El péndulo sigue sonando y de pronto parece que realmente está vivo.

Voz del Ladrón *(Obviamente no consigue ahogar los gemidos de dolor, producido por el gran péndulo que le golpea la cabeza.)* ¡Ay, ay!... ¡Maldición!... ¡Basta!

Hombre *(Retrocede de un salto y abraza a la mujer, que ha palidecido de terror.)* ¡El destino!

Ladrón *(Sale frotándose la cabeza.)* ¡Ay! ¡Vaya porrazo! Buenas noches... Perdonen, ¿no tendrán por casualidad agua vegetomineral? ¡Me están saliendo unos chichones...!

Mujer *(Escandalizada.)* ¡Chichones! ¡Qué destino tan ordinario!

Hombre ¿Se puede saber quién es usted? ¿Qué hace en mi casa? Conteste o le curo yo los chichones...

Mujer Por favor, no seas ordinario tú también... Después de todo, qué te cuesta darle un poco de agua vegetomineral...

Ladrón Vamos, por un poco de agua vegeto...

Hombre *(Más decidido que nunca, le apunta con la pistola.)* Oiga, ¿quiere que pierda la paciencia? ¿Quién es usted? ¿Quién es?

Ladrón *(Aterrorizado.)* En seguida se lo digo... soy el... marido... en fin, esa mujer que ha llamado antes es mi esposa... y yo soy su marido.

Hombre Ah... es su marido... ¡enhorabuena!

Ladrón Sí... sí... nos casamos por la iglesia.

Hombre Me alegro, así tendrá la suerte de que le entierren en suelo consagrado.

Ladrón ¿De que me entierren? No, no... Usted no puede matarme así como así... *(A la mujer.)* No tiene derecho... Señora, es usted testigo de que voy desarmado... Mire que si me dispara tendrá problemas: artículo 127 del código penal... puede usted disparar como mucho al aire, si me escapo... pero como no me escapo, no puede. ¡Le advierto que es homicidio con premeditación!

Mujer Sí que sabéis de leyes vosotros... Claro, la ley está siempre de vuestra parte... pero si todos decidieran dispararos por la espalda, como se hace con los espías de guerra... *(Al*

hombre.) Eso es lo que debes hacer: ¡dispararle por la espalda!
(Al ladrón.) Y usted, haga el favor de volverse.

Ladrón ¡Lo siento, pero no pienso jugar a la guerra! Mejor
llamemos a la policía...

Hombre ¡Ah, qué listo es! ¡Llamemos a la policía! La policía
constata el adulterio, nos busca la ruina, y él se lleva el premio.

Ladrón ¿Me llevo el premio? ¿De quién?

Hombre De mi mujer.

Ladrón Está loco... yo ni siquiera sé quién es su mujer...

Mujer Hipócrita... ¿no la conoce? Dispárale en seguida, te lo
ruego. Me da asco.

Hombre Un momento. *(Señala el péndulo.)* ¿Desde qué hora
ha estado ahí dentro?

Ladrón Desde las once y cuarenta y siete... me metí justo
cuando llegaron ustedes. ¿Por qué?

Hombre ¡Porque si ha estado siempre dentro del reloj, no
ha podido llamar! Si nos damos prisa, aún podemos salvarnos.

Mujer ¡Sí, salvarnos, con este que lo soplará todo!

Ladrón *(Sin comprender de qué están hablando, con tal de alejar
la amenaza.)* No, si yo no soplo nada, palabra de honor... no soplo... no sé hacerlo... *(Sopla en el cañón de la pistola que está a es-
casos centímetros de su boca, como si fuese una flauta.)* ¿Lo ve?

Hombre Además, si le matamos, sería una prueba demasiado evidente.

Mujer Podemos herirle gravemente.

Hombre ¿Y de qué serviría?

Ladrón Es lo que yo digo, ¿de qué serviría?

Mujer Yo sé de qué serviría. Si logramos darle en cierto ner-
vio... *(Le toca detrás de la nuca.)* el cervical, por ejemplo, que pasa justo por aquí detrás, entre las vértebras atlas y axis, perdería completamente la memoria...

Hombre ¿Estás segura?

Mujer Segurísima. En cualquier caso, tendría una parálisis,
ya no podría hablar y a nosotros nos viene igual de bien.

Ladrón *(Ya siente la parálisis cerca.)* Pues a mí no me viene nada bien. ¿No hay otra manera, un poco menos peligrosa? Vamos, señora, piense otra idea... ¡Lo hace tan bien!

Mujer *(Halagada.)* Sí, tal vez haya otra solución: ¡emborracharle! Nadie daría crédito al testimonio de un borracho.

Hombre ¡Es verdad! ¡Siempre he dicho que eres una mujer formidable!

Ladrón *(Suspira de alivio.)* Sí, sí, la señora es muy formidable... ya me había dado cuenta... *(Se frota las manos.)* Entonces, ¿qué bebemos? Si a ustedes les da lo mismo, yo prefiero tinto, el blanco me da acidez... desde niño, recuerdo...

Hombre No, nada de vino, tarda demasiado. Es mejor con whisky o con ginebra: tres copas, y te colocas.

Ladrón La verdad... a mí el whisky no me gusta mucho, sabe a petróleo.

Mujer *(Llena una copa.)* Este no sabe a petróleo, es escocés auténtico. *(Le tiende la copa.)*

Hombre ¿Qué tal está? ¿Qué tal está?

Ladrón *(Saborea como un experto.)* ¡Buenísimo! ¡Realmente especial!

Hombre *(Bebe a su vez.)* Ya puede ser bueno: cinco mil la botella.

Ladrón ¿Me pone otro traguito?

Hombre *(Al ladrón, que le tiende la copa para que se la vuelva a llenar)* ¡Eh, despacio!... Si se lo toma así de rápido, ¿qué bebemos nosotros?

Mujer Por favor, no seas mezquino... es él quien tiene que emborracharse, ¿no?

Ladrón Pues sí, soy yo... *(Más atrevido.)* Pero si quieren, pueden emborracharse también. Ja, ja, ja, si se lo cuento a mi mujer, no se lo cree... *(El recuerdo de su mujer le congela la sonrisa.)* A propósito de mi mujer, qué le han contado para que se enfadara tanto, seguro que me han metido en un lío... ahora hagan el favor de llamarla y explicarle el embrollo.

Hombre ¿El embrollo? ¿Qué embrollo?

Ladrón Pues eso, que los dos me han emborrachado... para que no hable... de qué, además, sólo lo saben ustedes.

Mujer Qué avispado, quiere un testigo... tenías razón, será mejor dispararle... y dejarnos de historias.

Hombre Sí... sí... será mejor. *(Va a coger la pistola que ha dejado sobre el mueble bar, pero el ladrón es más rápido y la agarra, apuntándole.)* Eh... déjese de bromas.

Ladrón Déjense de bromas ustedes... Primero me tienen metido una hora en ese catafalco recibiendo pendulazos en la cabeza, luego me ponen a la mujer en contra, luego quieren dejarme paralítico del atlas. ¿Quieren dejarlo ya, sí o no? ¡Yo aquí he venido a robar, no a hacer el payaso!

Hombre ¿A robar?

Ladrón Pues claro. Soy ladrón, pero serio.

Mujer *(Divertida.)* ¿Ladrón? ¡Ahora resulta que es un ladrón! ¡Pero por favor! ¿Dónde están el antifaz, el jersey a rayas y las zapatillas de fieltro?

Hombre Eso, ¿dónde están?

Ladrón ¿Antifaz? ¿Zapatillas de fieltro? Oiga, que yo no salgo de un chiste. Y además, ¿qué saben ustedes de ladrones?

Mujer Para que lo sepa, lo sé todo sobre ladrones... Me documenté para un concurso de televisión... precisamente sobre «delitos y robos célebres».

Hombre ¡Ah, ahora entiendo de dónde sale toda tu cultura sobre usos y costumbres de las pistolas! *(Al ladrón.)* Lo lamento, pero ha tenido mala suerte, mejor elija cualquier otro oficio, porque este no cuela.

Ladrón Oiga, usted que es tan ocurrente, ¿ha oído hablar de la banda Martillo?

Mujer *(Como repitiendo de memoria.)* Banda Martillo, compuesta por el Jama, el Serafini y por Angel Tornati, alias el Pato...

Ladrón Angel Tornati, alias el Ganso y no pato... Ganso, por alto...

Mujer Alto... no me haga reír... ¡Si era enano!

Hombre *(Por meter baza.)* Diga por lo menos bajito, ¿no?

Ladrón ¿Por qué, le parezco bajito?

Hombre ¿Y usted qué pinta en esto?

Ladrón ¡Pinto, y mucho! ¡Porque, si no le importa, Angel Tornati alias el Ganso soy yo! Y si no me cree, aquí está mi permiso de salida del talego. *(Saca una tarjeta.)* ¡Me he chupado tres años, si no le importa!

Mujer *(Echa un vistazo a la tarjeta y se le ilumina la cara.)* Es maravilloso, es él, el Pato... perdone... ¡el Ganso! ¡Encantada! Me permite, ¿verdad? *(Lo abraza y le besa en las mejillas.)* Un ladrón, un ladrón de verdad... ¡nunca me había ocurrido! Deje que le mire...

Hombre *(Celoso.)* ¿Y ahora qué haces? Este malhechor viene a mi casa a robar... y tú le besas... ¡Es repugnante!

Mujer ¡Por favor, modera tu lenguaje! «Es repugnante...» ¿Tú qué sabes? ¿Has besado alguna vez a un ladrón?

Hombre No.

Mujer ¿Pues entonces? ¡Prueba, y luego dime si es tan repugnante como dices! *(Se oye un timbrazo.)* ¿Quién puede ser?

Ladrón Apuesto a que es otra vez mi mujer. *(Descuelga el teléfono.)* Y ahora me harán el favor de explicarle... ¿Oye, María? Menudo lío has armado con tanta llamada... Te dije que cuando estoy en el trabajo tienes que dejarme en paz, no tienes que molestarme, aunque se queme la casa. Quiero que te quedes tranquila en casa, ¿te enteras?

Hombre Pero si no es el teléfono... es el timbre del portal.

Ladrón *(Mirando con odio al auricular.)* ¡Ah, por eso me dejaba hablar! *(Cuelga.)*

Hombre *(Abre la ventana y se asoma.)* ¿Quién es?

Voz de Mujer Quién quieres que sea, soy yo, Ana.

Mujer *(Palidece.)* Oh, cielos... ahora sí que es su mujer...

Hombre *(Trata de aparentar naturalidad.)* Ah, eres tú, querida... No te esperaba... ¿pero qué te ha pasado?

Ana ¡Te pregunto a ti qué ha pasado! Me ha llamado una demente... cubriéndome de insultos.

Ladrón ¡Una demente! Es mi mujer... ¡lo habría jurado!

Ana ¿Qué esperas, me abres o qué?

Hombre Ahora mismo... *(Se aleja de la ventana.)* Lo que faltaba... ¿ahora qué le contamos?

Ladrón Por mí... yo me largo por la ventana...

Hombre *(Lo agarra de la solapa.)* De eso nada... demasiado cómodo... ¡es culpa suya y de su mujer si estamos en este lío, y usted tiene que sacarnos!

Ladrón ¿Yo? ¿Y qué puedo hacer?

Hombre *(Se dirige también a la mujer.)* Un momento... Tal vez si los dos os hacéis pasar por marido y mujer... ¡solucionado!

Mujer ¿Pero cómo? ¿Casada con él, un hombre al que ni siquiera conozco?

Hombre ¡No te preocupes, el amor llegará después! Además, siempre es mejor pasar por la mujer de un marido falso que por la amante de un marido verdadero. *(Se dispone a recibir a su mujer.)* Y ahora mucho cuidado, nada de bromas o bien... *(Con actitud amenazante se guarda en el bolsillo la pistola. Sale.)*

Mujer Dios mío, qué contratiempo... Levántese, que le vea bien. *(Observa al ladrón de arriba abajo.)* ¿No tenía un traje menos desastroso que ponerse? Por favor, cuando uno va a ver gente... sí que me deja usted bien... ¿no sabe que cuando el marido va descuidado la culpa siempre la tiene la mujer?

Ladrón Lo sé, pero yo no me imaginaba algo así... de todos modos, en casa tengo un traje de rayas, voy a buscarlo.

Mujer No. *(Observa sus bolsillos repletos.)* ¡Puah! ¡Esos bultos!

Ladrón *(Se coloca como un maniquí de escaparate.)* ¡Es el modelo, señora!

Ana *(Se oye su voz desde fuera.)* ¿Se puede saber de qué va esto? ¿Quién está en casa contigo?

Hombre Ahora te explico... ha habido un malentendido, pero ya se ha aclarado...

Ana ¿Qué malentendido? ¿Tú no tenías que estar en casa de tu madre? ¿Qué haces aquí?

Hombre *(Entra seguido de su mujer.)* Es lo que iba a explicarte... ¿permites? Mi amigo... el doctor Angel Tornato...

Ladrón *(Le corrige, molesto.)* Tornati...

Hombre *(Con una sonrisa forzada.)* ¡Sí, perdona! Tornati y señora...

Ladrón ¡Ha sido su marido el que nos ha casado! El amor vendrá después, ha dicho.

Hombre *(Tratando de arreglarlo.)* ¡Claro, cuando todavía era vicealcalde!

Mujer Perdone esta invasión... a estas horas tan inoportunas... pero hemos tenido que recurrir forzosamente a su marido porque... ha ocurrido... verá...

Ana *(La interrumpe, molesta.)* Oiga, ¿usted me ha llamado?

Hombre *(Interviene con ímpetu.)* ¡Sí, sí! Es ella... ¡pero tienes que comprender, la pobre estaba tan trastornada!

Mujer Perdóneme, señora, pero los celos me han hecho

58

perder la cabeza, no sé por qué estaba convencida de que mi marido tenía una relación precisamente con usted... Pero ahora que la veo, me pregunto cómo se me ha podido ocurrir algo semejante...

Ana ¿Por qué, tan desagradable le parezco? ¡Ya puesta, diga que soy un monstruo!

Mujer ¡Oh, no, señora, no quería en absoluto decir eso! Es más, tiene usted un aspecto tan distinguido... que conociendo los gustos más bien vulgares de mi marido...

Ladrón ¿Cómo, que yo tengo gustos vulgares?

Ana Lamento que se sienta más bien vulgar, querida, visto que su marido se ha casado con usted, pero eso no justifica que me considere tan poca cosa como para liarme con un marido como su esposo aquí presente.

Ladrón ¡Ya está bien, primero vulgar... luego tan poca cosa aquí presente!

Hombre *(En el obvio intento de desdramatizar el conflicto.)* Bueno, querida, no exageres, no vale mucho, es cierto, pero puede gustar.

Ana ¡Muy bien, menudo ejemplar de marido tengo! En lugar de ofenderse porque se pone en duda la honestidad de su mujer, insiste en que tengo que encontrar atractivo a mi presunto amante! ¡Es de locos!

Mujer No, señora, su marido no quería decir eso, sino que una mujer, cuando está enamorada, siempre cree que su marido, aunque sus gustos sean más bien vulgares, puede gustar a otras mujeres.

Ana ¡Vaya razonamiento el suyo! ¡Es como decir que si mi marido me gusta a mí, tiene que gustarle a la fuerza también a usted, por ejemplo! ¡Pues ya que lo dice, señora, por qué no lo toma como amante!

Mujer Gracias, no, no.

Ana *(Al ladrón.)* ¿Y usted, no dice nada?

Ladrón A decir verdad, yo, también preferiría tener a la señora como amante en vez de como esposa... siempre que su marido no tuviese nada en contra... además, es él quien tiene que decidir... ¡él nos casó!

Ana *(Ríe, divertida.)* Ja, ja... qué gracioso, muy gracioso de verdad. Ahora comprendo por qué su mujer teme a las otras mujeres... ¡Los hombres graciosos son los más peligrosos... sobre todo si tienen gustos vulgares!

Ladrón *(A la mujer.)* ¡Me ha vuelto a llamar vulgar!

Mujer *(Le acaricia cariñosamente.)* Ah, sí, es realmente peligroso... ¡no se figura cuánto!

Hombre *(Irritado.)* Bueno, tampoco hay que exagerar... *(Se corrige.)* ¡Todos los hombres, unos más, otros menos, son peligrosos!

Ana Desde luego no es tu caso, cariño. *(Mira emocionada al ladrón y a la mujer, que hacen manitas tiernamente.)* Mira qué tiernos... ¡parecen recién casados! Hacen muy buena pareja... ¿verdad, cariño?

Hombre *(Perdiendo los estribos.)* Sí, pero ahora... será mejor despedirse... es un poco tarde...

Ana No seas grosero, por favor... no se preocupen, quédense el tiempo que quieran. ¿Por qué no tomamos algo?

Ladrón Sí, estupendo, el whisky de antes... *(Agarra la botella.)*

Mujer *(Le hace un gesto negativo.)* Muy amable, pero ya hemos abusado bastante de su amabilidad... *(El ladrón se guarda la botella en el bolsillo.)* Además, es muy tarde, no me gustaría que mi marido volviese y no... *(Se corrige.)* volviese demasiado tarde a casa... Vivimos tan lejos, en la otra punta de la ciudad, y él tiene que madrugar mañana... ¿verdad, cielo?

Ladrón ¿Eh?

Ana ¿Por qué no se quedan a dormir? Tenemos una habitación libre... ¡vamos, díselo tú también, cariño!

Hombre *(Distraído.)* Sí, ¿por qué no se quedan a dormir? *(Se da cuenta.)* ¿Pero qué me haces decir? A lo mejor prefieren...

Ladrón Sí, sí, preferimos muchísimo...

Ana Bien, ¿has visto? ¡Prefieren quedarse! No se imagina cuánto me alegro...

Mujer *(Quema el último cartucho.)* Pero es que... no hemos traído nada, y mi marido no puede dormir sin pijama.

Ana Si es por eso *(a su marido)* le dejarás uno de tus pijamas, ¿verdad, cariño?

Hombre *(Desesperado.)* ¡Sí!

Ana Venga, señora, le enseñaré la habitación... Estarán muy a gusto... ¡estoy segura! *(Al ladrón.)* Se la robo un momento. Las dos mujeres salen, los dos hombres, solos, se miran, el uno con incomodidad, el otro con cierto odio; el primero en hablar es el dueño de la casa.

Hombre ¿Tenía que hacerse tanto el gracioso? Vaya Don Juan de pacotilla... no habrá pensado de veras dormir con mi... y con mi pijama... ¡Ya se lo puede quitar de la cabeza!

Ladrón ¿Quién se lo ha metido en la cabeza? ¿Quién ha tenido la brillante idea de hacerme pasar por el marido de su amiga? Y ahora se pone nervioso... ¡Un pobre diablo viene aquí a ganarse el pan... y no sólo no le dejan llevarse ni un despertador roto, sino que le obligan a encubrir los líos del dueño de la casa! Pues no, no, lo siento, y haga el favor de llamar inmediatamente a mi mujer... no, mejor antes llamamos a la suya, y le soplamos toda la verdad... ¡y luego llamaré al comisario! ¡Siempre será mejor el interrogatorio del comisario que el de mi mujer!

Hombre ¡Vaya con el caballero, se ha ofendido! ¡Le hemos molestado en su sagrado trabajo! Pero en seguida lo arreglamos. ¿Ha venido aquí a robar? ¡Pues entonces robe, adelante! *(Abre el cajón de la plata.)* Robe... también hay cucharillas de oro... ¡adelante!

Ladrón *(Extrae el saco del bolsillo, lo abre pero recapacita.)* No, gracias, robar así no me va... Gracias, otra vez será... *(El hombre empieza a ponerse nervioso y hace el gesto de sacar la pistola.)* Bueno, si insiste... *(Coge con delicadeza una cucharilla.)* Ya está... por no despreciar... *(Se la guarda en el bolsillo de la chaqueta.)*

Hombre *(Saca la pistola, amenazador.)* He dicho que robe... a manos llenas, no permitiré que vaya diciendo que en mi casa se roba mal... ¡que explotamos a los ladrones!

Ladrón Yo nunca he dicho eso.

Hombre Me extraña... vamos, coja también estas... *(Abre un cajón y le da un puñado de cucharillas de plata.)*

Ladrón No quisiera abusar de su amabilidad, de su bondad...

Hombre No me venga con miramientos, adelante...

En ese momento entra la mujer del ladrón, que, al ver a su marido a tiro de pistola del dueño de la casa, no puede evitar lanzar un grito desesperado... y arrojarse entre los dos abrazando a su marido.

Mujer del ladrón ¡Ah, no! Por caridad, señor, no le mate. Le devolverá todo, pero no le mate.

Ladrón ¡María! ¿Por dónde has entrado?

Mujer del ladrón El portal estaba abierto...

Ladrón ¡Y yo he escalado tres pisos para llegar aquí!

Mujer del ladrón Perdóname... todo es culpa mía... me he dado cuenta demasiado tarde... Pero ahora es mejor que le devuelvas todo al señor... Además, aunque te echen unos meses, estamos en fiestas y en estos días tampoco se está tan mal... Hasta dan turrones y mandarinas... ¡Te lo ruego, déjate detener!

Hombre ¡Sólo faltaba la mujer!... ¿Y ahora qué le cuento a mi mujer cuando se entere de que usted tiene dos mujeres?

Mujer del ladrón ¿Quién tiene dos mujeres?

Ladrón *(Aterrado, con voz de falsete.)* ...Yo no tengo nada que ver, ¿eh? Ha sido él quien me la ha dado por mujer, por miedo a que su mujer supiera que no era mi mujer... sino una mujer...

Mujer del ladrón Ah, infame traidor, perjuro, asesino... estúpida de mí que creía que te entendías con su mujer y en cambio ya tenías otra mujer... que ni siquiera es su mujer... yo te mato... *(Trata de quitar el seguro.)* ¿Cómo se hace? ¿Cómo se hace?

Hombre ¡No se hace! *(Le arranca la pistola.)* Por caridad, no arme tanto jaleo... Como nos oigan las otras dos mujeres... yo estoy perdido, es cierto... pero también su marido... Escúcheme, se lo ruego: no voy a entrar en detalles. Sería demasiado largo... pero, en resumen, si quiere salvar a su marido... tranquilícese. *(Se oyen pasos que se acercan.)* Maldita sea... ya vienen... ¿qué nos inventamos ahora?

Ana *(Entrando.)* Su querida mujercita, señor Tornati... le está esperando... he traído también el pijama de mi marido porque como esperara a que mi marido... *(Se detiene, asombrada, al ver a la nueva huésped que el marido y el ladrón tratan de ocultar de su vista.)* ...Eh... perdona, cariño... ¿quién es la señora?

Hombre *(Finge sorpresa.)* ¿Quién?

Mujer del ladrón Soy una de las mujeres... ¿Me permite? María Tornati...

Ana ¿Pero cómo? ¿Otra mujer?

Hombre *(Interviene con rapidez para tratar de salvar la situación.)* Sí, cariño, precisamente quería explicártelo antes... la señora... resulta que...

Mujer del ladrón ¡Resulta que... soy la mujer!

Hombre Eso, soy la mujer... es la mujer del señor... *(La mira con maldad, como si quisiera hipnotizarla.)* La primera mujer de mi amigo Tornato...

Ladrón *(Corrigiéndole.)* ...ti.

Hombre *(Incierto.)* ...to-ti.

Ladrón ...ti-ti-ti. Tornati.

Hombre La primera mujer de la que Tornati se ha divorciati...

Ladrón ...do.

Hombre ...do.

La mujer del ladrón quiere intervenir, pero el marido le da un codazo.

Ana ¿Son ustedes extranjeros?

Ladrón ¿Eh?... no, no somos...

Ana ¿Entonces cómo han podido divorciarse?

Ladrón *(Pide ayuda al dueño de la casa.)* ¿Eh? ¿Podido?

Hombre *(Pide ayuda a la mujer del ladrón.)* ¿Podido?

Ana ¡Ah!... ya entiendo... ¡tu amigo trabaja en el cine!

Hombre Sí, sí, sí, trabaja en el cine... es productor de cine.

Ana ¿Productor?... ¿Y qué tipo de películas hace? *(Reparando en el saco que lleva en la mano.)* Perdone, ¿pero eso qué es? *(Abre el saco.)* ¡Pero si es mi plata! ¿Qué estaba haciendo?

Ladrón Robar...

Hombre ¡Noo! Me estaba contando el argumento de su nueva película... la escena del robo... y me estaba enseñando...

Ana ¡Oh, qué interesante! Así que es usted un especialista.

Ladrón Sí, de padre a hijo...

Ana ¿Y su mujer?

Mujer del ladrón No... yo no, mi marido no quiere, siempre me deja en casa...

Ana No, decía... cómo es eso del divorcio... ¿si están divorciados, cómo es que su mujer sigue siendo su mujer?... ¡además, ahora tiene dos!

Hombre Claro... se ha divorciado... se ha vuelto a casar... pero luego el Estado, impugnando el derecho canónico, no ha considerado válido el divorcio pese a que, en un primer momento, impugnando el derecho civil, consideró como válido el segundo matrimonio... así... así que el pobre se encuentra ahora con que es al mismo tiempo bígamo, concubino, público pecador y católico observante...

Mujer del ladrón ¿Pero cómo? *(A su marido.)* ¿Y no me decías nada?

Ladrón Yo no lo sabía... *(Al dueño de casa.)* ¿Cómo es que soy bígamo observante?

El hombre empuja al ladrón lejos de las mujeres.

Ana Eh, señora mía... hay cosas que es mejor no saberlas... porque, incluso cuando se saben, una no entiende nada... Pobrecillo... a saber cómo le irán las cosas... a lo mejor le procesan y lo meten en la cárcel como a un ladrón cualquiera.

Hombre Eso, como a un ladrón de vajillas... *(con intención)* y todo por tener una mujer...

Ana ¿Cómo?

Hombre Es decir, dos mujeres...

Ana *(Al ladrón.)* A propósito, ¿y su otra mujer?... Será mejor que no sepa que está aquí... *(señala a la mujer)* pobrecilla también ella... ¿Y además, cómo lo haríamos? Aunque se pongan de acuerdo, la cama es de cuerpo y medio... y... ¡estarían incómodos!

Hombre No te preocupes, cariño... lo arreglaremos todo.

Mujer del ladrón Y un cuerno... No pensarán escurrir el bulto tan fácilmente...

Ladrón *(Quiere llevarse el saco, pero tiene que dejarlo para empujar a su mujer hacia la puerta de la izquierda.)* Sí, sí... pero ahora vámonos...

Hombre Venga, señora, le presentaré a la mujer de su marido... quiero decir... ¡en fin, pase!

64

Ana *(Mira cómo salen los tres y sacude la cabeza con lástima.)* ¡Pobre mujer!... *(Repara en las botellas esparcidas sobre la mesa.)* Dios, qué desorden... y lo que han bebido... *(Se sirve una copa a su vez.)*

En ese momento un hombre se asoma por la puerta y la llama en voz baja.

Antonio Ana... ¿Estás sola?
Ana ¡Oh! ¡Dios mío!... Antonio... ¿cómo se te ocurre? ¡Vete... vete en seguida... mi marido está en casa!
Antonio ¿Se puede saber qué te ha pasado? Por teléfono no te he entendido nada... ¿Qué es esa historia de que te ha llamado mi mujer?
Ana Nada, nada... ha sido un malentendido, gracias a Dios. He recibido una llamada de una mujer... que me insultaba por algo de su marido...
Antonio ¿Y has pensado que era mi mujer?
Ana Exactamente... no conozco a tu mujer, y menos aún su voz... me ha dado un susto... Pero ahora no puedes quedarte... Vete... nos vemos mañana...
Antonio Ah, tengo que irme... pues no, querida, no cuela. *(Avanza hacia el centro del salón.)* ¿A quién te crees que engañas? La llamada, el malentendido, tu marido que vuelve a casa, cuando tenía que estar con su madre... no, no, aquí hay gato encerrado... Lo has montado todo para cancelar nuestra cita en la villa y encontrarte aquí con otro... que seguramente no es tu marido...
Ana ¿Estás loco, eh? ¿Cómo puedes pensar eso?
Antonio No mientas... ¿y esos vasos? Está claro... os preparabais... espiritualmente... ¿Dónde está... cómo se llama?... Será mejor para ti que hables... *(La agarra por los hombros.)* ¿Quién es?

En ese momento aparece el ladrón con el pijama bajo el brazo. Ha vuelto a buscar el saco. Pero viendo la escena y al nuevo huésped, asustado, deja caer el saco, y el hombre se vuelve.

Ladrón ¿Molesto? Venía a buscar este saco...

Antonio Ah, aquí está... con el pijama bajo el brazo... ¡ya dispuesto, el caballero!

Ladrón *(Agredido por el hombre, que lo agarra del brazo.)* Perdone, me lo ha dado la señora... pero si lo quiere, cójalo... no hay por qué pelearse por un pijama...

Antonio Ya sé, ya sé que se lo ha dado ella... y por eso ahora me las pagaréis los dos. *(Cierra la puerta de entrada y se guarda la llave en el bolsillo.)*

Ana Te lo ruego, Antonio... estás cometiendo un terrible error... el señor es un amigo de mi marido y es nuestro invitado, junto con sus mujeres.

De las otras habitaciones llegan los gritos de las dos mujeres que obviamente están discutiendo.

Voces de las dos Mujeres Pues no, bonita, yo no soy de pueblo como usted... no me convence lo que dice... querida concubina... *(Otra voz.)* Modere su lenguaje, por favor... ¿a quién llama concubina?

Antonio *(Soltando la presa.)* ¿Son sus mujeres? ¿Pero cuántas tiene?

El ladrón hace un gesto con la mano, como diciendo «bastantes».

Ana *(Se dirige al ladrón.)* Oh, se lo ruego... señor Tornati... no le diga nada a mi marido...

Ladrón No, no... yo no digo nada...

Antonio Se lo agradezco... y perdone por el malentendido...

Ladrón Un malentendido más o menos... con la noche que llevamos...

Ana Ahora vete, rápido... ¿dónde tienes la llave?

Antonio Aquí, en el abrigo. *(Busca en el bolsillo.)* Maldita sea... se ha caído dentro del forro... había un agujero en el bolsillo... *(Se quita el abrigo para buscar mejor.)*

Los tres intentan coger la llave, que parece animada y se les escapa continuamente.

Ana Aquí está... no... se me ha escapado...

Ladrón Quietos, ya la tengo... qué va... ¿dónde se habrá metido?

Antonio Eh, cuidado, que me rompéis el forro... maldita sea, está en la manga...

Las voces se acercan desde la habitación contigua.

Ana Ahí vienen, ¿y ahora qué hacemos?

Ladrón Oiga, venga aquí, yo he aguantado un par de horas ahí dentro. *(Abre la caja del reloj.)* No se está tan mal... *(Le ayuda a entrar.)* Le advierto que dentro de poco dará la hora... cuidado con el péndulo... y recuerde que no se puede fumar.

Entran las dos mujeres con el dueño de la casa. Están bastante alteradas.

Mujer del ladrón *(A su marido.)* En vista de que ellos no quieren explicarme nada, ahora vamos a casa y me lo explicas tú.

Ladrón ¿Por qué quieres ir a casa? Con lo bien que se está aquí... son tan amables... Mira, hasta me han dado un pijama. Además, aunque quisiéramos, no sé cómo íbamos a salir... falta la llave.

Mujer del ladrón *(Sacude la puerta.)* Pero a ti no te costará mucho hacer saltar la cerradura... es tu oficio, ¿no?

El ladrón se saca del bolsillo un enorme manojo de llaves.

Ana *(A su marido.)* ¿Y todas esas llaves? ¿Cómo es eso?

Hombre Te lo he dicho, es productor, y si un productor no tiene lo menos cinco o seis despachos... dos o tres villas, un par de apartamentos, ¿qué clase de productor es?

En ese mismo instante el gran reloj de péndulo da la una. Un gran golpe, un grito, y el pobre inquilino de la caja sale imprecando.

Antonio ¡Ay! Qué daño... mi cabeza... ¡ayayayayy!

Ladrón Ya se lo dije... ¡que daba un golpe! Y ahora ni siquiera tenemos agua vegetomineral...

Mujer *(Aterrada.)* Pero si es mi marido. *(Aparenta naturalidad.)* ¡Hola, cariño!

Antonio Julia... ¿qué haces aquí?

Ana ¿Cómo? ¿Conoces a la mujer del señor Tornati?

Antonio ¿La mujer de quién?... Basta de bromas... Julia es mi mujer...

Hombre *(A su mujer.)* No, no, cariño, no te preocupes... ha sido un malentendido...

Ladrón ¿Otro malentendido? ¡Uy, cuántos esta noche!

Mujer Tendrás que explicarme qué hacías dentro de ese reloj... *(Al ladrón.)* ¿Estaba él ya cuando estaba usted?

Ladrón *(Tras un instante de perplejidad.)* ¡Es que, sabe, está muy oscuro ahí dentro!

Hombre Pero si está claro... clarísimo, sólo tienen que permitirme explicar el malentendido... pues...

Ladrón Pues un cuerno... aquí no hay ningún malentendido... yo os digo lo que hay...

No tiene tiempo de seguir pues los otros, temiendo que se descubra el embrollo, le interrumpen en seguida.

Ana Pues claro que hay un malentendido... ¡está claro que lo hay!

Antonio Sí, sí, yo también me di cuenta en seguida... es más, me asombra que no se haya dado cuenta también el señor... todo es un malentendido...

Mujer Está tan claro que hasta un niño lo entendería...

Hombre Entonces no hace falta ni explicarlo... Los malentendidos no se explican... si no, ¿qué clase de malentendidos son?

Ladrón *(A su mujer.)* ¡Ven, rápido!

Mujer del ladrón Espera, no tires...

Van hacia la puerta que el ladrón ha abierto antes. Al pasar junto al interruptor el ladrón apaga la luz.

Ana ¿Quién ha apagado la luz?
Mujer ¿Qué ocurre?
Antonio ¡Detenedlos!... ¿Adónde van esos dos?
Mujer Está tan loco que es capaz de haber ido a entregarse... rápido...
Hombre Rápido, detenedlos, no los dejéis escapar...
Mujer Han salido por el jardín... ¡corred!
Hombre Es imposible... De todos modos, vosotros dos id por ese lado... tú ven conmigo. *(Salen todos. Silencio. Por la ventana aparece la luz de una linterna, que recorre la habitación hasta localizar el saco con el botín. Pero reaparecen los dueños de la casa.)* ¡Ha vuelto a entrar por la ventana, el muy granuja! Ha vuelto para llevarse la plata...
Ana ¡Cogedlo!
Mujer Rápido... ¡sujétalo!... no dejes que se escape...
Hombre ¡Enciende la luz!

Lo hacen. Rodeado por los cuatro perseguidores aparece un segundo ladrón.

Segundo ladrón *(Enfadado.)* ¡No y no! ¡No vale! Esto es pasarse... Si se lían a poner trampas... la ventana abierta, el botín ya listo... y luego, de pronto: zas... se esfuma todo... Pues no... así no vale... Me voy al sindicato y en paz.
Todos ¡Noo!
Hombre No, por favor, escúchenos, ha habido un malentendido.
Segundo ladrón ¿Un qué?
Todos ¡Un malentendido!
Hombre Si nos permite, se lo explicamos...
Todos Verá...

Las próximas réplicas se dirán al mismo tiempo, pisadas: el resultado será un gran vocerío, sin una sola palabra comprensible.

Mujer Esta noche estaba con mi marido... y recibí una llamada y acudí corriendo...

Ana Yo estaba en Villa Poniente... suena el teléfono y oigo una voz de mujer que me insulta...

Hombre Estaba en casa de mi madre... estábamos cenando... cuando... de pronto me acuerdo de que he olvidado en casa las llaves de la oficina.

Antonio Esta noche fui al cine... ya sabe, uno de esos dramones de amor y lujo... cuando...

El segundo ladrón, abrumado por el torbellino de palabras, retrocede hasta encontrarse primero sentado, después tumbado en el sofá, en poder de los cuatro mentirosos que hablan y hablan sin piedad.

EL HOMBRE DESNUDO
Y EL HOMBRE DE FRAC
Farsa en un acto

Personajes

Primer barrendero
Segundo barrendero
Mujer
Hombre desnudo
Guardia
Hombre de frac

Una calle en la periferia. Algún poste de la luz, un seto marchito, un banco desvencijado, un quiosko de prensa cerrado, una valla y un cartel de la empresa de mantenimiento que indica «obras públicas».
Entran en escena unos barrenderos que, mientras empujan sus carritos, cantan a coro.

Barrenderos
Duerme el sabio en cama de lana
Duerme el vago en cama de pluma
El reumático duerme en madera
Y el más vivo en un pecho gentil.
Por la noche barremos las calles
Los largos paseos manchados de día.
Las hojas muertas sucias por el hielo
O la mala costumbre de un can;
Recogemos papeles y andrajos
Colillas pisadas por zapatos,
Antes de que por triste fatalidad
Vayan de las cloacas al mar.
A veces encontramos un billete
¡Caray, ya no vale este dinero!
En la hoguera lo vamos a quemar

Pero luego nos entra un gran pesar
Y se lo damos a un ciego pordiosero.

Los barrenderos salen de escena. Quedan sólo dos, que charlan un poco, hasta que uno de ellos alza la voz.

Primer barrendero Oye, llega un momento en que es mejor decir la verdad y no darle más vueltas, al menos eso pienso yo...
Segundo barrendero Ah, sí, tú lo has dicho, la verdad... ¿y qué es la verdad? Dirás: lo contrario de la mentira... cierto, entonces dime: ¿cuál es la mentira, cuál es la verdad? ¿Es verdad lo que es verdad, o es verdad lo que es mentira? Y si la verdad y la mentira se identifican... *(El primer barrendero se aleja, harto.)* ...Eh, espera, ¿por qué te vas tan corriendo?
Primer barrendero Porque quiero estar solo... por eso.
Segundo barrendero Oye... ¿No te habrás enfadado conmigo, por un casual?
Primer barrendero Qué voy a estar enfadado... Lo que estoy es harto de que me pongas la cabeza como un bombo con tus discursos noche tras noche. Me sueltas unos discursos de loco, y luego me da que pensar. Y ya te he dicho que a mí, pensar, me hace daño aquí. *(Se señala la frente.)*
Segundo barrendero Porque no estás entrenado... El cerebro es un músculo y mientras no te acostumbres al esfuerzo...
Primer barrendero Sí, muy listo tú, como que voy a esforzar el músculo... para que luego me dé un tirón cerebral... ¡Qué listo eres!
Segundo barrendero *(Divertido.)* ¡Un tirón cerebral, ja, ja!
Primer barrendero Seguro, y además no entiendo por qué tú, con el músculo tan entrenado y lo ilustrado que eres, sigues siendo barrendero.
Segundo barrendero Porque para mí ser barrendero no es un oficio, sino una misión...
Primer barrendero ¡Otra vez tus discursos de loco!
Segundo barrendero Nada de eso, de sabio si acaso. Para empezar: ¿qué es lo más importante en la vida? Vamos, contesta.
Primer barrendero Pues... yo creo que si uno tiene buena salud y está contento...

Segundo barrendero ...¿consigue la auténtica felicidad?

Primer barrendero En efecto, y si además le importa un bledo todo y todos... mejor todavía.

Segundo barrendero Bien, tengo que reconocer que me había equivocado contigo. No eres tan tonto como pareces. Es exactamente así: para ser realmente feliz hay que conseguir estar por encima de las tristes mezquindades de la vida, olvidar ambiciones, suprimir sentimientos y pasiones...

Primer barrendero Sí, pasar, en resumen... pero del dicho al hecho...

Segundo barrendero Ah, claro, no es fácil... pero hay un modo.

Primer barrendero ¿Cuál?

Segundo barrendero ¿Has oído hablar del yoga?

Primer barrendero ¿Eh? ¿Qué es el yoga?

Segundo barrendero Tengo que reconocer que no me había equivocado contigo... eres tan tonto como pareces. El yoga es un ejercicio, una disciplina psicofísica que permite a quien la practica alcanzar la despersonalización más absoluta y con ella la placidez, la felicidad.

Primer barrendero Vale... ¿pero qué tiene que ver ese yoga con el oficio de barrendero?

Segundo barrendero Pues mucho... en el fondo, es el mismo principio. ¿Qué condición hay más adecuada que la de barrendero para suprimir en nosotros todo el bagaje de presunción, de orgullo, de ambiciones que nos impide despojarnos de las inútiles vanidades, y alcanzar desnudos, pero felices, la placidez del mundo platónico de las ideas?

Primer barrendero ¿Desnudos? ¡Ves, lo sabía, ya me está doliendo la cabeza! ¿Cómo que desnudos?

Segundo barrendero ¡Desnudos! Desnudos por fuera, pero vestidos por dentro, con el alma vestida...

Primer barrendero ¡El alma vestida! Caray, qué frase tan bonita. Tengo que acordarme... ¿qué quiere decir?

Segundo barrendero Te lo explico en dos palabras. Tú, por ejemplo, ¿te sientes alguien?

Primer barrendero ¡Qué cosas dices! Si soy barrendero... qué quieres que me sienta...

Segundo barrendero Exacto, no te sientes alguien, sino nadie, nada, en resumen... ¿pero acaso no es la nada el principio de todo, o sea lo absoluto? Pero lo absoluto, como dice Platón, es Dios, por lo tanto tú eres Dios...

Primer barrendero ¿Yo?

Segundo barrendero ¡Sí, tú!

Primer barrendero Anda ya... lo dices porque te caigo simpático... pero espera a conocerme bien... te han contado una trola y te la has creído.

Segundo barrendero ¡Dichoso tú que no entiendes nada! Ves, a ti se te podría poner cualquier traje: de rey, de bufón, de soldado, de cura... desnudo o de frac, seguirás siendo tú mismo, un barrendero, o mejor, ni siquiera un barrendero, nadie, porque no eres nadie y por lo tanto todo...

Primer barrendero Y como el todo es Dios, como dice Platón, soy Dios...

Segundo barrendero ¡Bravo! Veo que por fin has comprendido.

Primer barrendero Sí, sí, no es tan difícil de entender. Pero dime una cosa, ¿el papa sabe que soy Dios?

Segundo barrendero ¿El papa?

Entra en escena corriendo una mujer de aspecto alterado.

Mujer Maldición... esta vez no me libro... oh, perdonen... quizás puedan ayudarme...

Segundo barrendero Con mucho gusto... ¿en qué podemos serle útiles?

Mujer Me han trincado... justo cuando me estaba contratando un cliente...

Primer barrendero ¿Quién la ha trincado?

Mujer Los municipales, ¡ahí vienen! Por favor, ayúdenme... ¡hagan algo!

Primer barrendero ¡Vamos a esconderla en el cubo! Si se encoge un poco, cabe.

Segundo barrendero No digas tonterías... con toda esa porquería... una mujer tan guapa...

Mujer Gracias por el cumplido... pero por desgracia ser guapa, como usted dice, no me servirá de nada... Esos no miran a

74

nadie a la cara. Me encerrarán, y si te he visto no me acuerdo. La última vez me salvó un señor que me hizo pasar por su novia, pero esta vez...

Segundo barrendero Claro que si decimos que es nuestra novia... se partirían de risa... Los barrenderos no pueden amar...

Primer barrendero Además, una novia entre dos... no está bien... la verdad.

Segundo barrendero Qué tonto, no se me había ocurrido.

Primer barrendero Claro, nos tocaría un poco a cada uno... ¡primer! La idea ha sido mía... me toca a mí primero.

Segundo barrendero Cállate y toma. *(Se quita la chaqueta del uniforme.)* La larva se transforma en mariposa, desecha su viejo envoltorio y vuela. *(Arroja el sombrero y la chaqueta al cubo, luego saca de la caja de utensilios un sombrero de fieltro.)* Vamos, pequeña, esta noche seré tu protector...

Mujer Oh, gracias, es usted muy amable... y parece un auténtico caballero... No sé cómo podré devolverle el favor.

Segundo barrendero No te preocupes, ya encontraremos el modo. *(Declama.)* Abrázame con ardor, nos salvará el amor...

Primer barrendero Un momento, antes de abrazaros del todo, ¿qué hago con tu cubo? ¡No querrás que vaya con dos cubos a la vez! Como me encuentre a un vigilante...

Segundo barrendero Tienes razón... ¿qué se puede hacer?

Primer barrendero Bueno, algo se puede hacer: escondo mi cubo detrás de ese muro y llevo el tuyo al depósito que hay aquí cerca, y le digo al vigilante que te has puesto malo y te has tenido que marchar... pero no digo con quién...

Segundo barrendero Bravo... eres la de Dios.

Primer barrendero Sí, lo sé, ya me lo has dicho... tampoco hace falta que se entere todo el mundo... Son cosas delicadas... vamos.

Mujer Gracias a usted también... ha sido un verdadero milagro encontrarles.

Primer barrendero ¿Te das cuenta?... ¡milagro! Como se corra la voz... hala, marchaos, rápido.

Mujer Sí, sí, vamos... adiós... y gracias otra vez.

Salen, los dos abrazados, el primer barrendero con el cubo del segundo barrendero.

Unos segundos de oscuro para indicar el paso del tiempo.

Primer barrendero *(Vuelve a entrar.)* Eh, menos bromas... ¿quién se ha llevado mi cubo? *(En efecto, el cubo que antes del oscuro estaba en escena ha sido desplazado detrás de un seto.)* Ah, está aquí... menos mal... menudo susto... *(Empieza a recoger la basura.)* Pues sí que hubiera estado bien... uno se hace cargo del cubo de otro, y mientras tanto le quitan el suyo... como encuentre a quien me lo ha movido... *(Abre la tapa y echa dentro la basura que ha recogido.)*

Hombre desnudo *(Asomándose por el cubo, molesto)* Caramba, tenga cuidado con dónde deja esa porquería... ¿Le parece de buena educación?

Barrendero *(No da crédito.)* Perdone...

Hombre desnudo *(Limpiando el sombrero de copa que lleva en la cabeza.)* ¡Qué perdone ni qué ocho cuartos! Se creerá muy gracioso... pues le aseguro que es una broma de muy mal gusto...

Barrendero Eh, oiga, está usted un poco loco...

Hombre desnudo Ah, ¿estoy loco? Bien, además me insulta; pues ya que se pone así, ¿por qué no me da de bofetadas? ¡Adelante, cuando guste! Pero le advierto que va a pegar a un hombre desnudo.

Barrendero ¿Un hombre desnudo? Enséñeme el desnudo.

Hombre desnudo Por favor... *(Asoma completamente el busto, en efecto desnudo.)* ¡Aún no somos tan íntimos!, y además... ¿no cree que se está pasando? Entiendo que, con el oficio que tiene, acostumbrado a vivir entre basuras de todo tipo... la visión de desnudeces ajenas no puede producirle ningún apuro... pero por suerte mi pudor...

Barrendero *(Pierde los estribos.)* Basta ya, ¿vale? O lo deja o se lo hago dejar yo... Cojo el cubo con usted dentro y lo vuelco en la primera zanja que encuentre...

Hombre desnudo *(Complaciente.)* No hay motivo para ponerse así... vamos, cálmese...

Barrendero De eso nada... es usted quien tiene que calmarse... y dejar de mosquearme... porque soy capaz de llamar a un guardia, y si te he visto no me acuerdo...

Hombre desnudo No, se lo ruego... le pido humildemente excusas... de rodillas... No llame a un guardia... sería lo mismo que inducirme al suicidio... Se lo ruego... no me induzca...

Barrendero Está bien, no le induzco... no le induzco... Oiga, no es por meterme en sus asuntos, pero ¿cómo es que se ha metido en mi cubo, y además desnudo?

Hombre desnudo Me he metido dentro precisamente porque estaba desnudo... comprenderá que si hubiese estado vestido, me habría guardado muy mucho.

Barrendero No se habrá quitado la ropa para probar la emoción de meterse en un cubo, ¿verdad?

Hombre desnudo No... me he desnudado por otra emoción muy diferente... la más sublime de las emociones... el amor... Pero, por desgracia, en el momento preciso, puntual como un personaje de farsa, llegó él... el marido.

Barrendero ¡Ja, ja!... como en los chistes...

Hombre desnudo Sí, y yo, precisamente por no seguir la tradición de esconderme debajo de la clásica cama o en el aún más clásico armario, tomé mi sombrero *(señala el sombrero de copa negro que lleva en la cabeza)*, apreté los dientes y salí al balcón tal y como estaba...

Barrendero Desnudo, pero con los dientes apretados... y el sombrero en la cabeza. Perdone que me ría, pero estas cosas me hacen mucha gracia...

Hombre desnudo Adelante, ya me gustaría a mí poder hacer lo mismo, pero créame, es difícil reírse cuando se está desnudo y metido hasta el cuello en basura.

Barrendero Sí, sí, es difícil, pero a mí me hace gracia igualmente... Ja, ja, ja, de todos modos, cómo se dice, cómo se dice... espere, que era buenísimo... ah, eso es *(declama imitando a su amigo filósofo)* ...lo importante es estar desnudos, pero vestidos... o sea desnudos por fuera pero vestidos por dentro... y como usted está dentro, está vestido...

Hombre desnudo No comprendo.

Barrendero Son cosas de filosofía... se necesita demasiado tiempo para explicarlas... Lo siento pero tengo que hacer la ronda... Será mejor que salga de mi cubo, que si no me quita todo el sitio para la basura.

Hombre desnudo ¡Oh, no, se lo ruego, no querrá abandonarme en plena calle en esta tesitura, no es muy amable, vamos!

Barrendero ¿Ah, no es muy amable? ¿Y qué cree que debo hacer? Si me encuentro con un vigilante, ¿qué le cuento? ¡Es capaz de abrirme expediente por alquiler ilegal de medio mecánico con fines ilícitos, o qué sé yo!

Hombre desnudo Si fuese usted tan comprensivo... y tan amable de llevarme a casa...

Barrendero ¿A casa? Pero, oiga... ¿me toma por un taxi?

Hombre desnudo No sería un viaje muy largo... y mire, para demostrarle mi agradecimiento... tenga, le ofrezco mi reloj... *(se lo quita de la muñeca)* lo único que me queda aparte del sombrero. Tenga... es un reloj de marca... Ya sabe, oro 18... *(Le entrega el reloj.)*

Barrendero *(Lo coge, incómodo.)* ¿Y usted me da oro de 18 de marca, aparte del sombrero, para que le lleve hasta casa?

Hombre desnudo Claro... Y lamento no tener algo más para demostrarle...

Barrendero Está bien, no tiene importancia... póngase cómodo. ¿Adónde vamos?

Hombre desnudo Calle Donini... al 27...

Barrendero ¿Calle Donini 27?... ¿Y está a cuatro pasos? Son dos kilómetros andando, ¿sabe? Quédese con su reloj, no quiero líos... que si por un casual me encuentro con un vigilante, ¿qué le cuento?

Hombre desnudo ¡Y dale con el vigilante!... ¿Cómo es posible que no vea nada más que a sus dichosos vigilantes? ¿Qué mentalidad de siervo de la gleba tiene?... No cabe duda, el que nace barrendero muere barrendero.

Barrendero Eh, cuidado con las palabras... ¿quién dice que el que nace barrendero luego muere de gleba... quién lo dice?

Hombre desnudo Se lo digo yo... y aún le diré más: que los tipos como usted hacen que me avergüence de ser hombre... porque puedo admitirlo todo, la cobardía, la mezquindad, la ignorancia, pero no la nulidad...

Barrendero La nulidad sí... por si no lo sabe, la nada es todo y todo es Dios. Y si es en broma, vale... pero a mí no me mienta nadie a la divinidad... *(en ese momento aparece por el fondo un guardia nocturno. El hombre desnudo lo ve, y desaparece de inmediato dentro del cubo. En cambio el barrendero, que da la espalda al guardia, continúa impertérrito)* ...porque me pongo como una fiera y no se me pone nadie por delante...

Hombre desnudo *(En voz muy baja.)* Calle... tenga cuidado...

Barrendero ¿Que me calle? ¿Me dice a mí que me calle? *(Da un golpazo en la tapa, que se cierra.)* Tú sí que te tienes que callar... Menudo guarro... primero se divierte con las mujeres de los demás, deja que le pillen y luego viene a fastidiar, encima... Pero yo te machaco... *(pega una patada al cubo)* y da gracias al cielo por que estás desnudo, que si no... *(Puñetazo en la tapa)* esa cabezota tan fea que tienes... ayy, maldición... *(El guardia, a sus espaldas, no puede dejar de reír.)* Sí, ríe, ríe, que ya me reiré yo después... tú sigue haciéndote el gracioso, que ya verás... cuando te eche al canal, ja, ja, a ver cómo te las arreglas en el agua... ja, ja, socorro, socorro... y glu glu... como un submarino... *(acaba de reparar en la presencia del guardia)* glu... glu... *(Tras un instante de perplejidad, reanuda impertérrito la mímica del hundimiento del submarino, llegando incluso a cantar)*

...el submarino hace glu
el pescadito hace glu glu
y el submarino hace glu
y los dos hacen glu glu
(todo acompañado de una especie de claqué con patadas finales al cubo.)

Guardia Eh... oye... ¿te encuentras mal?

Barrendero No, no... es que... sabe, estaba aquí y... por pasar el rato... glu glu...

Guardia ¿Y por pasar el rato te lías a patadas con ese pobre cubo? ¿Qué te ha hecho?

Barrendero Me ha hecho... bueno... me ha hecho enfadar... me ha hecho... es que de vez en cuando, a saber por qué, tac... se bloquea... y no hay quien lo mueva. Mire... me toma el pelo, eso es... este canalla. *(Le da otra patada.)* Pero yo, cualquier día... *(Pega un empujón al cubo.)* ¿Ha visto? *(El cubo se ha movido.)* Ahora se mueve... se ha asustado... porque está usted... Es inútil... los cubos son como los niños... si no les regañas de vez en cuando, si no te pones serio, acaban por hacer lo que quieren, te faltan al respeto, te faltan... *(Empieza a hablar con el cubo.)* Vamos, andando... y ni una broma más... o vuelvo a llamar al guardia... y al guardia no le gustan las bromas... Ande, regáñele usted también...

Guardia *(Azarado.)* Ah, claro, si no es más juicioso, yo... yo... bueno, tengo que marcharme... nos vemos... *(Se monta en la bicicleta y sale rapidísimo.)*

Barrendero Sí, sí, nos vemos... *(Se seca el sudor de la frente y dentro de la gorra.)* Uff, qué cinco minutos...

Hombre desnudo *(Asoma cauteloso la cabeza.)* ¿Se ha ido?

Barrendero Sí, sí... pero me ha hecho pasar un rato... aún estoy sudando...

Hombre desnudo Pues ni le cuento cómo lo he pasado yo... si tarda un poco más en irse muero asfixiado...

Barrendero Ojalá fuera verdad...

Hombre desnudo *(Asomándose por el cubo como un cura desde el púlpito.)* Oh, no diga eso... yo le entiendo, ¿sabe? Es inútil que quiera aparentar ser duro y sin corazón, si es un alma cándida... gracias, gracias por lo que ha hecho por mí... le aseguro que sabré recompensar su sacrificio, cuando me lleve a casa.

Barrendero ¿A casa? Ya estamos... Usted está mal de la cabeza si cree que le voy a llevar a casa...

Hombre desnudo Bueno, dígame, ¿cuánto gana de sueldo al mes?

Barrendero ¿Yo? Pues... según... por ejemplo este mes... espere, aquí llevo el sobre con la paga que he recogido hoy... eso es... veintidosmilcincuenta... justitas. ¿Por qué lo pregunta?

Hombre desnudo Bien, le doy el doble... y además el reloj.

Barrendero ¿Qué?... Usted me da el reloj oro 18, más veintidosmilcincuenta aparte del sombrero... ¿por llevarle a casa?

Hombre desnudo Pues claro... en cuanto lleguemos a la calle Donini, 27... me espera abajo un momento, yo subo... Oh, no, no... no puedo...

Barrendero ¿Cómo no puedo? Primero dice que sí, luego dice que no. ¿No sabe que a quien mucho miente le huye la gente? ¿Lo sabía?

Hombre desnudo Pero... ¿qué ha entendido? Decía que no puedo subir a mi casa así como estoy.

Barrendero ¿Por qué? ¿Quién le va a ver a estas horas?

Hombre desnudo Mi mujer... Como no tengo llaves, saldrá a abrir... y cuando me vea desnudo y sin el frac, ¿qué le cuento?

Barrendero ¿Sin el frac?

Hombre desnudo Sí, porque antes del desastre yo llevaba un frac, porque le había dicho a mi mujer que tenía que asistir a una ceremonia en la embajada.

Barrendero ¿A una ceremonia en la embajada con frac? Un momento... ¿ese frac... es un traje con unas colas muy largas?

Hombre desnudo Sí, ¿por qué?

Barrendero Porque entonces ahí viene uno en bicicleta...

Hombre desnudo ¿Un frac en bicicleta?

Barrendero Sí, mire... *(indica fuera de escena, a espaldas del hombre desnudo)* debe de ser uno de esos que van por las salas de fiestas vendiendo flores.

Hombre desnudo Pues sí que es un frac...

Barrendero Tranquilo, yo me ocupo... Eh, frac... para un momento...

Hombre de frac ¿Me dices a mí?

Barrendero Sí. Oye, ¿quieres hacer un buen negocio?

Hombre de frac ¿No me dirás que también los barrenderos compran flores?

Barrendero No, quiero comprarte el frac... ahora mismo... Dime cuánto quieres. ¿Déjame verlo? *(Enciende una cerilla y la acerca a los faldones del frac.)* Uhm... lanilla...

Hombre de frac Desgraciado, ¿qué haces con esa cerilla? Y quita esas manazas... que acabo de llevarlo al tinte...

Barrendero Uy, ni que fuera de oro... Yo sólo quería proponerte un negocio... Pero si te pones así, quédate con tu frac... Además, a mí los fracs siempre me han dado un poco de asco...

Hombre de frac Pues si te dan asco, ¿por qué quieres comprarlo?

Barrendero Porque soy un depravado... depravado psíquico... y sólo me gustan las cosas que me dan asco...

Hombre de frac Como ser barrendero, por ejemplo...

Barrendero Eso es, has acertado. Bueno, ¿quieres hacer este negocio sí o no? A cambio te doy este reloj de marca oro 18, aparte del sombrero, por supuesto. Y además te doy quince mil al contado. Vamos, negocio hecho... lo tomas o lo dejas.

Hombre de frac Qué dejo ni qué ocho cuartos... aunque quiera, ¿cómo lo hago?... ¡No voy a volver a casa desnudo!

Barrendero Claro, ¿qué le cuentas a tu mujer?

Hombre de frac Que mujer ni qué mujer... si no estoy casado...

Barrendero ¿Entonces?

Hombre de frac Piensa un momento... ¿me imaginas desnudo en bicicleta?

Barrendero Ja, ja, es mejor que estar desnudo en el balcón... ja, ja...

Hombre de frac ¿Qué es eso del balcón?

Barrendero Nada, nada... ¡Ya no me acuerdo! Pero, ahora que caigo, hay un modo... cuando estés desnudo, puedes meterte en mi cubo...

Hombre de frac ¿Qué dices? ¿Yo desnudo en tu cubo?

Barrendero Sí... no se está tan mal... ya está comprobado... te metes dentro tan cómodo y yo te llevo a casa... servicio a domicilio... todo incluido... negocio hecho: lo tomas o lo dejas.

Hombre de frac Tú estás chalado... te lo digo yo... desnudo en el cubo... ¿Y por qué, ya que estamos, no nos metemos dentro los dos, yo con un chupete en la boca y tú con un gorrito en la cabeza, y hacemos de niñera que saca a pasear al bebé en el carrito?

Barrendero Oh, qué manera de complicar las cosas... si es por eso, ahí hay uno *(señala el cubo)* que lleva dentro un par de horas y no ha puesto tantas pegas como tú...

Hombre de frac ¿Cómo, cómo? ¿En tu cubo hay un hombre?

Barrendero *(Ofendido, le mira duramente a los ojos.)* Seguro... ¿qué creías que había?

Hombre de frac ¿Un hombre vivo?

Barrendero Pues claro, vivo, ¿por qué iba a estar muerto? No soy enterrador, yo... Vivo y desnudo.

Hombre de frac Imposible... ¡déjame ver! *(Va a acercarse al cubo.)*

Barrendero Eh, despacito, apártate... no es tu casa... antes tendrás que llamar, ¿no? A lo mejor no quiere recibirte... y además, apártate, no es un tipo con el que puedas tomarte confianzas. *(Llamando.)* ¿Se puede? ¿Molesto? Perdone, señor embajador... *(Al hombre de frac.)* Es de la embajada... *(De nuevo al hombre desnudo.)* Si me permite, quería presentarle...

Hombre desnudo *(Levantando la tapa.)* Ah, es usted... *(Repara en el hombre de frac, que lo mira estupefacto.)* ¿Pero qué hace? No se da cuenta del estado en que me encuentro... ¿acaso quiere hundirme? ¡Presentarme así a un extraño!

Barrendero Sí, sí, extraño, pero tiene frac... y como no encontremos la forma de ponernos de acuerdo, lo siento, pero usted a casa no vuelve...

Hombre desnudo Está bien... soportemos otra humillación más... Encantado. *(Le tiende la mano con afectación.)*

Hombre de frac Encantado... pero no comprendo... ¿qué le ha pasado?

Barrendero Nada, nada... es una historia muy larga... de todos modos, ahora entenderás por qué te quería comprar el frac...

Hombre de frac Ah, es para él... Pues lo siento, pero yo no me meto desnudo en el cubo en su lugar.

Hombre desnudo Puede que haya una solución. Usted se desnuda, me da su ropa, se pone la del barrendero...

Barrendero *(Tras un rápido cálculo de los trueques.)* ¡Y me quedo desnudo yo, qué bien!

Hombre desnudo Puede meterse en el cubo...

Barrendero Vamos mejorando... Ustedes se van a casa y yo me quedo aquí, esperando a que llegue alguien que me lleve a la comisaría...

Hombre de frac Hay otra manera... *(Señala al barrendero.)* Tú te pones mi frac... yo me visto... de barrendero...

Barrendero *(Otro cálculo rapidísimo.)* Y él sigue estando desnudo... bien, bien...

Hombre desnudo Sí, bien, porque cuando tengamos el frac todo se arreglará. *(Al barrendero.)* Usted me llevará a su casa: tendrá otro traje, ¿no?

Barrendero Tengo uno normal.

Hombre desnudo Perfecto, entonces nos los cambiaremos.

Hombre de frac De acuerdo, si vamos a hacer ese negocio, hagámoslo, pero que quede claro que también me compran las flores...

Barrendero ¿Por qué? Para qué queremos las flores...

Hombre de frac ¿Y para qué las quiero yo si os vendo el frac y me visto de barrendero? ¿A quién le suelto estas flores? No puedo ir a las salas de fiestas vestido de barrendero...

Barrendero ¿Y cuánto quieres por esas alcalchofas?

Hombre de frac A ver... *(calcula rápidamente)* son veinticinco... cinco por cinco veinticinco... siete mil cincuenta... más quince mil por el frac al contado, son veintidós mil cincuenta, ni un duro menos...

Barrendero ¿Lo tomo o lo dejo?

Hombre de frac Sí...

Barrendero Lo dejo... *(Tira las flores que el otro agarra al vuelo.)*

Hombre desnudo ¡Lo toma! *(Las coge y se las entrega al barrendero.)*

Barrendero No pienso quedarme sin un duro...

Hombre desnudo Yo le compensaré. *(Coge la cartera de manos del barrendero y se la entrega al hombre de frac.)*

Barrendero Oiga, por lo menos déjeme la cartera, ¿no?

Hombre de frac ¿Y para qué quieres una cartera vacía?... Mejor démonos prisa en hacer este strip-tease antes de que cambie de idea... *(Va a desnudarse.)*

Barrendero Calma... no pensarás desnudarte en plena calle... como pase alguien... tres hombres desnudos a la vez... es demasiado...

Hombre de frac En eso tienes razón... vamos ahí detrás...

Barrendero Con permiso...

Hombre desnudo Claro, claro... pero dense prisa... *(Los dos desaparecen detrás del quiosko; por la izquierda entra en bicicleta el guardia que ya conocemos..., ve el cubo en medio del escenario y se pa-*

ra... al hombre desnudo apenas le da tiempo de desaparecer.) ¡Alarma!... ¡inmersión!

Guardia Qué insensato... suelta aquí el cubo y se larga... ¡será ese loco de antes! *(Mira en derredor.)* ¿Dónde se habrá metido? *(Se agacha para observar el número de matrícula.)* Aquí está el número de matrícula... treinta... ¿a que se ha vuelto a pelear con el cubo? *(Trata de levantar la tapa.)* Caray... qué duro está...

Aparece en escena la mujer de antes, que se acerca de puntillas al guardia y le da una patada en el trasero.

Mujer ¡Manos arriba!

Guardia *(Llevándose instintivamente la mano a la funda de la pistola.)* Quién es... ah... eres tú...

Mujer Ja, ja... ¡te has asustado, eh!

Guardia No deberías gastar ciertas bromas... Oye, ¿no habrás visto por ahí al dueño de este armatoste?

Mujer A mí qué me cuentas... No alterno con barrenderos...

Guardia Menos una vez al mes... el día de la paga...

Mujer Y qué, no me avergüenzo... además, a fin de cuentas se dejan birlar la cartera mejor que muchos otros... te diré que a veces con los barrenderos te llevas cada sorpresa... esta noche, sin ir más lejos, he dado con uno...

Guardia ...¿Con tu sistema de los municipales pisándote los talones? Ten cuidado, no te vayan a pillar con las manos en la masa.

Mujer Tendré cuidado... Te decía que he dado con uno que, de no haber sabido que era barrendero, me habría inspirado un respeto... ¡Tenías que oír cómo hablaba, parecía un profesor!

Guardia ¡Sí, profesor de barrenderos!

Mujer Sí, sí, tú tómame el pelo...

Guardia ¿Que te tomo el pelo?... ni por asomo...Oye, hazme un favor. Voy ahí detrás a llamar para que recojan este cubo... ten cuidado de que no se lo lleve nadie.

Mujer Está bien, pero date prisa, que tengo trabajo.

Guardia Dos minutos y vuelvo.

Apenas el guardia sale de escena, por detrás del quiosko asoma el Barrendero de frac.

Vendedor de flores *(Antes, hombre de frac. Desde cajas.)* Ja, ja... qué guapo estás... pareces el jefe de la funeraria.

Barrendero Pues tú sí que estás guapo... con ese gabán que te llega a los pies. *(Repara en la mujer.)* Buenas noches... señorita... *(Trata de ocultar la cara con el ramo de flores que lleva en la mano, la ha reconocido y no quiere que ella le reconozca.)* Hace calor, ¿verdad?

Mujer *(Halagada por la atención que le presta un caballero tan distinguido.)* Oh, sí, un calor insoportable... he tenido que salir de casa... estaba asfixiada... ¿y usted? Le he oído bromear con un amigo... usted debe de ser un gran bromista...

Barrendero Sí, me encanta bromear...

Mujer ¿Sabe que ahora que le veo mejor... me parece que ya le he visto antes?

Barrendero No, no soy yo... el que usted dice... es otro... Yo... yo soy... embajador...*(Empieza a caminar con pasos de un caballo de circo, largos y lentos.)*

Mujer ¡Caray!... ¡un embajador!... Nunca había visto uno tan cerca.

Barrendero *(Con su caminata ecuestre ha cruzado ya todo el escenario, y ahora salva con desenvoltura el cartel de la empresa, como si fuese un obstáculo de concurso hípico.)* Sabe, nosotros los embajadores no nos dejamos ver demasiado de cerca. Tenemos ese pudor.

Mujer Ya sé dónde le he visto... en la televisión... en el telediario...

Barrendero Pues... sí... puede ser... a veces voy...

Mujer Entonces, si es usted embajador... a lo mejor también es conde...

Barrendero ¿Conde? No, conde no somos... *(Se coloca entre la mujer y el cubo.)*

Mujer No diga que no... me he dado cuenta en seguida de que es un conde... tiene unos modales tan finos...

En ese momento se levanta la tapa del cubo y se asoma el

hombre desnudo, que hace señas al barrendero para que se dé prisa.

Barrendero Será por las colas *(se retrae, halagado)* que llevamos aquí detrás los embajadores.

Mujer Qué va, no es por eso... me habría dado cuenta en seguida, aunque fuese vestido, qué sé yo... de barrendero.

Barrendero ¿De barrendero? *(El hombre desnudo agarra un faldón del frac y tira.)* Bueno, perdone, pero el deber me llama. Debo irme.

Mujer Qué lástima...

Barrendero Por desgracia... sabe, tengo que entregar estas flores. *(Coloca el ramo de flores en el cubo y lo dispone como en un jarrón.)*

Mujer Dichosa la mujer que las reciba...

Barrendero Si quiere una... tenga... *(le ofrece una rosa)* y mucho gusto...

Mujer *(Le tiende la mano para que se la bese. El barrendero se queda un instante perplejo, pero luego reacciona y le besa la mano.)* Qué amable... el gusto es mío, oh, gracias.

Barrendero *(Turbado, se inclina, y después, con su paso ecuestre, sale de escena empujando el carrito.)* Adiós.

Mujer *(Suspira extasiada, pero repara en la extraña salida y se aturde.)* Pero... qué... por qué... Señor conde... ja, ja... qué original... ¡coge el cubo y se va como si fuera una moto! ¡Ja, ja!

Guardia *(Entrando.)* ¿De qué te ríes?... ¿Y el cubo? ¿Ha venido a buscarlo?

Mujer ¿Quién?

Guardia El barrendero.

Mujer Pero si no era un barrendero, era un conde...

Guardia ¿Un conde?... ¿El cubo se lo ha llevado un conde?

Mujer Seguro...

Guardia ¿Cómo, cómo?... ¿Un conde con cubo? ¿Y tú no le has dicho nada?

Mujer Sí, le he dicho que era muy simpático... y él me ha dado una flor y me ha besado la mano... como a una señora. ¡Qué señores son los condes!

Guardia ¿Te besa la mano y se lleva el cubo? ¿Para qué?

Mujer Pues así, en broma... ya sabes, cosas de señores...

Guardia Ah, se divierten... pues yo les enseñaré a hacer sus gracias con las cosas del ayuntamiento... ¿Se fue por ahí, verdad?

Mujer Sí... pero no querrás ponerte a discutir con un conde... y encima por un cubo... espérame...

El guardia ya ha montado en su bicicleta y ha salido de escena, la mujer le sigue a su vez corriendo. Por el lado opuesto del escenario entra el falso caballero empujando el carrito.

Barrendero *(Se dirige al hombre desnudo, cuya cabeza asoma entre las flores que hay en el cubo.)* ¿Y ahora de qué se queja? ¡Está ahí, entre mis flores, como Cleopatra en su jardín! Y aún se queja: «Más rápido, más rápido». Cómo quiere que vaya más rápido... además, cuando se lleva frac, hay que caminar de manera distinguida... ¡no se puede echar a correr como los que no llevan frac, sabe!

Hombre desnudo Pero podía haber evitado perder tanto tiempo haciéndose el donjuán con esa chica... ¿no comprende que estoy harto de estar aquí metido como una sardina en lata?

Barrendero Pues si supiera lo harto que estoy yo, que llevo tres horas a su servicio...

Guardia *(Fuera de escena.)* Eh... señor... ¡deténgase!

Hombre desnudo ¿Y ahora qué ocurre?

Barrendero ¡Alarma! ¡Inmersión!

Hombre desnudo Inmersión. *(Desaparece.)*

Barrendero *(Coloca las flores sobre la cabeza del hombre desnudo y canturrea esperando al guardia.)* Flor sutil, flor gentil del mes de abril...

Guardia Perdone que le haya llamado... ¿pero por qué se ha llevado ese cubo?

Barrendero ¿Un cubo? *(Mirando el carrito como si lo viese por vez primera.)* ¡Ah, claro, es un cubo! No me había dado cuenta... compré estas flores y como no sabía dónde meterlas las puse aquí dentro... pensé que era un jarrón...

Guardia ¿Un jarrón con ruedas?

Barrendero Sí, ya sabe, uno de esos jarrones modernos... de transporte...

Guardia Vamos, tiene ganas de broma...

Barrendero Sí, a decir verdad tengo muchas ganas de broma... es que verá, soy un bromista... ¿y usted?

Guardia Pues yo... pero un momento... ¿sabe que su cara me suena?

Se acerca la mujer, que jadea tras la carrera.

Mujer Ah... qué carrera... Buenas noches. *(Alarga la mano hasta la cara del barrendero para que se la bese.)*

Guardia Pues yo le he visto antes... en algún sitio...

Mujer Claro... le habrás visto en el cine o en la tele... ya te dije que era un conde... y también embajador...

Guardia ¿Embajador?

Mujer Seguro... Sí que has quedado bien... si me hubieras hecho caso... perdónele, por favor... mire qué mal le ha sentado... si hasta da pena...

Barrendero Oh, no se preocupe... los embajadores sabemos perdonar...

Mujer Qué bueno es usted... da las gracias al señor conde...

Guardia Gracias... comprenderá que yo por mí... le dejaría coger todos los cubos que quisiera... *(las flores que asoman del cubo se sacuden de forma extraña; obviamente el viajero ilegal quiere llamar la atención del conductor)* pero son cosas del ayuntamiento y sin autorización, lo lamento...

Barrendero Comprendo... usted cumple con su deber... pero no tengo intención de robarlo... sólo se lo pido prestado.

Mujer Claro, prestado... si no, cómo se va a llevar a casa todas esas flores... no pretenderás que un conde como él las lleve en brazos.

Guardia Que las lleve donde quiera... yo sin autorización no estoy autorizado... *(Ahora las flores se agitan de modo poco natural; el barrendero, fingiendo cazar moscas, las abofetea.)* ¿Y además, no piensa en ese pobre diablo de barrendero, que si le quitan su cubo pierde también el puesto?

Barrendero Ya... precisamente por eso... no dejo que me lo quiten... mi cubo...

Guardia Ah, qué bien... ¿Así que usted, un conde, se divierte haciendo que los barrenderos pierdan su puesto? ¡Y pensar que todavía queda gente que cree en la monarquía!

Barrendero No empecemos con la política... porque entonces le digo la verdad y si te he visto no me acuerdo: aquí no hay ni condes ni embajadores... ¡porque si tanto interés tiene en saberlo, yo soy barrendero!

Guardia Sí, y yo un elefante.

Barrendero *(Lo observa, incrédulo.)* ¿Con pistola? No pensará tomarme el pelo, porque yo los conozco, a los elefantes...

Guardia ¿Tomarle el pelo? ¡Nunca me lo permitiría! Le aseguro que me he dado cuenta en seguida de que era usted barrendero...

Mujer ¿Pero qué dices?

Guardia Un barrendero de frac... Es el nuevo uniforme, ¿no? Todo el mundo sabe que el ayuntamiento ha introducido ciertas variaciones: los barrenderos de frac, los laceros de chaqué, y los poceros de smoking... ¿qué tiene de raro?

Barrendero Pues ya que se pone tan gracioso... le voy a enseñar mi tarjeta... *(busca en la chaqueta)* vaya... estaba en la cartera que me ha quitado ese usurero...

Guardia Ya se lo he dicho, es inútil que trate de convencerme, ya estoy convencido... pero ahora tendrá que convencer también al comisario, que es un hombre que carece totalmente de fantasía y si no toca con su propia mano... o mejor con las esposas...

Barrendero Ja, ja, muy bueno... con las esposas... ¡Pero si era una broma!

Mujer Claro que sí, déjalo correr... era una broma...

Guardia ¿Entonces quiere llevarse sus flores y dejarme el cubo? *(Se dirige a la mujer, y así vuelve la espalda al barrendero, que se apoya en el cubo.)* Y tú, a lo tuyo...

Hombre desnudo *(Asomando del cubo.)* ¡De eso nada! *(Vuelve a entrar de inmediato.)*

Guardia *(Creyendo que ha hablado el barrendero.)* ¿No? De acuerdo... pues empecemos por extender un buen informe...

Mujer Déjalo... ¿quieres buscarte la ruina?

El Guardia se vuelve de espaldas.

Hombre desnudo *(Como antes.)* Extienda, extienda, ¡que al final le extenderán a usted!

Guardia *(Agresivo.)* ¿Cree que me asusta? Le aconsejo que no se haga el gracioso... o esto acabará mal...

La mujer le tira de la chaqueta, el guardia se distrae.

Hombre desnudo *(Aprovecha la situación para dar una torta en las manos al guardia, que sujeta al barrendero de la solapa.)* Quite esas manos, patán... *(Se esconde.)*

Guardia ¿Patán yo? *(Replica con un bofetón en la cara del inocente Barrendero.)* Le avisé...

Barrendero Eh, ay... ¡que me hace daño, eh!

Mujer ¿Estás loco? Ahora te demandará... y con razón...

Guardia *(Sigue de espaldas al cubo.)* Claro, con razón porque es un señor... y en este mundo de lerdos los señores te pueden jorobar, ofender y brearte a patadas en la cara.

Hombre desnudo *(Le tira una manzana a la cabeza.)* Y a manzanas podridas en la cabeza...

Guardia *(Se vuelve, furioso, y agarra de nuevo al barrendero de la solapa.)* Desgraciado... ¿te estás buscando una paliza?

Barrendero No, no... yo no...

Otro revés le golpea la cara, un puñetazo el estómago.

Mujer *(Aterrorizada, se cubre la cara con las manos.)* Que lo mata... Oh, Dios mío... Basta... Socorro... ha matado a la embajada...

Hombre desnudo *(Oculto entre las flores, asiste divertido a la zurra.)* Ja, ja... buen golpe, con el izquierdo...

En ese instante el barrendero se agacha y el hombre desnudo recibe un gran puñetazo en plena cara; el impulso hace dar al guardia unas cuantas vueltas por el escenario, y cuando se detiene, el hombre desnudo ha desaparecido K.O. en el cubo, tras haber dejado caer las flores. Rápidamente, el barrendero ha bajado la tapa.

Barrendero *(Viendo que el guardia vuelve al ataque.)* ¡Mi madre! Me rindo. ¡Me rindo, ya no juego!

Guardia Ah, por fin lo entiende...

Barrendero Sí, sí, lo entiendo... quédese con el cubo y todo lo que hay dentro.

Mujer ¿Le ha hecho mucho daño? *(Al guardia.)* Menuda la has hecho... estarás contento...

Guardia Bastante. Por lo menos le he hecho entender que no se juega con los cubos de los demás... *(Recoge del suelo el ramo de flores.)* Y quédese con sus flores...

Barrendero No, no, quédeselas usted... en homenaje... al vencedor, es la costumbre...

Guardia Gracias... con mucho gusto. *(Arroja las flores al cubo, sin mirar en su interior.)*

Barrendero El gusto es mío... Y feliz Pascua florida...

El guardia monta en la bicicleta y sale tirando del carrito.

Mujer ¿Por qué feliz Pascua...?

Barrendero Porque en Pascua se abre el huevo y en el huevo siempre hay sorpresa... *(Ríe.)*

Mujer No se ría así... que me dan ganas de llorar...

Barrendero ¿Por qué, me río mal?

Mujer No, es que cuando los demás se ríen y yo no puedo reírme porque no entiendo de qué se ríen, me da tanta rabia que me entran ganas de llorar...

Barrendero ¿Por qué?

Mujer Porque me doy cuenta de que soy una burra, una cabeza dura, en fin, que soy siempre la última en enterarme...

Barrendero Pues debería alegrarse... porque, como se suele decir: los últimos serán los primeros... los penúltimos, los segundos... los antepenúltimos, los terceros y así sucesivamente...

Mujer Qué bien habla... debe de ser bonito sentirse alguien...

Barrendero La verdad es que no me siento nadie... una absoluta nulidad, pero como la nada es... *(se sienta en el banco, abatido)* vaya, no recuerdo qué es la nada... Pero da igual... mire, por ponerle un ejemplo... si yo me visto de cura, de bufón, de general, o de frac, es como si estuviera desnudo, o sea un barrendero... ¿comprende?

Mujer Qué va... ¿se da cuenta de que soy siempre la última en enterarme?

Barrendero No, ahora que lo pienso, soy yo el último... porque si ustedes dos *(se refiere a la mujer y al guardia que ha salido)* no han entendido que yo estoy desnudo, o sea que soy un barrendero, entonces quiere decir que con un frac soy alguien... y entonces ya no soy Dios... ¿Me sigue?

Mujer No mucho... pero sigue siendo conde y embajador...

Barrendero Qué va, ya se lo he dicho: nunca he sido ni conde ni embajador... y ahora ni siquiera soy barrendero... he perdido mi dinero y mi trabajo, todo a la vez... Si al menos siguiera siendo Dios... ¡y ahora qué le cuento al papa!... Le va a sentar fatal...

Mujer *(Tocándole la frente, preocupada.)* ¿Le sigue doliendo la cabeza?

Barrendero No, no, ahora me encuentro muy bien... No me creerá, pero a mí esto de no ser ya el todo no me da ni frío ni calor... porque ya no seré el todo, pero por lo menos me parece que soy alguien... y lo mejor es... que los demás también creen que soy alguien... y entonces soy feliz...

Mujer Yo también soy feliz...

Barrendero Qué rara es la vida: nos rompemos la cabeza, damos saltos en el aire para encontrar la felicidad, y luego, de pronto, basta con cambiarnos de traje... y zas... das con ella... y todo porque me he encontrado con un embajador desnudo...

Mujer ¿Qué embajador desnudo?

Voz del guardia *(Fuera de escena.)* Deténganlo, deténganlo...

Barrendero Ese... *(Señala el fondo del escenario, que el hombre desnudo, en su cubo, atraviesa rápidamente empujándose con la escoba como si fuera en góndola.)*

LOS MUERTOS SE FACTURAN
Y LAS MUJERES SE DESNUDAN
Farsa policiaca

Personajes

Hombre de chaqué

Guardia

Francisca

Hombre-Mujer

Enterrador

Primera señora

Segunda señora

Tercera señora

Una sastrería teatral. Al principio vemos en escena a un guardia borbónico con un gran fusil. De bastidores llega un canto de romanza tipo Tosca. Un biombo en el lado derecho del escenario. Otros tres biombos colocados al fondo. Entra un señor de chaqué, con los ojos vendados y las manos atadas a la espalda. Al retroceder se pincha el trasero con la bayoneta del guardia.

Hombre de chaqué Ay... ¡diantre!...
Guardia Eh... ¿no mira por dónde va?
Hombre de chaqué ¡Es que no veo... estoy vendado!... ¿Cómo voy a ver?
Guardia Ah, bueno... si está vendado... *(Se percata, asombrado.)* ¿Vendado?... ¿Por qué?... ¿Va a un fusilamiento?
Hombre de chaqué No haga chistes fuera de lugar... es increíble que aún haya gente que se empeñe en llamar al matrimonio fusilamiento, suicidio y cosas así...
Guardia ¿Matrimonio?... Entonces es usted el novio... Ja, ja... *(Ríe.)*
Hombre de chaqué Claro... ¿de qué se ríe?

Guardia Tiene que perdonarme... soy de provincias, y no me acostumbro a lo que se lleva en la ciudad... mire, por ejemplo, nunca había visto a un novio vendado...

Hombre de chaqué ¿Por qué, no es costumbre en su tierra que el novio no vea a su prometida con el vestido de novia antes de la boda?

Guardia Sí, sí, también allí es costumbre... porque trae mala suerte...

Hombre de chaqué Entonces no le extrañará que mi prometida, al querer ver cómo queda su traje junto al mío sin que yo vea el suyo, me haya vendado...

Voz de Francisca Luis... ¿Dónde estás?

Hombre de chaqué Estoy en el probador...

Voz de Francisca ¿No te habrás desvendado, por casualidad?

Hombre de chaqué Cómo iba a hacerlo... con las manos atadas...

Voz de Francisca Menos mal que se me ha ocurrido esa idea. Perdona, cariño, por hacerte esperar, pero las oficialas se han equivocado con los adornos de encaje... de todos modos empezamos la prueba con el velo... *(Entra con un body blanco y un gran velo que le cae de la cabeza a los pies.)*

Hombre de chaqué Sí, sí... hagamos de una vez la dichosa prueba, porque estoy harto de estar así... me muero de aburrimiento.

Francisca Un poco de paciencia, cariño... A fin de cuentas, sólo te mueres, perdón, te casas una vez en la vida... no es para tanto... anda, ven aquí... frente al espejo. *(Se dirige al guardia, que está petrificado.)* Señor, ¿sería tan amable de sujetarme el velo?

Guardia Encantado...

Francisca No... no tan alto... vamos... eso es, así... bueno, no me parece mal... ¿A usted qué le parece?

Guardia Precioso... nunca había visto nada igual... es inútil... la verdad, los de provincias somos unos provincianos... si una chica de mi pueblo se casase con un vestido como ese, no sé lo que pasaría... estamos tan atrasados en esto de la moda...

Hombre de chaqué Ah, no le quepa duda... además, mi Francisca es una de las más grandes creadoras de modelos de Europa...

Francisca Pero qué dices, cielo... de Europa... son modelos originales, eso sí.

Guardia ¿Originales? ¡Querrá decir únicos!

Hombre de chaqué Ya ves que no soy el único que lo piensa...

Francisca Bah, ahora no puede juzgar... falta todo lo demás...

Guardia Eso es lo bonito... que falte todo lo demás. Mire, seré un sentimental, un romántico... pero yo a la mujer la prefiero así... sin falda... ya sabe...

Hombre de chaqué ¿Sin falda?... ¿Te has vuelto loca? *(Se suelta las manos y se dispone a quitarse la venda.)* Déjame que te vea...

Francisca No, no, te lo ruego... no mires... trae mala suerte...

Guardia *(Se lanza a sujetarle.)* Sí, sí, trae mala suerte... no debe mirar...

Francisca Señor, no le deje que mire. Voy a cambiarme y enseguida vuelvo.

Hombre de chaqué Suélteme...

Francisca No, no, no le suelte, se lo ruego... por lo menos hasta que me haya cambiado de ropa... *(Va hacia el fondo.)*

Guardia *(Monta a horcajadas encima del novio para sujetarle mejor.)* Váyase tranquila, que no le suelto...

Hombre de chaqué Maldito, suélteme...

Guardia Lo siento, pero una orden es una orden, y mientras no haya contraorden...

Hombre de chaqué Bueno... si cree que voy a permitir esta violencia... *(va hacia la pared de la derecha, con el guardia encima a horcajadas)...* entonces tendrá que seguirme...

Guardia Alto... la pared... media vuelta... *(El hombre obedece.)* Mar... che... un, dos... un, dos... en fila derecha... oblicuo... izquierda... marcar el paso... en fila derecha... mar... che... un, dos... paso... compás... *(Salen por la derecha.)* Atención... izquierda... *(Estrépito y gritos de dolor.)* ...Le he dicho atención izquierda...

Hombre de chaqué Maldito... ven aquí que te mato...

Guardia Ah, no... si me mata, no voy. *(Entra en escena y se oculta tras el biombo)*

Hombre de chaqué *(Entra tambaleándose por el dolor, con la* *chistera aplastada.)* Si crees que te vas a escapar... ¡ni lo sueñes!... sé que estás ahí detrás... *(Desplaza el biombo, tras el que aparece, de espaldas, una señora con un disfraz dieciochesco, con peluca y enorme falda, que se está colocando el corpiño y tratando de ponerse otra falda, por lo que tiene la cabeza tapada.)* Oh, perdón...

La señora obviamente no se ha dado cuenta de nada y el hombre aprovecha para buscar al guardia, pero no lo encuentra... mira en derredor, por fin se decide a levantar la falda de la señora, para ver si su hombre se ha ocultado ahí debajo.

Francisca *(Entra en ese instante, vestida, y se queda petrificada al ver a su prometido empeñado en semejante indecencia.)* Desvergonzado. Y en vísperas de nuestra boda... y eso que me juraste cambiar de vida...

Hombre de chaqué Pero, cariño, no creerás que yo... Te aseguro...

Francisca No, no trates de engatusarme... vete... vete... y que no te vuelva a ver... eres un miserable, eso es lo que eres...

Hombre de chaqué No, no, escúchame... estaba buscando a esa maldita comparsa disfrazada de guardia borbónico que me había...

Mientras tanto, la señora con traje dieciochesco se ha enredado con la falda y no consigue salir.

Francisca ¡Sí, le buscabas bajo las faldas de la señora! ¿Me has tomado por tonta?

Hombre de chaqué Sí...

Francisca ¿Cómo?

Hombre de chaqué No... quiero decir que sí... que le buscaba bajo las faldas de la señora, y apuesto a que sigue ahí. Mejor miremos los dos...

Francisca ¿No te ha bastado con mirar tú solo? Ahora me doy cuenta de qué clase de monstruo eres...

Hombre de chaqué Pero, cariño, no desbarres... mira tú sola si quieres... y luego tendrás que pedirme perdón...

Francisca Claro que miraré yo sola... vamos, véndate...

Hombre de chaqué ¿Otra vez?

Francisca Seguro... y recuerda que como hayas vuelto a mentir... te juro que esta será la última vez... *(Mientras, y aprovechando la discusión entre los dos, el falso guardia sale de debajo de la falda y se escapa, yendo a ocultarse entre los trajes que cuelgan a la derecha, y que hasta ahora estaban tapados por una cortina o por un biombo.)* Espera que te ate las manos...

Hombre de chaqué ¿No crees que exageras?

Francisca Contigo toda precaución es poca... *(Le da la vuelta y se dispone a mirar bajo las faldas.)* Señora, permítame... vaya... lo hubiera jurado... no hay nadie...

Hombre de chaqué *(Tratando de quitarse la venda.)* Imposible... ¿a ver?... *(Francisca le abofetea.)* Ay... ¿pero qué mosca te ha picado?

Francisca ¡Sinvergüenza!

Hombre de chaqué ¿Te has vuelto loca?

Francisca No... me he vuelto cuerda... de ahora en adelante no permitiré que te aproveches de mí, de mi candor... de mi ingenuidad...

Hombre de chaqué Ja, ja... candor, ingenuidad... deja que todos la vean desnuda y luego habla de ingenuidad... *(Francisca, llorando, se vuelve hacia la señora y la ayuda a vestirse; mientras, la comparsa sale de su escondrijo y acercándose al hombre le suelta otro bofetón.)* ¡Ay!

Francisca *(Ayuda a la mujer a ponerse la falda, y no ve.)* ¿Quién deja que todos la vean desnuda?

Hombre de chaqué Tú, hace un rato... con esa comparsa... *(Otro bofetón.)* Ay...

Francisca Sinvergüenza... me insulta para retomar la ofensiva... incluso me calumnia...

Bofetada del guardia al hombre de chaqué.

Hombre de chaqué Ay... no, se acabó... no soporto la violencia... antes... me marcho...

Francisca Eso, márchate, márchate... y no vuelvas más...

El hombre se va, aún vendado. El guardia le precede, va a sentarse al fondo del escenario y aguarda la llegada del desdichado.

Hombre de chaqué Claro que no vuelvo más... nunca más... se acabó... adiós... *(Tropieza con la pierna estirada del guardia y sale rodando de escena con gran estruendo y gritos ahogados.)*
Francisca *(Se deshace en lágrimas, mientras el guardia riendo va a ocultarse tras un biombo del fondo.)* Ayyy... se acabó... se acabó para siempre. Ha visto qué descaro... propasarse con una señora como usted... dése la vuelta, por favor... *(la mujer se vuelve y vemos que no es una mujer, sino un hombre con un bigotazo)* y eso que con usted se ha propasado poco... no se figura cómo se propasa con otras clientas... con las que se dejan, claro... el problema es que se dejan casi todas... usted es de las pocas, créame... y por desgracia, hay pocas mujeres como usted... *(repara en el bigote)* ...pero que muy pocas...
Hombre-Mujer Señora, quería explicarle, antes, cuando hablaba...
Francisca No, no, calle, no trate de justificarle... es un vicioso... eso es lo que es. A él le vale cualquiera... con tal de que sea...
Hombre-Mujer *(Escandalizado.)* ¿Cómo cualquiera con tal de que sea?
Francisca Perdone... no quería ofenderla... además, usted tiene un porte impresionante... y el porte... como se suele decir, lo es todo... y, vamos, por ese poquitín de vello en el labio... le diré... que no le queda mal... todo lo contrario...
Hombre-Mujer Señora... llegados a este punto tengo el deber de aclarar este malentendido...
Francisca ¿Qué malentendido?
Hombre-Mujer En fin, que no soy una señora...
Guardia *(Asoma la cabeza por encima del biombo y desaparece en seguida.)* ¡No!
Francisca Ah, es señorita... oh, perdone... debí figurármelo...
Hombre-Mujer Soy el perito contable Atilio Bernasconi y soy casado y con tres hijos...
Guardia *(Como antes.)* ¡No!

Hombre-Mujer Sí, dos varones y una hembra.

Francisca Pero, entonces, si es perito contable y casado, qué necesidad tiene de disfrazarse de dama del XVIII... como no sea por llamar la atención...

Hombre-Mujer ¿Llamar la atención? Si supiera cómo me gustaría evitarlo... Jamás me he sentido tan incómodo y a disgusto como en este momento... ¡y todo por hacerle caso a mi mujer!

Francisca ¿Pero cómo... tiene que hacer de mujer por su mujer?

Hombre-Mujer No, por mi jefe... maldita sea la hora en que se le ocurrió casarse...

Francisca Un jefe que se casa con su contable... y con disfraz del XVIII... madre mía, en qué ambiente tan corrupto debe de vivir...

Guardia ¡Madre mía!

Hombre-Mujer Señora, por favor, no me malinterprete... mi jefe se casa, pero con una mujer de verdad, no conmigo... y para la despedida de soltero, ya que no pueden asistir mujeres, como es costumbre... se le ha ocurrido la brillante idea de obligarnos... a sus empleados... a que nos vistamos de mujer... yo, a costa de perder el puesto, quería negarme... pero mi mujer no ha querido ni escucharme... por desgracia, en mi casa ella lleva los pantalones...

Francisca Por eso usted lleva las faldas...

Hombre-Mujer Exacto... y me va bien... me va bien...

Francisca Bueno, tanto como bien... yo no diría... esta no es la clase de vestido que va con su estilo... A usted le iría mejor algo más moderno, un vestido como este, por ejemplo. *(Señalael que lleva puesto.)*

Hombre-Mujer ¿Usted cree?

Francisca Pues claro... Lástima que no tenga otro...

Hombre-Mujer Lástima...

Francisca Pero no importa... mire, me cae usted tan bien que le presto el mío... *(Empieza a quitárselo.)*

Hombre-Mujer Es usted muy amable...

Francisca Nada, nada... desvístase. Un vestido más o menos, desvístase...

Guardia *(Vuelve a aparecer tras otro biombo.)* Ah, basta... yo a provincias ya no vuelvo.

Aparece el novio, también de detrás de un biombo, justo en el momento en que el hombre se empieza a desabrochar el corpiño. La mujer está ya en body.

Hombre de chaqué Qué bonito... conque consolándote, ¿eh?

Francisca ¿Qué tiene de raro? Estoy atendiendo a un cliente... ¿no lo ves?

Hombre de chaqué Caray con la atención... y yo como un estúpido, creyendo que eras sastra de teatro...

Francisca Cómo que «creyendo»... ¿qué estás insinuando?

Hombre de chaqué No insinúo... constato...

Guardia No, no, usted insinúa.

Hombre-Mujer Sí, sí, usted insinúa, tanto que me he dicho en seguida: «¡Dios, cómo insinúa!».

Hombre de chaqué Usted se calla... y dé gracias por ir vestido de mujer... que si no...

Hombre-Mujer ¿Si no qué?

Los dos se encaran apuntándose con el dedo índice. A sus espaldas se acerca el guardia con la culata del fusil vuelta hacia el grupo. Se oye un disparo y el hombre de chaqué se desploma en el suelo.

Francisca Oh, no... Luis... contesta... *(Al hombre-mujer.)* ¿Por qué ha disparado?

Hombre-Mujer No sé cómo ha podido pasar... *(mirándose el dedo)* le aseguro que antes mi dedo estaba descargado... *(Ve al guardia que, aterrado, está aún observando la culata de su fusil.)* ¡Ah! He ahí quién ha disparado... ha sido él...

Francisca *(Se arroja sobre él.)* ¡Asesino... cobarde... dispararle por la espalda... vergüenza le tendría que dar!

Guardia No sé cómo ha podido pasar... he hecho la mili, pero nunca había visto fusiles que disparan por detrás...

Hombre-Mujer ¿Ha disparado por la culata?

Guardia Es inútil... la ciudad lo corrompe todo... hasta los fusiles...

Francisca Ayyyayyyay... ha muerto... ha muerto... el día de la boda... el vestido blanco estaba listo... y ya no podré ponérmelo... ¡con lo que me ha costado!... Viuda antes que novia... ¡tendré que ponerme vestidos cerrados, con lo bien que me sientan los escotes! ¡Dios, qué desgracia!

Los dos transportan el cadáver hasta un diván sin respaldo que hay en el centro de la habitación.

Guardia Perdone, pero por qué se lo toma tan a pecho... ¿no se habían dejado ustedes?...

El siguiente diálogo tiene como contrapunto la acción de la mujer, que enciende velas y las coloca alrededor del cadáver.

Francisca Sí, pero antes de esta noche habríamos hecho las paces... siempre ha sido así... si supiera las que me ha liado... sobre todo con mis clientas... cada día tenía que calmar la furia de algún marido engañado que había descubierto sus amoríos... Yo ponía orden, y él, vuelta a empezar... Es inútil, cuando una está enamorada es estúpida... y basta...

Guardia No, no, «y basta»... será usted estúpida, pero también es guapa...

Hombre-Mujer No consigo entender quién ha podido disparar ni desde dónde... Un momento... estoy seguro de que alguien nos espía... sigan hablando... *(Coge el fusil del guardia.)* Voy a ver...

Guardia ¿Hablando de qué?

Hombre-Mujer Cuenten chistes... basta con que hablen... *(Avanza cauteloso hacia el fondo.)*

Francisca Yo me sé unos muy graciosos... pero son un poco verdes...

Guardia Ah, por mí no se preocupe... ¡verdes o amarillos, nunca los entiendo!

Francisca Ah, pero si le cuento el del camello que nació sin joroba, seguro que lo entiende... Ja, ja...

Guardia Cómo cómo... ¿un camello sin joroba? Es demasiado... ja, ja... *(Se ríe a carcajadas.)*

Francisca Señor...

Guardia ¿Eh?

Francisca No he acabado.

Guardia Lástima, creía que lo había entendido.

Francisca Pues este camello había nacido sin joroba y estaba tan triste y deprimido que un día, en el colmo de la desesperación, decidió suicidarse.

Desde el fondo avanza el enterrador distinguido que al ver al muerto se quita el sombrero.

Enterrador *(Contempla estupefacto a los dos que se ríen del muerto.)* Oh, qué desgracia...

Guardia Ja, ja... sí que es una desgracia, sí...

Enterrador De acuerdo... pero no le veo la gracia... díganme, cómo murió...

Francisca Eh, calma, este acaba de llegar y ya quiere saber el final...

Guardia Tiene razón... si se dice en seguida el final, ya no tiene gracia... Siga, que me mata...

Francisca Sí, sí... le mato...

Enterrador ¿También a él? No doy crédito a mis ojos... oigan... llevo treinta años en la funeraria, pero jamás había visto nada parecido... Será que soy de provincias...

Guardia ¿De provincias? También él... ¡hay que ver, qué pequeño es el mundo! *(Se acerca al enterrador y le estrecha la mano.)*

Francisca ¿Ha dicho de la funeraria? Ha venido por mi Luis... oh, no... no me lo quite tan pronto...

Enterrador Si quieren divertirse un poco más... quédenselo lo que quieran... porque yo no he venido para llevarme a este...

Francisca Menos mal...

Enterrador He venido a traer a otro...

Francisca ¿Otro?... ¿Otro qué?

Enterrador Otro cadáver...

Guardia ¿Otro cadáver?...

Enterrador Sí, porque el destinatario ha rehusado retirarlo...

Francisca ¿Y tengo que retirarlo yo?... ¿Y para qué quiero otro cadáver?

Enterrador Eso es asunto suyo... yo sólo sé que cuando el destinatario rehúsa, la mercancía se devuelve al remitente... y como el remitente es usted...

Francisca ¿Yo soy el remitente?... ¿El remitente de qué?

Enterrador *(Saca un resguardo.)* ¿No es usted la señorita Francisca Ronzoni, propietaria de la sastrería teatral Ronzoni?

Francisca ¡Sí, soy yo!

Enterrador Entonces comprenderá que el cadáver en cuestión sólo puede ser de su... propiedad...

Francisca Usted se equivoca... aquí confeccionamos sólo vestuario teatral, no cadáveres...

Enterrador ¿Sólo vestuario?

Francisca Bueno, a veces nos piden algún suministro extra... qué sé yo... complementos para bodas... bautizos... funerales...

Enterrador ¿Funerales?

Francisca Sí... pero en ese caso servimos sólo el material coreográfico... ¡el muerto siempre lo ponen ellos!

Enterrador Qué raro... ¿y este?... ¿Cómo es que está aquí?

Francisca Ah, no... este es un muerto personal... no lo alquilamos, faltaría más...

Enterrador De todos modos, no sé qué decirle... el cadáver salió de aquí, y aquí debe regresar...

Francisca ¿Dónde está ahora ese dichoso cadáver?

Enterrador Abajo, en el patio... a decir verdad, la portera no quería dejármelo pasar... dice que para bicicletas y cadáveres tiene órdenes tajantes... pero en vista de que ya había dejado pasar a otro...

Francisca ¿A otro?

Guardia Ah, sí... el mío... casi se me olvida...

Francisca ¿Cómo?... ¿Usted también tiene un cadáver?... Es imposible...

Guardia ¿Imposible por qué? Después de todo... no vale mucho, pero hace buen papel... además, no todos tenemos la suerte de conseguir un cadáver como el suyo...

Francisca Perdone... no quería ofenderle... quería decir que... en fin... comprendo que uno de la funeraria circule con cierta mercancía... pero usted, una comparsa borbónica... no lo puedo entender...
Guardia No soy una comparsa, señorita... soy agente de aduanas... y este no es mi sombrero... lo encontré ahí detrás y me lo estaba probando... para ver cómo me queda... mi sombrero es este... ¿ve? *(Coge un sombrero del perchero y se lo coloca en la cabeza; el sombrero baja hasta su nariz.)*
Francisca Ya veo, ya veo.
Guardia Yo no. *(Avanza caminando como un ciego.)*

Al fondo aparecen tres señoras escasamente vestidas.

Voz del Hombre-Mujer Vamos, y sin tanta historia...
Primera señora Qué modales... ¿cómo se atreve?
Segunda señora ¿Se puede saber qué quiere de nosotras?
Tercera señora Tendrá que darnos explicaciones, sabe... maleducado...
Hombre-Mujer He dicho que se muevan. Pónganse en fila... adelante y basta de cháchara... *(A Francisca.)* Señorita, ¿conoce a estas... digamos... señoras?
Francisca *(Ofendida.)* Cómo «digamos»... está hablando de mis clientes, ¿sabe?
Hombre-Mujer Ah, pues menudas clientes tiene...
Primera señora Oiga, señora... ya está bien...
Hombre-Mujer De eso nada... y deje de llamarme señora... porque, aparte el bigote... ya le he dicho que soy sargento de la policía...
Primera señora ¿Policía femenina?
Francisca ¿De la policía?... Oiga, se está propasando... primero se hace pasar por dama del XVIII... luego por perito contable prometido con su jefe... y ahora por sargento de la policía, con bigote aparte... ¿No ve que hace el ridículo?
Guardia Ah, sí... perdone, pero está realmente ridículo... mire, ha logrado que se ría hasta mi paisano, y para que él se ría...

En efecto, el enterrador se está riendo en sordina.

Hombre-Mujer ¿Este señor quién es?
Guardia Un enterrador... comprenderá que para que se ría un enterrador...
Primera señora ¡Un enterrador!
Enterrador *(Ofendido.)* No... un enterrador no... soy el encargado de la oficina de facturación de difuntos...
Hombre-Mujer ¿Y a qué ha venido?
Enterrador Qué pregunta... pues a entregar un cuerpo...
Hombre-Mujer ¿Un cuerpo de quién?
Enterrador Un cuerpo de la señora...
Hombre-Mujer ¿La señora tiene un cuerpo?
Guardia No, uno no... dos, o mejor, tres... porque ahora también tiene el mío...
Hombre-Mujer ¿El suyo? ¿Pero cómo, usted cede su cuerpo antes de morir?... ¿Están todos locos?
Francisca Eh, sin ofender... porque aquí, de haber un loco, es usted... y si tiene dudas, mírese en el espejo...
Hombre-Mujer *(Mirándose en el espejo.)* Sí, sí... puede que tenga razón... estoy loco... loco por aceptar disfrazarme de mujer para investigar la procedencia de un número indeterminado de cadáveres que, partiendo de esta casa, han invadido toda la provincia...
Francisca ¿Un número indeterminado de cadáveres?
Hombre-Mujer Pues sí... indeterminado... hasta hace poco tenía un total de cuatro... pero, ahora, con estos dos... más este otro que me llega aún vivo... no sé cómo aclararme...
Guardia ¿Pero usted qué ha entendido? Yo no soy el cadáver...
Hombre-Mujer Ah, no... ¿entonces quién es? Vamos, nombre y apellidos...
Guardia ¿Y yo qué sé?... Nombre y apellidos... Yo sólo sé que en el control de aduana, al abrir el baúl, en lugar de encontrar material escénico... ¿qué encontramos?... Un cadáver... que, como manda el reglamento, hemos devuelto al lugar de origen...
Hombre-Mujer Eh... no empecemos con las bromas... o aparece el cadáver, o les denuncio a todos por ocultación del mismo...

Francisca Vamos, chicas... no quiero líos... ¿quién ha ocultado al mismo?

Segunda señora ¿Qué quiere que sepamos nosotras?

Hombre-Mujer Ah, ¿no saben nada? ¿Entonces qué hacían estas pistolas en sus bolsos?

Primera señora Oh, no... le aseguro...

Segunda señora ¡No comprendo!

Tercera señora ¿En mi bolso?

Hombre-Mujer Míralas, las mosquitas muertas... no saben... vamos... digan la verdad... ¿quién ha disparado al prometido de la señorita?

Francisca *(Se abalanza sobre las tres mujeres tras sacar del body una pistola minúscula.)* Asesinas... así que habéis sido vosotras... me lo habéis matado, a mi Luis...

Hombre-Mujer *(Interviene rápidamente.)* Un momento... ¿Qué hace con esa pistola?... ¿De dónde ha salido?

Francisca Pues de dónde va a ser, del body.

Hombre-Mujer Ah, bien... usted guarda una pistola en el body, y qué casualidad, su prometido muere de un disparo...

Las tres señoras *(Al unísono.)* Asesina... has sido tú quien ha matado a nuestro Luis...

Hombre-Mujer ¿Nuestro... mío?... Pero, bueno, ¿se puede saber de quién es el tal Luis?

Las cuatro mujeres hablan al tiempo en un gran barullo.

Francisca Pues mío... de quién va a ser... ellas querían quitármelo... lo han intentado todo... las muy desvergonzadas...

Primera señora Fue una gran pasión que nos arrastró a los dos... pero, por desgracia, el pobre cayó en las garras de esa arpía, y entonces...

Segunda señora Era mío... mío en alma y cuerpo... y yo también era suya... sólo en alma, naturalmente... creo que un día, de no ser por esa egoísta...

Tercera señora No hace falta preguntarlo... vamos... le parezco mujer que comparta el amor de un hombre con otras mujeres... a las que ni siquiera me atan vínculos de parentesco... por Dios...

Hombre-Mujer Basta... silencio, por favor... procedamos por orden... ante todo, ordenemos los cadáveres...

Francisca ¿No le basta con los que hay?... ¿Para qué quiere ordenar más?

Hombre-Mujer He dicho silencio... en dos minutos quiero ver aquí a los cadáveres en cuestión... y no admito excusas...

Guardia Es que están abajo, en el patio... y la portera ha dicho que no pueden subir en ascensor...

Enterrador Bicicletas y cadáveres... tiene órdenes tajantes... y son cuatro pisos, ¿sabe?

Hombre-Mujer Pues que suban por la escalera... Tampoco es para tanto... yo he subido, y no me he muerto...

Guardia Pero ellos sí...

Hombre-Mujer Ah, sí, es verdad... les está bien empleado, para que aprendan... vamos, vamos... dense prisa...

Enterrador y Guardia Sí, sí, nos damos prisa... *(Salen por el fondo.)*

Hombre-Mujer Ahora les haré unas preguntas a cada una... y sin soplar, ¿eh?... empecemos por usted... *(Señala a Francisca.)* ¿Quién le ha dado esa pistola?

Francisca Me la dio él. *(Señala al muerto.)*

Las tres señoras A nosotras también nos las dio él...

Hombre-Mujer Ah, por fin se deciden a hablar... Así que nuestro Luis, entre sus amigas... en lugar de perfumes y joyas... repartía pistolas... ¿Cómo es eso? *(Señala a la primera señora.)* ¡Conteste!

Primera señora Para que le defendiéramos... decía que tenía un triste presentimiento... estaba seguro de que alguien intentaría matarle...

Francisca A mí me dijo lo mismo... por eso siempre iba armado...

Hombre-Mujer *(Se acerca al muerto y lo registra.)* ¿También él?... Ahora veremos si ha dicho la verdad... *(Saca una pistola.)* Sí la ha dicho... ¿Y esto qué es? *(Saca del cañón un papel en forma de embudo.)* Es una pistola de soplo. *(Sopla en la culata: el pequeño embudo sale del cañón como un proyectil de cerbatana y da en el biombo. El hombre-mujer lo recoge.)* Ah, no... es un mensaje... *(Lee tras desenrollarlo.)* «Para la policía. Privado. En caso de que me ocurra algo... no crean ni una palabra de lo que les digan mis amantes o mi prometida... La verdad está grabada en la cinta del magnetofón.» *(Para sí.)* ¿Qué magnetofón?... *(Lee.)* «El que está sobre el arcón del fondo.»

El guardia reaparece en ese momento, el hombre-mujer le hace señas para que desplace el biombo de modo que éste oculte a las cuatro mujeres, luego saca del bolsillo cuatro trozos de cuerda y los ata a las muñecas y tobillos del muerto. Hace que el guardia le ayude a transportarlo hasta una butaca. El guardia hará de titiritero tirando de las cuerdas, el hombre-mujer de «cómplice» de la marioneta. Encienden el magnetofón y abren el biombo.

Voz del magnetofón ¿Creíais haber acabado conmigo para siempre?

El cadáver gesticula movido por los hilos, las cuatro mujeres se quedan petrificadas.

Primera señora Luis, ¿no estabas muerto?
Voz del magnetofón No os lo esperabais, ¿eh?
Hombre-Mujer Seguro que no os lo esperabais, y ahora más os vale decir la verdad antes de que lo haga él.
Primera señora Sí, sí, diremos toda la verdad.
Hombre-Mujer *(Al guardia.)* Ya le dije que picarían.
Voz del magnetofón No, no se fíen de ellas. Escúchenme sólo a mí. Yo era el único testigo ocular... de sus delitos, por eso me mataron... ustedes se preguntarán...
Hombre-Mujer ¿Quién le mató?
Voz del magnetofón Y yo les contestaré: mi prometida... de acuerdo con sus clientes, que, a su vez, ayudadas por ella, mataron a sus respectivos maridos...
Hombre-Mujer Pero no entiendo qué necesidad había, tras facturarlos al Cielo, de facturarlos también a provincias.
Voz del magnetofón Lo de las facturaciones fue un invento de la querida Francisca.
Francisca No es verdad.

Voz del magnetofón Sí, es verdad. Ella había notado que siempre que facturaba un baúl de vestuario, si por casualidad se equivocaba al escribir las señas, después, por la burocracia, tardaba meses, incluso años en volver al lugar de origen...

Francisca No, está mintiendo.

Voz del magnetofón ¡Calla!

Hombre-Mujer Y así, facturando cadáveres a destinatarios inexistentes... podía estar tranquila meses e incluso años... luego volvería a facturarlos... Pero ¿y después?

Voz del magnetofón Antes de ser sastra, mi amada prometida era empleada de correos, y sabía que tras un determinado número de viajes inútiles, el material facturado pasa a ser propiedad del Estado... y usted sabe que cuando el Estado se apropia de algo, no hay nada que hacer.

Hombre-Mujer ¿Y qué hace el Estado con tantos cadáveres? ¿No le basta con los que trabajan en los Ministerios?

Voz del magnetofón Ahora que sabe toda la verdad, cumpla con su deber... detenga a los culpables...

El cadáver vuelve a caer en la butaca, el guardia se esconde tras un biombo.

Hombre-Mujer Quedan todas detenidas... *(Saca de una cartera varias esposas y se dispone a ponérselas.)*

Las tres señoras No, no... es todo mentira... somos inocentes...

Entra el enterrador.

Francisca Se lo juro... jamás he facturado cadáveres... los muertos siempre me han impresionado mucho... fíjese que ni siquiera puedo comer pollo...

Guardia *(Asoma la cabeza tras el biombo.)* La verdad, me parece que detener a alguien porque no coma pollo...

Enterrador *(Lo mismo.)* ¿Dónde está la libertad?

Hombre-Mujer ¡Silencio! Por cierto... ¿dónde están los cadáveres?

Enterrador No sé... los habíamos dejado en el patio... ¡pero parece que han salido!

111

Hombre-Mujer ¿Salido?

Enterrador Sí... por lo menos eso ha dicho la portera... ¡el caso es que no están en el patio!

Hombre-Mujer ¿Pero cómo?... ¿La portera ha dejado que los cadáveres salieran... solos?

Guardia Es que tiene órdenes tajantes... niños y perros, acompañados... pero recaderos y cadáveres, no...

Enterrador Además, como eran dos, ya no están solos... no hay por qué preocuparse... si encima iban de la mano...

Hombre-Mujer ¡Cómo! ¿Los cadáveres iban de la mano? *(Va hacia el teléfono y marca un número.)*

Francisca Espero que tengan cuidado al cruzar la calle. Pobrecillos, es peligroso.

Hombre-Mujer Cállese... Oiga... aquí el sargento Bissoni... páseme al comisario, es urgente...

Voz del teléfono No está. Acaba de salir... hace dos minutos, con los cadáveres...

Hombre-Mujer ¿Ha salido con los cadáveres... con cuáles?

Voz del teléfono ¿Cómo que cuáles? Pues los nuestros... o mejor, los suyos, los que encontró en provincias... en cuanto se despertaron, cantaron...

Hombre-Mujer Los cadáveres despiertos han cantado... perdone, debo de haberme equivocado de número... ¿hablo con Radio Londres?

Voz del teléfono ¿Cómo? ¿Quiere hablar con Londres? Entonces... verá... sí que se ha equivocado de número...

Se oye colgar el teléfono.

Hombre-Mujer Ha colgado... no entiendo nada. Los cadáveres se van de paseo cogidos de la mano, las pistolas de soplo disparan... *(Sopla en la pistola, vuelve a salir el proyectil de papel y da al enterrador, que cae muerto.)*

Francisca ¿Ha visto lo que ha hecho con su manía de soplar en las pistolas?

Las tres señoras Ha muerto... ¿cómo es posible?

Guardia Ah, no sé... *(Enseña un frasquito.)* Se estaba comiendo estas pastillas de menta... *(Se mete una en la boca.)* ¡Qué rica!

112

Hombre-Mujer (*Le arrebata el frasco de la mano.*) ¡Quieto!... Escupa... (*El guardia le escupe la pastilla a la cara.*) ¿Qué hace? (*Lee la etiqueta del frasco.*) Desgraciado... ¿es que no sabe leer?

Guardia Pues no, ¿y usted? Ah, olvidaba que ya es sargento...

Hombre-Mujer Son píldoras hipnótico-letárgicas...

Guardia ¡Ay va!, entonces mi paisano está en letargo...

Hombre-Mujer Seguro... como una marmota... Vamos, espabile... empiece a darle bofetadas a su amigo...

Guardia ¿Por qué? ¿Qué me ha hecho?

Hombre-Mujer No le ha hecho nada... es el único sistema para activar la circulación de la sangre y conseguir que vuelva en sí. Pero antes dígame una cosa... ¿Dónde cree que ha encontrado su amigo este frasquito?

Guardia (*Abofeteando al muerto.*) En el bolsillo de su cadáver... El mío también llevaba uno... mire... (*Saca del bolsillo otro frasquito.*)

Hombre-Mujer (*Lo coge y compara los dos frascos.*) Pero cómo, ¿cada cadáver tenía su frasquito? (*Se lanza a registrar los bolsillos del muerto y saca un tercer frasco.*) Sí, este cadáver también tiene un frasquito, así que no es un cadáver de verdad, es un cadáver en letargo... Un cadáver que se finge muerto... Usted siga dándole bofetadas...

Guardia (*Por tercera vez se ha autoubofeteado porque el cadáver se aparta a cada ademán.*) Sí, pero es que me hace daño.

Hombre-Mujer ¿Y esto qué es? (*Saca del bolsillo del muerto un documento.*) «Contrato de homicidio.»

Las tres señoras Son nuestros contratos.

Hombre-Mujer ¿Sus contratos? Bien, veamos. «Contrato de homicidio. Empresa de homicidios por encargo. Ejecución manual. Máxima reserva. Mediante el presente contrato, nuestra firma se compromete a provocar la muerte prematura e instantánea de su cónyuge con una garantía de tres años. Tarifas: un solo cónyuge, un millón de liras. Grupos de empresa: 50% de descuento. IVA y otros impuestos: a cargo del cliente. El presidente, Luis Versaghi.» ¿Quién es Luis?

Guardia Es él.

Hombre-Mujer ¡Ah!, bien. ¿Y ustedes han pagado un millón por cabeza a ese sinvergüenza para que les quitara de en medio a sus maridos?

Primera señora Sí, ¿por qué, le parece caro?

Hombre-Mujer Demasiado caro, sí, porque ese sinvergüenza no ha matado a sus maridos, sólo los ha dejado en letargo, y después los ha facturado a provincias, para evitar que los enterraran y entonces murieran de verdad.

Las tres señoras ¡Sinvergüenza!

Hombre-Mujer Pero el sinvergüenza echó la cuenta sin mí, sin la huéspeda, como se suele decir...

Francisca Ahora también es la huéspeda. ¡Cómo se pasa!

Hombre-Mujer Cállese. ¿Qué hizo el sinvergüenza? Preparó la cinta, le entregó la pistola, fingió la muerte para involucrarla y así tener todo el tiempo del mundo, cuando se despertara, para largarse con el dinero.

Francisca Oh, no, es imposible... Mi Luis no puede haber hecho una cosa así... es imposible... me quería tanto... ¡me lo habría dicho, siempre me lo decía todo!

Segunda señora Le decía todo lo que le convenía... eso sí... y usted se lo tragaba todo como una pánfila...

Las tres señoras Pobre pánfila...

Francisca Qué buenas sois... realmente sois las únicas amigas que tengo... quiero haceros un regalito, los confites de mi boda, que se ha esfumado, tomad, es el último regalo que os puedo hacer... *(Reparte unas bolsitas.)*

Las tres señoras Gracias. *(Se abrazan.)*

También el guardia y el hombre-mujer se emocionan y, sin darse cuenta, se abrazan llorando, pero el segundo reacciona.

Hombre-Mujer Basta de cucamonas... Lo lamento, señoras, pero quedan las tres detenidas por estafa y homicidio simulado... *(Las tres señoras, mientras, abren las bolsitas y empiezan a comerse los confites.)* Hágame un favor, usted... le entrego a las señoras, llévelas a la otra habitación...

Guardia Y les pego bofetadas...

Hombre-Mujer Claro que no... tome esta pistola...

114

Guardia ¿Pero no sería mejor darles unas bofetadas que tiros?...

Hombre-Mujer No, usted dispare sólo si hacen alguna tontería...

Guardia Está bien, está bien... y si no hacen tonterías, les pego bofetadas... Vamos... Muévanse y nada de tonterías... Ja, ja... Yo a mi pueblo no vuelvo... no vuelvo... *(Sale empujando a las mujeres.)*

Hombre-Mujer *(A Francisca.)* Vamos, deje de llorar... Y dése con un canto en los dientes, como se suele decir, porque se ha salvado por los pelos. ¡Imagínese si se llega a casar con un sinvergüenza como su Luis!

Francisca No... no diga eso... no era ningún sinvergüenza... era tan bueno... no muy listo, eso sí... pero bueno, como un ángel.

Hombre-Mujer Por qué no quiere razonar... comprendo que le quisiera, pero sin exagerar... con todo lo que le ha hecho... aprovechándose de su buena fe... pero cuando se despierte... tendrá que vérselas conmigo... mejor ni espero a que se despierte y empiezo ahora mismo... *(Hace ademán de darle un bofetón.)*

Francisca No, no... Se lo ruego, no empiece ahora mismo... espere un poco... y mientras, si le apetece... *(Le ofrece unos confites.)*

Hombre-Mujer Está bien, por ser usted, sabe... *(Coge un confite y se lo mete en la boca.)* ¿Cómo se ha dejado engañar de esa manera?

Francisca Se equivoca, yo no me he dejado engañar por nadie.

Hombre-Mujer Bendita ingenuidad. ¿Me equivoco?

Francisca Sí. A mi Luis nunca se le hubiera ocurrido algo semejante.

Hombre-Mujer ¿Ah no, eh?

Francisca No. En efecto, se me ocurrió a mí.

Hombre-Mujer ¿A usted?

Francisca Sí. Debe saber que he fundado una sociedad para el divorcio en seco.

Hombre-Mujer ¿Sociedad para el divorcio en seco?

Francisca Sí, en seco. Es muy sencillo. Como por ahora no existe en Italia posibilidad alguna de divorcio legal, el único remedio es dejar seco a uno de los cónyuges, en este caso al marido.

Hombre-Mujer ¿Dejar secos a los maridos?

Francisca Sí, a los maridos.

Hombre-Mujer ¡No, usted quiere decir dejar en letargo a los maridos!

Francisca No, quiero decir realmente secos, muertos. Los cadáveres que están en el patio son cadáveres de verdad, no en letargo.

Hombre-Mujer Pero qué dice... cadáveres de verdad... ¡Si la portera los ha visto salir cogidos de la mano!

Francisca Bah, hace caso de una portera... ¿Y si le digo que la portera es mi madre... y que siguiendo mis instrucciones ha hecho desaparecer a los cadáveres, ocultándolos en el sótano?

Hombre-Mujer La madre portera... lo que faltaba. De acuerdo... pero ¿y los que han salido cantando con mi jefe?

Francisca ¿Quién le ha dicho esa tontería?

Hombre-Mujer Cómo tontería... ¡si he llamado yo! Por ese teléfono...

Francisca Ese teléfono no comunica con el exterior, sino con la portería... y el que le ha contestado es mi hermano... que hace todo lo que yo le digo...

Hombre-Mujer Ha pensado realmente en todo... ahora que caigo, no en todo... Queda nuestro querido Luis, que cuando se despierte, más le valdrá hablar.

Francisca ¡Cuando se despierte! Pero como Luis no se despertará...

Hombre-Mujer ¿Cómo que no se despertará?

Francisca Pues no. Olvida usted el disparo.

Hombre-Mujer Ah, ya, el disparo. ¡Entonces fue usted quien le disparó, quien le mató, para que no pudiese hablar! Pero pueden hablar sus amigas...

Francisca Pues sí, como poder...

Se oyen disparos.

Hombre-Mujer ¿Qué ocurre ahora?

Guardia *(Aparece con la bolsita en la mano, comiéndose un confite.)* Las tres... muertas las tres... ah, yo no vuelvo a mi pueblo...
Hombre-Mujer ¿Pero qué ha hecho... por qué ha disparado?
Guardia No he sido yo el que ha disparado... lo han hecho todo solas... *(Se oyen más disparos.)* ¿No oye? Se siguen disparando... incluso muertas...

El hombre-mujer corre hacia el fondo.

Enterrador *(Despertándose.)* ¡Eh, un poco de silencio, caramba... cuando uno está en letargo!
Guardia *(Se le acerca.)* ¿Puedo ofrecerte un confite? *(Le tiende la bolsa de la que el enterrador saca un puñado.)*
Hombre-Mujer *(Vuelve a entrar, desesperado.)* Están muertas... ¿quién ha podido ser?
Francisca ¿Quién quiere que haya sido?... He sido yo... ¿No dijo usted que podrían hablar?... Así que... Las cosas, o se hacen bien o no se hacen... y yo tendré todos los defectos del mundo, pero soy una mujer meticulosa... Las he matado, y ahora mandaré que las lleven al sótano...
Hombre-Mujer Su madre...
Francisca Sí, es tan servicial... mi querida mamaíta... en cuanto puede ahorrarme trabajo... ¡ya sabe cómo son las madres! Fíjese que ahora tiene el sótano tan lleno de cadáveres, que ya no cabe ni una garrafa de aceite...
Hombre-Mujer Sí, sí, déjese de aceite... y dígame más bien cómo ha podido, desde esta habitación, conseguir que los proyectiles llegaran hasta allí... sin fallar un tiro y sin que yo, que estaba a su lado, me diera cuenta...
Francisca Muy sencillo... haciéndoles tragar a mis amigas los proyectiles bajo forma de confites...
Los tres hombres ¿Proyectiles-confites?
Francisca ¡Pues claro! Los confites que he ofrecido a mis amigas no son sino cargas explosivas confeccionadas de modo que, al derretirse la envoltura, y en contacto con los jugos gástricos del estómago, estallan... un sistema muy ingenioso, ¿no le parece?
Todos Pero entonces también nosotros, que hemos comido esos confites...

117

Francisca ¿Cuántos se han comido?

Guardia Uno.

Hombre-Mujer Yo también uno.

Enterrador Y yo...

Francisca En total, tres... bien... pronto oiremos tres disparos...

Se oye un disparo. Cae el enterrador.

Hombre-Mujer ¿Es el suyo? ¡Qué rapidez! ¡Por eso me lo ha contado todo! Para distraerme, y conseguir que...

Francisca ...nadie hablara...

Disparo.

Hombre-Mujer *(Mira esperanzado al guardia, pero este le indica que el disparo no proviene de su estómago. El hombre-mujer se tambalea, pero resiste y se dirige con dificultad hacia una butaca.)* ¡No puedo, no puedo mancharme el traje blanco! *(Se desploma en la butaca y muere.)*

Francisca *(Al teléfono.)* Oye, oye, mamá... sí, ya está todo, sube en seguida que tú también tienes tarea. Ah, y sube tres... cuatro... cinco seis... siete ataúdes. *(Al guardia.)* Usted haga el favor de darse prisa, que tengo cosas que hacer.

Guardia *(Mirándose el estómago.)* Puede que falle... padezco de gastritis...

Francisca Sí, sí, puede ser, ya pasó otra vez. Bueno, oiga, no importa, usted me cae simpático. Le dejo en el mundo. *(Al teléfono.)* Oye, mamá, no subas siete, sube sólo seis...

Guardia Eso, sólo seis. *(Se frota las manos, feliz.)*

Francisca *(Sigue al teléfono.)* Sí, lo sé, antes te he dicho siete y ahora te digo seis. Por favor, no discutas... Está bien... no hay quien razone contigo... pues sube siete. *(Saca una pistola y dispara al guardia.)* Perdone, pero mi madre es muy nerviosa, sabe, no hay manera de razonar con ella.

Guardia No se preocupe... *(Cae al suelo, muerto.)*

Francisca ¡Ya sabe, es la edad!

Música con disparos de fondo.

A DONDE EL CORAZÓN
SE INCLINA, EL PIE CAMINA*

Personajes

Taxista, primer timador
Amigo del taxista, segundo timador
Señorita, secretaria del empresario
Ingeniero
Empresario
Dafne, mujer del empresario
Médico
Agente de policía

ACTO I
Escena primera

Se recortan en la oscuridad los perfiles de estatuas blancas y columnas alineadas en dos filas seguidas. Entran dos hombres con túnica y capuchón de dominó precedidos por los haces de luz de sus linternas. Provienen de lados opuestos del escenario. Se alumbran la cara el uno al otro con las linternas. Un momento de desconcierto, luego

Primer dominó Hola.
Segundo dominó Hola.
Primer dominó *(Dirige la linterna hacia una estatua de mujer y suelta un grito ahogado.)* ¡Mi madre!
Segundo dominó ¿Qué pasa?
Primer dominó ¡Mira!
Segundo dominó ¿Dónde?
Primer dominó ¡Esa!

* Traducción de Daniel Sarasola y Carla Matteini.

Segundo dominó ¿Y?

Primer dominó ¡Está desnuda...! ¡Toda entera! ¡Uyy!

Segundo dominó *(En voz baja.)* ¡Desgraciado! ¿A qué viene tanto aspaviento para decirme que está desnuda? ¡Menudo susto me has pegado!

Primer dominó *(Igual.)* También yo me he pegado un susto... Podías haberme avisado... Dices que vamos a un museo y haces que me ponga esta sotana... *(Vuelve a dirigir la linterna hacia la estatua y mueve el haz de luz suavemente como si quisiera acariciarla.)* ¡Oh! ¡Qué desnuda está!... Toda blanca y desnuda... ¿Por qué no me has dicho la verdad?

Segundo dominó *(Va hacia la derecha e ilumina con la linterna las otras estatuas.)* ¿Qué verdad?

Primer dominó Que no era un museo.

Segundo dominó ¡Es un museo, estúpido! ¿Cómo te creías que era?

Primer dominó No sé... Nunca he estado en un museo... Vi una vez un documental en la tele... Había cuadros y estatuas pero todos iban vestidos...

Segundo dominó ¡Ah, ya! En la tele.

Primer dominó ¡Qué bochorno! Se acabó, devuelvo el abono...

Segundo dominó ¿Tú tienes abono?

Primer dominó No, pero lo devuelvo igual. Con los mentirosos no hay escrúpulos que valgan... ¡Uyy, qué desnuda está!

Segundo dominó Sí, está desnuda pero corta ya el rollo; saca las herramientas y espabila. Eso, así está bien... Corta por aquí. *(Señala el tobillo de una estatua que representa a Mercurio.)*

Primer dominó ¿Estás seguro de que es romana de verdad?

Segundo dominó Segurísimo. *(El primer dominó saca una sierra y apoya el filo de acero en el punto indicado, pero en seguida lo retira, temeroso.)* ¡Vaya! ¿Y ahora qué mosca te ha picado?

Primer dominó ¡Me da grima! *(De inmediato, repara en la expresión de contrariedad de su amigo.)* No te enfades... Después de todo es la primera vez que rebano un pie a alguien.

Segundo dominó No digas memeces. Es una estatua, ¿no?

Primer dominó Será una estatua pero tiene pies. Dirás que

soy sentimental o romántico pero a mí los pies me dan grima...
Además este tan blanco parece un pie lavado.

Segundo dominó ¿Quieres darte prisa? Si te da grima, cierra los ojos.

Primer dominó Vale. Cierro los ojos. *(Apoya el filo de la sierra en el tobillo del pie y comienza la operación.)*

Segundo dominó ¡Ayyy!

Primer dominó ¡Has oído? ¡Se ha quejado!

Segundo dominó Quien se queja soy yo, idiota. Por poco me rebanas un dedo. ¡Ten cuidado con lo que haces, subnormal!

Primer dominó Mira, estoy hasta las narices. *(Lloroso pero no demasiado, haciéndose el tonto claramente.)* Primero me dices que cierre los ojos, luego pretendes que vea... Además, con esta sotana me siento como en un saco ¿Cómo pretendes que haga un trabajo limpio? Sabes lo que te digo, que me la quito. *(Hace ademán de quitársela.)*

Segundo dominó Inténtalo y te rompo la cabeza. ¿Cómo quieres que te explique que las túnicas son nuestra única salvación en caso de que entre el guarda?

Primer dominó ¿Por qué?

Segundo dominó Porque tan negros, con esta oscuridad es difícil que nos vea.

Primer dominó ¿Y si enciende la luz?

Segundo dominó Peor para él. Se cagará del susto. *(Agita los brazos como alas haciendo ondear la gran capa.)* Mira. ¿Qué impresión te da?

Primer dominó *(Mecánicamente.)* Un fresquito muy agradable. Ni siquiera me has dicho todavía quién es.

Segundo dominó ¿Quién es quién?

Primer dominó La estatua. Digo que a quién representa este hombre desnudo con un sombrero en la cabeza.

Segundo dominó A Mercurio.

Primer dominó *(Esboza una sonrisa.)* ¿El del termómetro?

Segundo dominó El dios, el dios Mercurio, uno de los muchos hijos de Júpiter, protector de los comerciantes, de los ladrones y de los timadores.

Primer dominó ¿Nuestro protector?

Segundo dominó Claro, y por eso lo he elegido a él. Quién mejor que Mercurio puede comprendernos y echarnos una mano.

Primer dominó *(Sin pausas.)* Bah, me parece una faena birlarle un pie a alguien que te echa una mano: verás como se cabrea y luego se venga.

Segundo dominó Tranquilo, aunque se vengue no se ensañará demasiado. Es un dios burlón: sólo se venga de manera ingeniosa, así que tú tranquilo y sierra.

Primer dominó Sierro tranquilo.

La fricción de la sierra en el mármol produce un chirrido estridente.

Segundo dominó Para, te lo ruego. Para, haces demasiado ruido... Esperemos a que pase el tranvía.

Primer dominó *(Casi con el mismo tono.)* Eso es, la mejor idea es la del tranvía. Lo dejamos todo aquí y nos largamos a casa. ¿Quién habría dicho que por el museo pasaban los tranvías? ¿Dónde está la parada?

Segundo dominó Mira, contigo me siento como si estuviese con un payaso de circo. Los tranvías pasan por la calle de abajo. En ese momento podrás serrar con toda la fuerza que te parezca porque el estruendo del tranvía tapará el chirrido.

Primer dominó *(Demasiado abochornado como para que sea verdad.)* Ah, ya comprendo... ¿No podrías hacer un poco de ruido con los pies para tapar el chirrido en lugar de esperar a que pase el tranvía?

Segundo dominó ¿Quieres dejarlo?

Primer dominó ¡Sí, sí, ya lo dejo! ¿Puedo hacer una pregunta?

Segundo dominó Adelante.

Primer dominó ¿Quién es la que va desnuda? ¿También es una protectora?

Segundo dominó No creo... Es una ninfa: se llama Dafne. Mira, aquí lo pone: Pieza número uno, Dafne. Fue convertida en árbol por su padre.

Primer dominó ¿Así que la convirtió el padre? ¡La pieza en árbol! ¿Y por qué?

Segundo dominó Para impedir que Apolo se la llevara a la cama. ¿Sabes quién era Apolo, no?

Primer dominó No.

Segundo dominó Un hermano de Mercurio, más salido que un mandril. No se le escapaba una. Pero aquel día se quedó en ayunas. Fue a saltar encima de ella y, ¡zas!, en vez de caer en blando se estampó de morros contra un árbol.

Primer dominó ¿Qué tipo de árbol?

Segundo dominó Unos dicen que un laurel y otros que un cerezo.

Primer dominó ¿Y se las comió?

Segundo dominó ¿El qué?

Primer dominó Las cerezas.

Segundo dominó ¿Y qué sé yo?

Primer dominó *(Serio y conmovido al mismo tiempo.)* Para mí que se las comió: a los mandriles les gustan las cerezas. También a mí me gustan, sobre todo las negras... Las cerezas negras y las mujeres blancas. *(Se acerca a la estatua y, como extasiado, la roza apenas con los dedos.)* Blancas y largas como esta Dafne. Claro que si iba por ahí desnuda... No le culpo a Apolo. *(Retrocede unos pasos sin quitarle los ojos de encima.)* Hasta de árbol me la llevaría yo a la cama... Y luego le comía todas las cerezas. *(Ríe feliz.)*

Segundo dominó Muy bien, pero ahora déjate de cerezas y prepárate, que va a pasar el tranvía. *(Se oye el rechinar de un tranvía que aumenta de intensidad.)* Venga, que es el momento... *(El otro continúa.)* Más fuerte, más fuerte. *(Marca el «tempo» como si fuera un director de orquesta. El otro se ensimisma y mueve la sierra como si estuviera tocando un violoncello.)* Más bajo... Se está alejando... Ya basta.

Primer dominó ¡Caray, he desafinado! Qué duro está este mármol: ni siquiera hemos cortado la mitad.

Segundo dominó Bien, un tranvía más y terminamos.

Primer dominó ¡Pues prepárate a esperar! ¡Si pasa uno cada veinte minutos! ¡Y pensar que bastaba con un martillazo en la muñeca *(señala la muñeca del brazo derecho de Mercurio)*, aquí, por ejemplo, que ya está agrietada, y ¡zas!, nos llevábamos la manita sin sentir!... Pero él erre que erre... Quiere el pie. A saber por qué...

Segundo dominó ¿Por qué? Echa una ojeada bajo el talón y apuesto a que entiendes por qué.

Primer dominó Anda, aquí hay unas letras. *(Lee con esfuerzo.)* «Opus romanum.»

Segundo dominó ¿Has visto?

Primer dominó He visto. ¿Qué quiere decir «opus romanum»?

Segundo dominó «Opus» significa obra, objeto manufacturado.

Primer dominó Basta, he comprendido: algo así como el «made in Italy» que ponemos en nuestras corbatas hechas en Japón.

Segundo dominó ¡Muy bien! Ahora intenta imaginar la cara que pondrán los de la empresa cuando al primer mazazo se topen con este pedazo de pie con inscripción y todo.

Primer dominó Claro que como entiendan lo que quiere decir «opus romanum», soltarán sapos y culebras.

Segundo dominó *(Va hacia el proscenio y finge que está de cara a una ventana vigilando si llega el tranvía.)* Tranquilo, soltarán tantos como para venderlos a todos los pescadores de la zona. Si lo has entendido tú imagínate si no lo van a entender los ingenieros... Y entonces verás qué risa...

Primer dominó *(Se reúne con su amigo en el proscenio.)* Ehh, ahora que me acuerdo... Si Mercurio también es mi protector de antes, cuando era taxista... Me acuerdo de que justo en la tapa del carné de conducir había una foto de una estatua clavadita a esta y debajo ponía: «Ministerio de transporte».

Segundo dominó Puede ser. Teniendo en cuenta que era el dios de todos los que estafan en el precio, también será el dios de los taxistas.

Primer dominó Entonces, si también es mi dios, voy a hacerle una petición. *(Va hacia la estatua, inclina la cabeza.)* Oye, Mercurio, dios simpático, ayúdame a recuperar mi taxi con permiso y todo. *(Enciende una cerilla.)* Te prometo que si me...

Segundo dominó Para. ¿Qué haces? *(Se reúne con él a todo correr.)*

Primer dominó Le enciendo una cerilla, a falta de velas... Es el detalle lo que importa.

124

Segundo dominó *(Le apaga el fósforo.)* Y así nos ven desde fuera... Además, ¿qué diantre va a hacer él con las cerillas?

Primer dominó ¿No fuma?

Segundo dominó En todo caso deberías ofrecerle un cabritillo. Y bien gordo.

Primer dominó ¿Un cabritillo? Vale, si hace que vuelva a ser taxista, el cabritillo es suyo.

Segundo dominó *(Vuelve al proscenio.)* ¡Si nos sale bien este negocio, verás cómo te llueve la pasta para comprarte coche con su matrícula del ayuntamiento y todo! ¡Así no te oiré a todas horas gimoteando con esa cantinela del taxi... Pareces un crío. «¿Qué vas a ser de mayor?» «Taxista, quiero ser taxista.»

Primer dominó *(Va hacia su amigo.)* No te enfades, Antonio. *(Vuelve sobre sus pasos y amaga una genuflexión al llegar ante Mercurio.)* ¡Con permiso! *(Se aleja de la estatua.)* No te enfades, lo único que sé hacer bien es de taxista. Yo no he tenido la suerte que tú de entrar de niño en un reformatorio para delincuentes precoces y poder así hacerme una cultura, toda una educación a expensas del Estado. Nunca he sido precoz ni siquiera como delincuente. En cambio este oficio mío de «Buenos días, señora. ¿A dónde vamos? ¿Al número diez de la calle Pattari? En seguida». Voy recto, tuerzo a la derecha, la segunda a la izquierda, así evito dos semáforos y mientras pego la hebra con la señora, rajo y rajo. Y en cada carrera conozco gente nueva. Así, aunque yo no tenga una vida muy interesante por mi cuenta, viviendo la de los demás vivo muchas... y tengo para elegir entre las que más me gustan.

Se vuelve a oír el rechinar del tranvía que se acerca.

Segundo dominó Rápido, el tranvía. Muévete, que esta vez tenemos que conseguirlo. Agáchate como antes, ¿eh? *(Vuelve a dirigir –e incluso a cantar– las diversas órdenes.)* ¡Dale, rápido! Fuerte, fuerte. Eso es, más fuerza, más fuerza.

Se oye un gran golpe sordo.

Primer dominó *(Como en un agudo en contracanto.)* ¡Aoayyyyy!

Segundo dominó ¿Qué te pasa? ¿Qué te pasa?
Primer dominó Ay, ay, ay.
Segundo dominó ¿Qué tienes?
Primer dominó ¡El pie, se me ha caído en el pie! *(Pega saltos aquí y allá a la pata coja, agarrándose el pie lastimado.)* Lo sabía, sabía que se vengaría... Me ha destrozado el pie con el suyo. ¡Así que esta era la venganza ingeniosa! ¡Me ha dejado cojo!
Segundo dominó ¡Chitón! ¿Tienes que gritar tanto? De milagro no te han oído... Venga, mételo en la bolsa, pásamela y pongamos pies en polvorosa *(El primer dominó lo hace pero, al entregar la bolsa, la vuelca y la pieza de mármol cae encima del pie del otro, que suelta, a su vez, un alarido.)* ¡Ay, ay, ay, desgraciado! Aiohoh...

El otro dirige la vocalización.

Primer dominó Es inútil que la tomes conmigo: es la venganza de Mercurio que golpea por segunda vez.

Salen cojeando en sincronía con pasos que parecen de danza. Oscuro.

Escena segunda

Durante el oscuro cae un teloncillo en el que hay dibujado a gran escala un mapa urbano. Sobre carras, entran alineándose en el proscenio un tablero inclinado de dibujo, muebles de oficina, una caja fuerte y un escritorio encima del cual está la maqueta de un edificio. Cuando vuelve la luz, encontramos en escena a una señorita y, de pie detrás del escritorio, al ingeniero, que tiene debajo de la chaqueta algo discretamente abultado.

Señorita *(Colgando el auricular.)* Viene en seguida.
Empresario *(Entra.)* A ver, ingeniero, qué es eso tan urgente.
Ingeniero Sería mejor que estuviéramos solos.
Empresario *(Sonríe irónico, distante. Se pone unas gafas de ver.)* Tranquilo. Si es por tu relación con mi mujer, Ana está al corriente de todo. *(Por la señorita.)* Habla pues... ¿De qué se tra-

ta? ¿Habéis discutido otra vez? *(Agarra una carpeta y comienza a firmar una hoja tras otra.)* Ay, estos chicos... Ahora la llamo. ¿Qué tienes debajo de la chaqueta? ¿Sus cartas para devolvérselas? ¡Caray, no sabía que os escribierais tanto!

Ingeniero Atilio, te lo ruego... Te lo he dicho mil veces, sabes que no me gusta bromear sobre ciertos temas. Se trata de algo muy serio.

Empresario *(Sin dejar de firmar ni levantar nunca la cabeza de las hojas.)* Nunca he puesto en duda la seriedad de tus intenciones, querido ingeniero. Si no, ¿crees que habría consentido en darte la mano de mi mujer? *(Risotada.)*

Ingeniero No se trata de la mano de tu mujer sino de un pie.

Empresario *(Sorprendido, interrumpe su actividad por un instante.)* ¿Un pie de mi mujer? ¿Y cuándo ha ocurrido?

Ingeniero *(Saca de debajo de la chaqueta el pie que ya conocemos.)* ¡Mira!

Empresario *(Lo observa atentamente.)* No, no, te equivocas. Aunque yo frecuente poco los pies de mi mujer, puedo asegurarte que este no es suyo. *(Distraídamente estampa también una firma en el pie y se lo entrega a la señorita como había hecho hasta ahora con las hojas.)*

Señorita Seguro que no es: la señora gasta un número menos que yo... Y mira... *(Muestra el pie para cotejarlo con el otro.)* Este es un pie de hombre.

Ingeniero *(Molesto.)* ¿Y quién ha dicho que era de mujer?

Empresario *(Inquisitivo, se quita las gafas bruscamente.)* ¿Has descubierto por casualidad que mi mujer tiene los pies de hombre?

Ingeniero Yo no he descubierto nada.

Empresario Ah, son suposiciones, conjeturas. ¿Das crédito a los rumores, a los cotilleos? ¿Pues sabes lo que te digo, ingeniero? *(Se vuelve a poner las gafas con gesto ampuloso y tenso.)* Que llegados a este punto, si ya no hay confianza, me devuelves a mi mujer con pies incluidos y tan amigos.

Señorita ¡Eh, ni hablar, no te devuelve a tu mujer! Como lo haga salgo por pies... por mis pies de mujer esta vez.

Ingeniero *(En tono alto, exasperado.)* ¡Atilio, te lo ruego! *(Silabeando.)* Esto es un pie romano...

127

Empresario ¿Un pie romano? *(Se vuelve a quitar las gafas.)* ¿Estás seguro?

Ingeniero Segurísimo. Mira, incluso hay una inscripción, aquí, en el talón... Lee.

Empresario *(Se vuelve a poner las gafas.)* Cierto: «Opus romanum»... Muy bien. ¿Pero qué tiene que ver mi mujer? ¡No es romana! No querrás insinuar ahora que...

Señorita Mucho cuidadito... nada de insinuar... Ahora soy yo quien se siente ofendida. Yo he nacido en Roma. ¿Y qué? ¿Qué pasa con los pies romanos?

Empresario ¡Ana, cálmate!

Señorita ¿No te han gustado siempre mis pies? Ah, así que cuando me decías: «Qué bonita manera de caminar tienes», no te referías a las extremidades... ¡Y yo que te creía lírico y algo soñador!

Ingeniero *(Con gesto mecánico, profesional, agarra un rotulador y, sin dejar de hablar, empieza a trazar sobre el tablero de dibujo que está a sus espaldas líneas y garabatos; luego el perfil de un pie, el trazado de un mapa y así sucesivamente, en completa sincronía con lo que cuenta.)* Si me permites quisiera dejar bien claro que el pie en cuestión ha sido hallado a un metro bajo tierra en la excavación para los cimientos del inmueble en construcción en la calle Reggioni, en nuestro solar. Además, es evidente que se trata de un fragmento de estatua antigua.

Empresario Está bien, ¿pero qué tiene que ver mi mujer en todo esto?

Ingeniero De hecho, nada. *(Dibuja rápidamente otro pie.)* Pero si hay un pie es muy probable que dentro de poco, si los trabajos de vaciado continúan, encontremos también el resto de la estatua. *(Con gran virtuosismo dibuja el perfil entero de la estatua.)*

Empresario ¡Ojalá, así por fin sabremos a quién pertenece este maldito pie!

Ingeniero Se alegrarán más de saberlo los del Instituto Arqueológico.

Empresario ¿En qué sentido?

Ingeniero *(Arranca la hoja repleta de garabatos del tablero vertical y vuelve a dibujar en la hoja en blanco de debajo.)* Evidentemente has olvidado ya lo que le ha sucedido a la empresa de Antoniatti.

Señorita ¿Por qué? ¿Qué ha pasado?

Ingeniero Durante el vaciado encontraron un capitel jónico romano. *(Dibuja la silueta del capitel.)* Los del Instituto se enteraron y ordenaron la inmediata suspensión de las obras durante seis meses. En todo ese tiempo han seguido haciendo sondeos y excavaciones *(otros garabatos, flechas, trazos, siluetas de letreros)* sin que, por suerte, encontraran nada más... Al menos dijeron que no habían encontrado nada más... El hecho es que, de un presupuesto de ciento ochenta millones *(anota cifras y comienza a hacer cálculos rapidísimos)*, el edificio ha costado doscientos, y adivina adivinanza a dónde han ido a parar los veinte millones de diferencia...

Empresario Preferiría no mezclar la política en esto.

Ingeniero Mezcla lo que quieras. Tú eres el presidente, así que te toca decidir. *(Continúa dibujando.)* ¿Quieres que lleven el pie al Instituto? Con toda seguridad, nos harán suspender las obras por tiempo indeterminado y corremos el riesgo de que además de la estatua aparezca algo más, por ejemplo un coliseo. *(Dibuja el perfil de un anfiteatro.)*

Empresario ¡No te pases, un coliseo!

Ingeniero Hay que prepararse para lo peor. *(Ahora parece que el rotulador sigue trazando signos y cifras por cuenta propia.)* Y en ese caso ya no serían veinte millones: el subsuelo, como todo el mundo sabe, es propiedad del Estado. *(Dibuja un escudo cruzado.)* Te sueltan dos duros y te lo confiscan todo. *(Tacha todo el dibujo con un aspa. Luego tira el rotulador a la papelera.)*

Empresario ¿Cómo que dos duros? Me tienen que reembolsar al menos lo que he pagado.

Señorita ¡O sea cuarenta millones!

Empresario ¡Exacto!

Ingeniero ¿Cuarenta millones? ¿Y dónde está escrito que has pagado tanto? Si no me equivoco fue tuya esa genial idea de declarar sólo la cuarta parte del precio de compra para pagar el mínimo de impuesto de transmisión... ¿Has declarado diez? Bien, eso quiere decir que perderemos treinta.

Empresario Treinta millones por un pie...

Señorita ¡Romano!

Empresario *(Rabioso.)* ¡Claro! Donde ponen el pie los romanos, te la juegan.

Señorita Gracias por la delicadeza de la indirecta. ¡Estoy harta de que me ofendan! ¡Me voy! *(Sale.)*

Ingeniero *(Tratando de retenerla.)* ¿Qué tiene que ver? ¡Hablamos de los romanos de hace diez siglos!

Empresario ¡Eso es lo que me saca de quicio! ¡Que consiguen jugárnosla incluso por poderes! ¡A diez siglos de distancia! ¡Treinta millones y la empresa se va al garete! ¿Sabes lo que te digo? De perdidos al río, intentémoslo: hagamos desaparecer el pie y sigamos adelante como si nada. *(Breve pausa. Luego se vuelve de golpe.)* Por cierto, ¿los obreros saben algo? ¿Quién lo ha encontrado?

Ingeniero Marchini, el capataz. El tío es muy listo. En seguida se ha dado cuenta del peligro. *(Mima la acción.)* Como un rayo, lo envolvió en un trapo, me llamó y, guiñándome un ojo sin que nadie se diera cuenta, me pasó el paquete.

Empresario ¡Bravo!

Ingeniero ¡De bravo nada! Porque el paquete llegó a mis manos vacío. El pedrusco que iba dentro me cayó en el pie. Mira. *(Enseña el pie vendado que hasta ahora había permanecido escondido detrás del escritorio.)*

Empresario *(Suelta una carcajada en tono agudo.)* ¡Ja, ja! ¡Un pie que cae sobre un pie! ¡No lo había oído nunca!

Ingeniero Yo en tu lugar no me reiría tanto, sobre todo porque tras el consiguiente alarido de dolor todos los obreros acudieron a ver qué pasaba, con lo cual pudieron observar el pie de cerca.

Empresario *(Callándose al instante, preocupado.)* ¿El tuyo?

Ingeniero Ambos. El contuso y el contundente.

Empresario ¿Y qué van a entender esos analfabetos de pies romanos? Será mejor que mantengas los ojos bien abiertos de ahora en adelante por si acaso aparece el resto de la estatua.

Ingeniero Por supuesto. ¿Y no sería mejor que les soltara un discursito a los obreros para explicarles más o menos cómo está la situación?

Empresario Claro, así a la primera reivindicación sindical nos hacen chantaje: «O nos soltáis el aumento o soltamos lo del pie».

130

Ingeniero No creo que estén tan locos como para hacer una cosa así: este es un pie de doble filo. Después de todo, a ellos también les interesa que las obras no se suspendan.

Empresario Sí, pero como a nosotros nos interesa más y ellos bien que lo saben, nos obligarán a vivir con el maldito pie de Damocles sobre la cabeza.

Ingeniero Eso también es verdad.

Empresario Así que ya sabes: punto en boca y adelante, como si no pasara nada. Haremos desaparecer todo lo que encontremos aunque se trate realmente de un coliseo.

Ingeniero Toquemos madera. *(Hace el clásico gesto con los dedos apuntando a la cara de su socio.)*

Señorita *(Vuelve a entrar.)* Perdonen si molesto, pero hay dos señores que preguntan por ustedes.

Empresario *(Con un tono de fastidio.)* ¿Quiénes son?

Señorita *(Lacónica.)* ¡No lo sé! Me han dado esta tarjeta de visita. *(Lee.)* Profesor Gianni Untori y profesor Ugo Racci, del Instituto Arqueológico Provincial.

Ingeniero *(En tono agudo.)* ¡Estamos apañados!

Las siguientes réplicas se dicen precipitadamente, una después de otra, sin pausas.

Empresario Esos desgraciados se han chivado.

Ingeniero Imposible: no hace ni un minuto que lo hemos encontrado.

Señorita *(Ralentiza siempre lacónica el ritmo de los otros.)* ¿Entonces? ¿Qué les digo? Están esperando.

Empresario ¡Y yo qué sé!

Ingeniero Pues que entren... Y que Dios nos pille confesados.

Empresario Un momento, hay que hacer desaparecer el pie.

Ingeniero Vaya, váyase, señorita: nosotros nos ocupamos. *(Mete el pie en un pequeño armario.)*

Empresario Ahora, por lo que más quieras, naturalidad e indiferencia. Si mencionan el hallazgo, tú te caes de un guindo.

Ingeniero Así también me romperé el otro pie.

La puerta del armario se abre de golpe y el pie inanimado

cae sobre el pie del Empresario. Grito ahogado. El Ingeniero vuelve a colocar el pie. Entran los dos profesores, precedidos por la Señorita.

Señorita Pasen, por favor... el señor Mangelli y el ingeniero Colussi.

Los dos profesores no son otros que nuestros amigos ladrones del museo, muy llamativamente disfrazados y caracterizados con gafas y barba. Avanzan cojeando, apoyándose en un bastón. Siempre cojeando, también los otros van a su encuentro. El ingeniero tiene un bastón, el empresario se apoya en un paraguas. El repiqueteo de los bastones sobre el pavimento sugiere un ritmo de claqué que poco a poco se exaspera trocándose en flamenco y arrastrando en cadencias y ademanes paroxísticos de baile andaluz. Al final de la exhibición, los cuatro se recomponen un tanto incómodos.

Ingeniero *(Trata de romper el hielo.)* ¡Qué combinación tan simpática! Somos cuatro y los cuatro cojos de un pie.

Primer profesor *(Corta cualquier posible confidencia, en ese tono distante del censor incorruptible e intransigente.)* Será una combinación simpática para usted. Le aseguro, señor, que para nosotros no lo es tanto.

Ingeniero *(Visiblemente cortado.)* Perdóneme... no quería.

Empresario Señorita, se lo ruego... Tráiganos cuatro sillas.

Señorita Sólo hay tres: una está coja.ˊ

Golpe de bastón del empresario.

Empresario *(Contrariado.)* No importa, tráigala igual: la calzaremos...

Señorita *(Gansa locuaz.)* ¡Calzarla! ¡Jo, jo! *(Como en una retahíla, casi cantando.)* ¡Calzando una pata coja, cuatro cojitrancos ejecutivos se ven cogidos en un jaleo ejemplar! ¡Ay, qué divertido, parece un trabalenguas!

Empresario *(Otro golpe de bastón.)* Señorita, basta ya... ¿Sería tan amable de dejarnos solos?

Primer profesor ¿Por qué? Déjela que se quede, si es una monada.

Segundo profesor ex taxista *(La retiene de una mano.)* Sí, sí... Tome asiento a nuestro lado... Escuche: ¿le gustan las cerezas negras?

Señorita ¿Cómo?

Primer profesor *(Trata de echarle un cable temiendo que el otro meta la pata.)* Mi colega se refiere a una poesía de Safo, que precisamente se titula así. Pero, se lo ruego, siéntese no se quede de pie... ¿Permite, verdad señor empresario?

Empresario Claro. Disculpe la rudeza de mis modales pero temía que hablar de ciertas cosas... cómo explicarle...

Primer profesor ¿De pies?

Empresario De pies... le molestara.

Primer profesor Por Dios, hablemos tranquilamente.

Segundo profesor Para eso estamos aquí.

El amigo golpea con el bastón en el suelo violentamente.

Ingeniero *(Preocupado.)* ¿Para hablar de pies?

Primer profesor Ja, ja... No, a mi colega le encantan los juegos de palabras. Se refiere al pie inglés: la unidad de medida que nosotros los arqueólogos utilizamos preferentemente.

Ingeniero *(Aliviado, ríe forzado.)* ¡Ah! Pie, medida... Le juro que no lo había cogido... ¡Jo, jo!

Segundo profesor *(Insensato, como si le quisiera imitar.)* ¡Yo tampoco! ¡Jo, jo!

Bochorno general. El empresario trata de desbloquear la situación.

Empresario *(Mundano.)* Aquí se habla y se habla y no se bebe... En seguida lo remediamos *(Coge botella y vasos de un mueblecillo a su derecha.)*

Ingeniero *(Alude a la réplica del falso profesor.)* Es muy divertido. Y tan sutil...

Señorita *(Parpadea mirando al segundo profesor.)* También a mí

133

me encantan los juegos de palabras, cuando son sutiles, desde luego... La pena es que no los entiendo casi nunca.

Segundo profesor *(La observa atónito.)* ¿Nunca ha probado desnuda?

Señorita ¿Desnuda? ¿Desnuda para entender los juegos de palabras?

El primer profesor le hace un gesto para que no siga.

Segundo profesor No, para verse blanca.

Empresario *(Finge un exagerado interés.)* ¿Es otro juego de palabras? Oigámoslo, seguro que este es todavía mejor: quedarse desnuda para verse blanca... Primero el pie y ahora a ver con lo que sale.

Segundo profesor *(Malvado.)* ¡Una estatua!

Empresario *(Que estaba bebiendo, no consigue mantener el líquido en la boca y se lo escupe al ingeniero a la cara.)* ¿Una estatua? No lo cojo.

Primer profesor *(Interviene decidido.)* Señores, creo que ya es hora de dejarse de metáforas y hablar seriamente. Y como a diferencia de mi colega, a mí me gusta llamar al pan pan y...

Segundo profesor *(Cada vez más malvado.)* Y al pie pie...

Esta vez es el ingeniero quien empapa la cara del empresario.

Señorita ¡Este si que es bueno! ¡Ja, ja! Esta vez lo he cogido...

Segundo profesor ¡Y yo! Qué agudo, ¿eh? ¡Ja, ja!

Primer profesor Profesor, se lo ruego: no me parece muy leal que utilice esos métodos para hacer naufragar en el ridículo una investigación tan seria.

Ingeniero ¿Hay una investigación en marcha? *(Al volverse, recibe en plena cara otra ducha del empresario, que por poco se atraganta.)*

Segundo profesor Desde luego... ¿A qué cree que hemos venido?

Empresario *(Carraspea.)* ¿Una investigación en nuestra obra? ¿Por qué?

Primer profesor ¿De verdad no se lo imagina?

El segundo profesor vuelve a llenar el vaso al empresario.

Ingeniero No: yo me caigo de un guindo.

Empresario Bravo, ingeniero.

Primer profesor *(Agresivo, inquisitivo.)* ¿Por qué ha dicho «Bravo, ingeniero»?

Empresario ¿Yo?

Segundo profesor Sí, usted... También yo lo he oído. *(Así diciendo, obliga al otro a volverse hacia él de golpe sujetándole por los hombros. La pirueta es tal que el vaso recién colmado del empresario se derrama sobre el falso profesor.)*

Empresario No, decía... «bravo, ingeniero» como reproche... Como diciendo: estamos en plena investigación y usted se cae de un guindo... ¡Bravo!

Primer profesor Ah, no, no se pasen de listos. Usted ha dicho «bravo» en el sentido de: «cae tú que ya caerán los demás». Aquí, si rascas, acaba saliendo algo.

Segundo profesor Algo pesado... y no demasiado limpio...

Ingeniero No entiendo... Les aseguro que no hemos encontrado nada.

Primer profesor ¡Alto ahí! ¿Quién ha dicho que había que encontrar algo?

Ingeniero Bueno, la verdad...

Primer profesor ¡Ja, ja! Esta vez se han caído con todo el equipo: ¿ven lo que pasa por caerse del guindo?

Ingeniero ¿Caer dónde? Si unos arqueólogos abren una investigación, lo lógico es que sea para comprobar posibles hallazgos.

Empresario ¡Bravo, ingeniero!

Segundo profesor *(Delator sádico.)* ¡Ha vuelto a decir bravo! *(Le da la vuelta y recibe otra ducha de agua en plena cara.)*

Primer profesor Y tiene razón, es una buena parada.

Segundo profesor *(Se seca el rostro con estudiada lentitud.)* De acuerdo, cero a cero. Ahora, si me permiten, me toca preguntar a mí.

Primer profesor Por favor. *(Al oído.)* ¡Pero suavecito!

Segundo profesor Suavísimo. *(Apunta a los dos a la vez con el bastón.)* ¿Juran decir la verdad, toda la verdad y nada más que la verdad...? Un momento... ¿son católicos?

Empresario Sí.

Segundo profesor Entonces es mejor cambiar de fórmula. Repitan conmigo: que me machaquen el otro pie si digo una trola... Repitan: que me lo machaquen.

Los dos *(Al unísono.)* Que me lo machaquen.

Segundo profesor Bien. Y ahora, la pregunta. ¿Qué han encontrado bajo tierra?

Ingeniero Nada.

Empresario Absolutamente nada.

Segundo profesor ¡Pues toma! *(Pisa con violencia los pies de ambos y se escuchan los correspondientes alaridos de dolor.)* Así aprenderán a decir mentiras. Antes se coge al mentiroso que al cojo.

Los dos *(Dando saltitos alrededor.)* Ayy, uyy... ¿Se ha vuelto loco?

Primer profesor *(Se dirige hacia su socio.)* Profesor, choque esos cinco: yo soy el vencedor.

Segundo profesor ¿El vencedor?

Primer profesor *(Alza la voz para que lo escuchen los demás.)* Comprendo su amargura, su desesperación al ver esfumarse una tesis tan elaborada, pero ya le había advertido... Milán no ha existido nunca.

Golpe de bastón del amigo estupefacto.

Segundo profesor ¿Milán?

Primer profesor Sí, Milán.

Segundo profesor *(Voz en falsete.)* No está.

Primer profesor No, no está. *(Le apunta con un dedo a la altura de la frente.)* Existe sólo en su cándida fantasía, profesor, en la suya y la de otros pocos ingenuos como usted.

Empresario ¿Desde cuándo lo sabe?

Primer profesor Desde siempre. *(En estilo oratorio.)* Pero sólo hoy he podido confirmarlo. *(En tono profético.)* Sí, señores, resulta que vivimos en el fraude más grande de la historia. Todo lo que vemos, respiramos, amamos... no existe, no ha existido nunca.

Segundo profesor *(Se deja caer casi de golpe sobre un taburete.)*

¿Nunca? ¿Ni siquiera la niebla, la estación central o el tranvía? *(Pausa.)* ¡Ahí va!

Segundo profesor *(In crescendo hasta soltar un gallo en la última réplica.)* ¡No comprenden que todo se desmorona si de golpe nos damos cuenta de que todo está construido sobre la nada... peor aún, sobre el engaño!

Segundo profesor *(Repitiendo el gallo.)* ¿También los taxis?

Primer profesor ¡Todo! La niebla es lo único que se salva!

Segundo profesor ¡Milán no está! ¡Milán no existe!

Primer profesor *(Se acerca a él, paternal.)* Profesor, valor, siempre nos queda Bérgamo... Bérgamo existe.

Segundo profesor *(En tono bajo, mecánicamente.)* Por eso lloro.

Ingeniero *(Interviene cohibido.)* Perdón, pero no logro seguirle. ¿De qué Milán hablan?

Primer profesor *(Obvio, profesoral.)* De la arqueológica, naturalmente: la Mediolanum de los antiguos romanos. Que exista o no la Milán moderna, como comprenderá no nos interesa en absoluto.

Segundo profesor ¿Cómo que no nos interesa? *(Pega un gran manotazo en la mesa llena de hojas. Una se le queda pegada a la palma de la mano. Se la quita como los médicos cuando arrancan los esparadrapos tras una cura.)* ¡Pedazo de desgraciado! ¡Me has pegado un susto de muerte!... «¡No existe! ¡no existe! ¡Es una fantasía!» ¡Yo te machaco el pie sano también a ti! ¡A ti y a tu Mediolanum arqueológica! *(Se levanta como un resorte e intenta golpearle con el bastón.)*

Señorita ¡Cálmese, cálmese, profesor!... *(Se acerca y casi lo abraza.)*

Primer profesor *(Se pone a cubierto detrás del escritorio.)* No, no... ¡Dejadle, dejadle que se desfogue!

La señorita intenta irse. El profesor la retiene.

Segundo profesor ¡Qué dejarle... ni no dejarle! *(Obliga a la muchacha a que le abrace de nuevo.)*

Primer profesor Es humano que sufra: perder una ciudad entera en un solo día no es moco de pavo, aunque sea una ciudad construida sobre la nada...

Segundo profesor *(Se libera de la muchacha.)* ¿Cómo sobre la nada? *(Se lo piensa mejor y vuelve a su actitud inicial.)* ¡Y las columnas de San Lorenzo, por ejemplo, son nada? Vamos, ¡ahora va a resultar que tampoco son romanas!

Primer profesor Son romanas pero lo curioso es que las encontramos incorporadas en una construcción medieval. Ahora bien, profesor, usted sostiene que las primeras basílicas cristianas se construyeron con material sustraído a construcciones paganas situadas por lo general en lugares que distaban kilómetros y kilómetros del edificio en cuestión. Usted da testimonio de ello en su espléndido ensayo publicado por Brucchi y titulado *(el taxista se pavonea) Basílicas y piratería,* donde precisamente se estigmatiza, a propósito de los antiguos venecianos, esa fea costumbre de robar basílicas enteras pedazo a pedazo para volverlas a armar luego en Venecia.

Segundo profesor *(Subraya erudito.)* ¡Volverlas a armar en Venecia! *(Pausa.)* ¡En el Véneto!

Ingeniero Interesante.

Señorita Yo aún diría más: formidable.

Empresario *(Falsamente interesado.)* ¡Es una denuncia en toda regla, un golpe a la civilización veneciana!

Señorita *(Admirada e insinuante.)* ¿Y ha descubierto y escrito todo eso, profesor?

Segundo profesor *(Pasea a lo largo del proscenio, maestro de peripatéticos.)* En ratos libres... Sabe, los venecianos me caen un poco gordos. Porque, como dice el proverbio: «En Verona hacen la iglesia, en Vicenza la adornan, en Padua van y oran y en Venecia la ignoran». *(Pausa. Media vuelta. Rapidísimo.)* Así que en cuanto puedo, ¡zas!, los machaco... A mí esos que duermen sobre mojado... Cuando se levantan por la mañana no dan un palo al agua... Como se suele decir, el reumatismo hace al hombre ladrón...

Primer profesor Cuidado, profesor, está echando piedras contra su tejado...

Segundo profesor *(Casi sin mirarle.)* ¿Que hago qué?

Primer profesor Voy a responderle a mi vez con un refrán: «El que se esconde debajo de hoja, dos veces se moja», ¿Y dónde hay más hojas que en Milán?

Segundo profesor ¡Maldita sea, este no lo sabía!

Primer profesor Claro, querido amigo. Milán y Venecia se parecen más de lo que imagina. De hecho, ambas ciudades se construyeron en lugares malsanos e inaccesibles, para evitar el azote de las invasiones bárbaras. Y, por tanto, en una época bastante posterior a la romana propiamente dicha.

Empresario ¡Genial!

Segundo profesor ¿Genial el qué? ¡Sin pasarse! ¡Ciudad malsana, bárbara y posterior! ¡Posterior! *(Por lo bajo, malvado.)* ¡Esta te la guardo! Ya que estamos... ¿por qué no dice sin rodeos que el *panettone* da asco y que Mediolanum quiere decir en latín vomitorio?

Primer profesor *(Juguetea distraídamente con el bastón.)* Bueno, como «mediolanum» significa zona o territorio... tome buena nota, no ciudad sino zona intermedia de frontera o de paso, el término vomitorio puede ser válido. ¿Satisfecho?

Empresario ¡Bravo! Es un auténtico placer escucharle. También yo opino lo mismo: Milán no existe, y le diré más: ¡a mí el *panettone* me da asco!

Segundo profesor *(Agresivo.)* ¡Porque lo come con almejas! El *panettone* no es un primer plato.

Primer profesor *(Contiene al empresario, que había hecho un gesto de irritación.)* No haga caso, se lo ruego. Me encanta que piense como yo. Lamentablemente, para que nuestra tesis sea válida, hay que documentarla. Así que le pido que colabore en los sondeos y perforaciones que vamos a realizar en su solar.

Ingeniero y empresario *(A coro, desafinando.)* ¿Sondeos y perforaciones?

El empresario bebe a grandes tragos en un intento de ahogar la emoción.

Primer profesor ¡Tranquilidad, señores! Confío plenamente en mi tesis: no encontraremos absolutamente nada porque los romanos jamás pusieron los pies en Milán. *(Recalca con intención la palabra «pies».)*

El empresario se atraganta y escupe en plena cara del ingeniero.

Segundo profesor *(Todavía en plan delator.)* No quisiera equivocarme pero ha sido el rubio. *(Señala al empresario.)*

Ingeniero *(Chorreando.)* Pero es un trabajo completamente inútil.

Primer profesor Lo sé, pero necesito pruebas a toda costa.

Empresario ¿Y por qué tiene que buscarlas precisamente en nuestro solar?

Primer profesor *(Guiña un ojo a su amigo.)* Dígaselo, profesor.

Segundo profesor *(Neutro, como un autómata.)* ¿Se lo digo?

Primer profesor *(Sonríe, animándole.)* ¡Sí, háblele de Publio Attilio Ausonio!

Segundo profesor *(Como antes.)* ¿De Publio Attilio?

Primer profesor *(Recalcando el nombre.)* ¡Ausonio!

Señorita *(Como si hablara con el Mesías, con veneración.)* Oh, sí, háblenos de Ausonio...

Segundo profesor ¿Lo conoce?

Señorita No, pero me gusta oírle hablar... ¡Habla tan bien!

Primer profesor *(Aparte.)* Valor, antes de venir te he explicado quién era, ¿no?

Segundo profesor ¿No es un poco fuerte? *(Al empresario y al ingeniero, con decisión.)* Verán, este Ausonio era un mandril...

Señorita *(Escandalizada.)* ¡Oh! ¿Qué dice?

Segundo profesor *(Quitándole importancia.)* Era un mandril en el sentido de que le gustaban las cerezas. Y árbol que veía, se le echaba encima para besarlo y luego *(pausa)* se lo llevaba a la cama...

Ingeniero ¿A la cama con un árbol?

Segundo profesor *(Frunce el ceño.)* Y eso que el padre del árbol no quería...

Empresario ¿El padre del árbol? ¡No entiendo qué tendrá que ver la historia de ese depravado con las excavaciones!

Primer profesor Usted lo ha dicho. ¡Depravado!

Segundo profesor ¡Y tan depravado! ¡Como que también andaba con abedules!

Primer profesor *(Coge carrerilla, tratando de reconducir la disparatada conversación.)* Depravado, depravado, eso es lo que era Ausonio. De hecho, él es el historiador que en el siglo tercero llamó «civitas imperialis» a la Milán de entonces y la describió, como subnormal que era, rica en vestigios y monumentos, entre los que había dos teatros y dos baños públicos más grandes que las termas de Caracalla.

Segundo profesor ¡Menudos baños!

Primer profesor E incluso *(pausa y reanudación bien medida)* un coliseo.

Otra ducha del empresario a la cara del ingeniero.

Segundo profesor *(De nuevo delator, grita.)* Lo he visto. Ha sido él. *(Señala al empresario congestionado.)*

Empresario *(Con voz completamente nasal.)* ¿Un coliseo?

Primer profesor *(Implacable.)* Sí, que él sitúa justo en mitad de su solar.

Empresario e ingeniero ¡No!

Los dos tragan agua.

Segundo profesor Lo dice el propio Ausonio: «En medio del terreno que mira hacia el mediodía, hay un coliseo sepultado junto a un pie todo de mármol». ¡Ahí queda eso!

Casi obedeciendo a un gesto del taxista, ambos se duchan uno a otro.

Ingeniero ¡Imposible!

Excitado por la orgía de abluciones, el taxista saca un gran pañuelo tipo servilleta, seca el rostro del ingeniero como un barbero cuando acaba de afeitar, luego anuda la servilleta al cuello del supuesto «cliente», agarra la botella y comienza a rociar la cabeza del mismo friccionando con gran habilidad. Para terminar, le peina.

Primer profesor ¡Eso digo yo: imposible! ¿Cómo creerse una barbaridad semejante? ¡Sólo un depravado podía llegar a tanto! ¡Ah, me muero de ganas de excavar, perforar, abrir zanjas y trincheras para nuestra batalla! ¡Una pala, presto, mi reino por una pala!

Ingeniero Se lo ruego, profesor. No se soliviante de esa forma. Al contrario, yo en su lugar no me fiaría tanto del tal Ausonio. *(Distraídamente, pone en la mano del taxista una moneda de cien liras a modo de propina por el servicio prestado.)*

Empresario Eso es: ¡el que no sabe es como el que no ve!

Primer profesor Tiene razón, abundo en su opinión. Por desgracia, el departamento histórico del ayuntamiento sostiene la tesis de Ausonio y de mi colega, y exige pruebas.

Segundo profesor *(Continuando su quehacer, quita el polvo a la chaqueta del ingeniero.)* Sí, sí, pruebas. Excavar, perforar, abrir zanjas... ¡Mi reino por una pala!

Empresario ¿A qué viene tanta molestia y esfuerzo? Nosotros mismos podemos proporcionarles las pruebas.

Ingeniero También nosotros somos capaces de no encontrar nada. ¿Qué les parece?

Primer profesor Son ustedes demasiado amables.

Segundo profesor Demasiado, demasiado... Me dan ganas de llorar.

Primer profesor Yo también estoy emocionado. ¿No sería maravilloso, profesor? Nuestros amigos se encargarían de proporcionarnos las pruebas de la existencia o no del coliseo, y así podríamos dedicar nuestro tiempo a buscar las catacumbas milanesas.

Segundo profesor Oh, sí, las catacumbas... sí.

Señorita ¿Catacumbas en Milán?

Primer profesor Sí, catacumbas paganas.

Ingeniero ¿Y para qué querían los paganos catacumbas?

Segundo profesor ¡Está claro!... Se escondían para evitar que les mataran los cristianos... ¿No es así?

Primer profesor Exactamente.

Segundo profesor ¡Malos tiempos! Pero están volviendo.

Primer profesor Esto sucedió justo después del edicto de Constantino.

Segundo profesor Llamado el Pala.

Primer profesor Una vez obtenida la libertad de culto, los cristianos comenzaron a perseguir a los paganos.

Segundo profesor Palas en ristre.

Primer profesor Que a su vez tuvieron que excavar sus catacumbas.

Segundo profesor Sin palas. Con las manos.

Primer profesor En poco tiempo el subsuelo de Milán se convirtió en un inmenso queso gruyére.

Segundo profesor De ahí el problema suizo.

Ingeniero ¡Extraordinario!

Primer profesor Y tanto. Ahora comprenderá usted por qué un descubrimiento semejante no agradaría a determinada gente. Por eso tenemos que efectuar la investigación de manera totalmente privada e incluso clandestina.

Segundo profesor Y para la clandestina hacen falta fondos.

Empresario ¿Muchos fondos?

Segundo profesor Bueno, para empezar, bastaría con tres millones.

Ingeniero ¿Tres millones? ¿Sólo?

Segundo profesor Dejémoslo en cuatro. *(Agarra un vaso, lo llena y se lo bebe de un tirón.)*

Primer profesor Sé que es poco pero lo importante es comenzar. Luego, cuando la cosa se vaya poniendo en pie...

Ingeniero ¿Pie?

El taxista se acerca al empresario solapadamente y le suelta en plena cara gran cantidad de agua. Luego, diligente, se afana en secarlo.

Empresario Comprendo. Escuche, profesor: sin ánimo de ofender, yo le puedo dar los tres millones. *(Va hacia la caja fuerte.)*

Segundo profesor No, si no se ofende: es un hombre comprensivo.

Primer profesor Gracias, doctor. Le prometo que la primera catacumba llevará su nombre.

Empresario Es usted muy amable pero preferiría no figurar... Le hago un cheque.

Primer profesor No, mejor en metálico. Si no quiere figurar, evitemos los bancos.

Empresario ¡Bien dicho! *(Abre la caja fuerte.)* Precisamente tengo aquí liquidez para las pagas.

Primer profesor Bien. Hoy mismo haremos el informe en nuestra oficina. Si viniera alguien a fisgar, ustedes no se mojarán.

Ingeniero *(Que todavía chorrea agua por todas partes.)* Ya era hora.

Empresario Ahí tienen el dinero. Se lo envuelvo, o prefieren...

Segundo profesor No, nos lo llevamos puesto.

Empresario ¡Ja, ja! Siempre tan ingenioso, profesor.

Primer profesor *(Cogiendo el dinero.)* Hasta la vista... Y repitan conmigo: Ausonio, te la hemos pegado.

Señorita *(Dándole la mano arrobada.)* Profesor, espero que nos volvamos a ver.

Segundo profesor Esperemos que no.

Señorita *(Desilusionada.)* ¿Por qué?

Segundo profesor Porque si todo sigue tan bien, seguro que estaré en un taxi... y ya me fastidiaría que me reconocieran.

Señorita ¿Le da vergüenza viajar en taxi?

Segundo profesor No, al contrario: es la cosa que más me gusta del mundo... Me gusta casi tanto como usted... Pero comprenda que entonces es inútil mutilar a Mercurio y sacrificarle un cabritillo bien gordo para que se porte bien si luego a uno le reconocen vestido de taxista.

Señorita ¡Oh, profesor! ¡Qué difícil habla! Sea usted más sencillo...

Segundo profesor No puedo, ahora soy demasiado rico... ¡Adiós y gracias a todos!

Señorita Le acompaño.

Salen los dos falsos profesores.

Ingeniero ¡Vaya día!

Empresario Un día de suerte. Nos los hemos quitado de encima con unas migajas... Tres millones y, ¡hop! se acabó el problema.

Ingeniero ¡Ja, ja! ¡Les hemos dado pan para sus dientes!... Y creían que sabían latín, los profesores...

Empresario ¡A la salud de las catacumbas! *(Brinda y luego va a por otra botella al armario donde ha escondido el pie. Lo coge y lo observa divertido.)* Milán no ha existido nunca. Entonces, querido pedazo de pie, a ti quién te ha traído... ¿De dónde vienes?

Ingeniero *(Que se ha sentado y hojea el periódico, se levanta de golpe.)* Del museo municipal. ¡De ahí viene! Lee esto: «Pie de estatua romana robado por desconocidos. Este hurto insólito tuvo lugar la pasada noche. A la derecha, una fotografía de la estatua antes de la amputación. A la izquierda una ampliación del pie robado».

Empresario ¡Es él! ¡Es el mismo pie! *(Se le cae el pie, que indefectiblemente aterriza sobre un pie de ambos. Alarido en perfecta sintonía tonal que se mezcla con el cierre musical de fin de escena.)*

Oscuro en el que vuelve a alzarse el teloncillo y los muebles del proscenio salen de escena.

Escena tercera

Un apartamento decorado con cierta pretensión de buen gusto, pero con ostentación excesiva. Techo de arquitrabes sostenido por una hilera de columnas, una de ellas en el centro del salón. Entra el taxista ya en ropa de trabajo: cazadora de piel y visera. Lleva entre los brazos a una elegantísima señora desmayada. La mujer tiene una tirita en la nariz.

Taxista ¡Permiso! ¡Eh! ¿No hay nadie? *(En voz alta.)* ¡Señor! *(Volviéndose a la señora desmayada.)* ¿Cómo se llama su marido?

Señora ¿Y me lo pregunta a mí?

Taxista ¿A quién si no? ¿No me dirá ahora que no sabe el nombre de su marido?

Señora ¡Claro que lo sé, pero no se lo puedo decir!

Taxista ¿Por qué? ¿Es un secreto?

Señora ¡No! ¿Cómo voy a decírselo si estoy desmayada?

Taxista Ah, claro, qué estúpido... Está desmayada... Bueno, entonces, si me permite, voy a tumbarla en el diván.

145

Señora No, usted no tumba nada.

Taxista No aguanto más... Discúlpeme, pero pesa...

Señora Gracias por el cumplido. ¿Por qué no dice directamente que soy un baúl?

Taxista ¿Y eso qué tendrá que ver? Es que como el ascensor no funciona y he subido tres pisos peldaño a peldaño...

Señora No trate de arreglarlo, por favor... Es verdad, es verdad, he engordado de forma espantosa... Ah, pero en seguida voy a cambiar, sabe: desde hoy mismo me pongo a dieta, hago gimnasia...

Taxista ¡Por el momento soy yo el que está haciendo gimnasia, señora! Escuche, no puedo más. Deje que la tumbe ahí...

Señora Le he dicho que no. Si llega mi marido y no me encuentra entre sus brazos, menuda escenita. Nunca se creerá la historia del accidente. Venga, llámele más alto.

Taxista ¿Hay alguien?

Señora ¡Más alto!

Taxista ¡No aguanto más!

Señora Está bien, déjeme en el diván. *(El taxista lo hace.)* Para qué tanto desgañitarse, además... Si no contesta es evidente que habrá salido a buscarme, pobre amorcito... Ya está, ahora, mientras descansa, repasemos lo que tiene que decir.

Taxista *(Masajeándose los brazos.)* ¿Otra vez? ¡Ya lo hemos ensayado dos veces!

Señora No basta. Siga: yo haré de mi marido. Así que él entra y dice: «¿Qué ha pasado? Oh, Dios mío... Dafne!».

Taxista *(Sorprendido, encantado.)* ¿Dafne?

Dafne Sí, es mi nombre.

Taxista *(Tomando aliento.)* ¿Dafne? ¿Se llama Dafne? ¡Imposible!

Dafne ¿Por qué imposible? ¿Qué tiene de raro?

Taxista Todo. *(Exaltado.)* ¿Por qué no me lo ha dicho antes? ¡Cómo la iba a reconocer con esa tirita en la nariz!... Y además, ya se sabe, vestida es otra cosa. *(Pausa.)* ¿Sabe que desnuda está usted hermosísima?

Dafne *(Se sienta.)* ¿Me ha visto desnuda? Se lo ruego, no se lo diga a mi marido.

Taxista No tema, por Dios. Pero, disculpe, él no sabe que antes...

Dafne Lo sabe, lo sabe... *(Vuelve a tumbarse.)*

Taxista Ah, ya me parecía.

Dafne También él me conoció cuando me desnudaba pero le molesta mucho que se lo recuerden.

Taxista ¿Y sabe también lo del árbol?

Dafne ¿Lo del árbol? Ah, el árbol animado... Pero entonces me ha visto en mi primer número.

Taxista Sí, pieza número uno.

Dafne ¡Oh, no! ¡No me hable de ello, por favor! ¡Estaba tan desnuda! Hasta llegaron a censurármelo.

Taxista ¡También a usted la censuraron! ¡Qué desgraciados! Es una pena, estaba tan bella, blanca, lisa, y con las curvas tan perfectas, que al pasarle la mano por encima con los ojos cerrados era como acariciar *(breve pausa)* ...un guardabarros de mi taxi.

Dafne ¿Usted me ha acariciado?

Taxista Sí, perdone... Me aproveché de la oscuridad pero apenas la rocé... Una sola vez... Vaya, lo sabía, ahora me da vergüenza...

Dafne A mí sí que me da vergüenza. ¡Y pensar que en aquella época no me daba ningún reparo desnudarme! Me decían: «¿Qué te importa? Piensa que eres una estatua...». Yo hacía de estatua y mientras me ganaba una buena ración de pellizcos. Créame, el hecho de que esté al corriente de mis deslices me da tal corte que... Siento que no voy a poder repasarle el papel...

Taxista No, al contrario, repásemelo. ¡Prometo no volvérselo a mencionar! Entonces, estábamos en el momento en que su marido entra y... Hagamos como si su marido fuera este mamotreto de hierro. *(Señala una armadura de torneo que está en mitad del salón.)* Entra su marido y dice: «Oh, Dios mío, Dafne... ¿Qué te ha pasado?». ¿Y usted qué contesta?

Dafne Ah, no, yo no contesto. Yo sigo haciéndome la desmayada. Es usted quien habla.

Taxista Claro. Entonces hablo y digo: «Cálmese, no se preocupe, no es nada».

147

Dafne ¿Cómo que no es nada? Debe decir que es grave. ¿Cómo va a creerse si no que llevo cuatro horas sin conocimiento?

Taxista Claro. Desde el principio. «La señora está muy grave: tiene la nariz rota. Y eso que desde hace cuatro horas no ha recuperado el conocimiento...»

Dafne «Oh, pobre gato... ¿Cómo ha ocurrido?»

Taxista «Ha ocurrido...» *(Se atasca perplejo.)* ¿No habíamos dicho que se trataba de un perro?

Dafne ¿Cuál?

Taxista El que se me cruzó delante del coche y tuve que frenar para no atropellarlo. Si me lo cambia por un gato sin avisar...

Dafne Que no. Es mi marido quien me llama gato en momentos de ternura...

Taxista ¿La llama gato?... ¡Cómo se nota que nunca la ha visto desnuda! *(Un gesto de desaprobación.)* ¡Uy!

Dafne Me había prometido que no me lo iba a recordar más.

Taxista Se me ha escapado.

Dafne «¿Entonces cómo ha ocurrido?»

Taxista «Se lo he dicho: fue por culpa del perro... Pegué un frenazo y ella se estampó de narices contra la mampara del taxi.»

Dafne No, no: tiene que comenzar desde el principio. Desde cuando me monto en el coche.

Taxista «La señora se subió a mi taxi en la calle Pantano...»

Dafne «¿A qué hora?»

Taxista ¿Cómo a qué hora? ¿Y qué le importa a su marido la hora?

Dafne No le importa pero dígaselo igual: si no para qué fingir la historia del grave accidente que me ha hecho perder el conocimiento durante cuatro horas... Para eso le decimos la verdad: que he pasado cuatro horas con mi amante y que me he roto la nariz al bajar de su coche por el mismo lado por donde salió él y me dio con la puerta en la nariz.

Taxista Disculpe pero su amigo es un auténtico desgraciado. No se dan esos portazos, se sujeta la puerta. ¡Cómo va a querer uno a su mujer si no quiere a su coche!

Dafne Tiene razón. Ya no me quiere... Fíjese que me ha dejado ir sola a urgencias. Ni siquiera me ha acompañado, dice que para no comprometerse. «Ya sabes, allí siempre hay alguien de la comisaría que pregunta cómo ha sucedido, nombre y apellidos...»

Taxista ¡Qué cobarde! ¿Y usted quiere a un elemento semejante?

Dafne Lo sé, sé que se ha portado de manera espantosa, pero todavía le amo. Le desprecio pero le amo... Aunque él ya no me ame. *(Llora.)*

Taxista No, no se lo tome así. No llore, que luego tiene que sonarse la nariz y le dolerá.

Dafne *(Deja de golpe de llorar.)* Ah, sí, es verdad.

Taxista Ya verá cómo volverá a quererla. Perdone el atrevimiento pero por qué no prueba por lo menos una vez su número uno; ya sabe, una imagen vale más que mil palabras.

Dafne Vaya, ustedes los hombres siempre pensando en lo mismo.

Taxista Sí, es verdad. Yo lo pienso mucho. Pero eso tengo de bueno, que no pienso en otra cosa. *(Breve pausa.)* Quiero decir que nunca me distreré tanto como para dar un portazo en las narices a la mujer en la que pienso.

Dafne Por favor, sea amable: no me lo recuerde. ¿Seguimos?

Taxista Sí.

Dafne ¿Dónde estábamos?

Taxista En el gato *(corrigiéndose)*, el perro... Cuando el perro cruza la calle y yo pego un frenazo.

Dafne *(Gritando.)* «¿Era necesario frenar así?»

Taxista ¿Quién ha frenado?

Dafne No nos liemos... Es mi marido quien le hará esta pregunta.

Taxista «Ah, ¿por qué? ¿Qué pretendía? ¿Que me cepillara a ese pobre animal para salvar la nariz de su mujer? Le voy a denunciar a la sociedad protectora de animales.» ¿He dicho bien?

Dafne No, mal. Porque mi marido, mire por dónde, es el presidente de la sociedad protectora de animales. Tal vez sea mejor cambiarlo todo... Fuera el perro, y lo sustituimos por un borracho.

Taxista ¿No resultará después que su marido es también presidente de la sociedad protectora del perro borracho?

Dafne No haga chistes fáciles, no es el momento... De todas maneras, creo que es mejor un cojo que un borracho. Ya sabe, un pobre tipo sin una pierna... Es patético, ¿no?

Taxista ¿Sin toda la pierna? A mí me parece dramático. ¿No podría ser que le faltara un pie?

Dafne Nunca le hable a mi marido de pies si no quiere que se ponga hecho una furia.

Taxista ¿Por qué?

Dafne *(Va hacia un pequeño armario y saca el famoso pie.)* Mire, ¿Sabe qué es esto?

Taxista *(Distraído y con la armadura en medio, no ve el pie.)* ¿Quién?

Dafne ¡Esto!

Taxista ¿Cuál?

Dafne ¡Esto! *(Levanta el pie a la altura de su cara.)*

Taxista *(Fulminado.)* ¡El pie romano!

Dafne ¿Cómo lo sabe?

Taxista *(Traga saliva, cohibido.)* ¿El pie romano? *(Levanta los hombros hasta las orejas.)* Para alguien asiduo a los museos, basta con tener ojo. Y además está escrito en el talón: «Opus romanum». *(Para darse un aire desenvuelto, enciende un cigarro.)*

Dafne ¡Caray! ¿Y puede leer a tanta distancia? ¡Vaya vista!

Taxista Sabe, tengo algo de presbicia... ¿Y qué hace aquí el pie de Mercurio?

Dafne ¿De Mercurio? ¿Cómo ha sabido que es de Mercurio?

Taxista Por el... chisme ese de ahí... por el dedo gordo ese... sí, quiero decir, por el dedo pulgar. ¿No ve usted lo largo que es? También lo dice Homero. *(Levanta un brazo y declama.)* «¡Salve Mercurio, el del pulgar largo, el del breve meñique, el del índice mediano! Mercurio el del largo pulgar, más largo...» Y sigue así todo el rato. ¿Pero qué hace aquí Mercurio?

Dafne Es una historia demasiado complicada de contar... Tiene que ver con una estafa: le sacaron tres millones...

Taxista ¿Tres millones? ¿A quién?

Dafne A mi marido.

Taxista ¡Buenaaas! *(Hace una especie de pirueta, se encasqueta la gorra en la cabeza y va hacia el fondo, a la derecha.)*

Dafne ¿A dónde va ahora?

Taxista Lo siento, se ha hecho tarde... Y además prefiero no tener nada que ver con los que se enfadan al mentarles los pies.

Dafne *(Lo alcanza y lo obliga a retroceder.)* Ah, no. Usted no me está diciendo la verdad. ¿A qué viene este desplante? Consintió en ayudarme cuando se lo pedí y debe llegar hasta el final.

Taxista Lo siento, señora. Pero me lo he pensado mejor. Además, yo soy taxista y no me va eso de pegársela con la nariz a alguien a quien ya se la han pegado con los pies.

Dafne ¡Habló el moralista, el hombre íntegro! Ahora se lo piensa pero cuando antes le prometí el seguro de mi nariz a cambio de su colaboración no se ha andado con tantas ceremonias. Me he dado cuenta, ¿sabe? Lo que pasa es que no se fía... Está bien. ¿Sabe lo que voy a hacer? Darle todo por anticipado y en metálico, así se quedará tranquilo. *(Va a coger el dinero de un armarito que está a la izquierda.)*

Taxista No, señora, no insista, no es por los cuartos.

Dafne ¿Entonces por qué?

Taxista No se lo puedo decir... Disculpe pero me tengo que ir. *(Repite la acción de antes hasta llegar a la puerta de entrada.)*

Dafne Eso, váyase usted también. *(Se deja caer sobre el diván.)* Es mi destino... Todos me abandonan: primero el hombre que amo... *(sollozando)*, luego al que había pedido ayuda... Pronto hasta mi marido. *(El taxista se queda quieto conmovido, vuelve al centro del escenario. Está cohibido. Busca un cenicero para apagar el cigarrillo. No lo encuentra. Ve la armadura, levanta la celada del yelmo y tira dentro el cigarro.)* Además, esta mañana se han despedido la doncella y la cocinera... Así que estoy sola... Todos me dan con la puerta en la cara. E incluso portazos en la nariz.

Salen volutas de humo por la abertura del yelmo que corresponde a la boca.

Taxista *(Asombrado.)* ¡Fuma! *(Luego se acerca a la mujer.)* ¿Qué quiere que haga, señora? ¿No comprende que si me quedo acabaré en el trullo?

151

Dafne ¿Usted en el trullo? ¿Y por qué? Explíquemelo. *(Coge el sifón que está sobre el mueble-bar, levanta la celada del yelmo y rocía abundantemente.)*

Taxista Por mucho que le explique va a dar igual... Figúrese, su marido se va a creer la historia del taxi contada por mí... Acabará pensando que también usted está implicada en el timo del pie... *(Se acerca a la armadura para comprobar que la colilla se ha apagado del todo. Insospechadamente, de la celada sale un gran chorro que le ducha la cara.)*

Dafne ¿Cómo? ¿Está implicado en la estafa del pie?

Taxista Un momento. Quién ha dicho que yo...

Dafne Vamos a ver, ¿por qué no quiere confiar en mí? Le juro que no diré una sola palabra de lo que me cuente... *(Con dulzura, sonriéndole cómplice.)* Entonces, dígame la verdad, usted es uno de los dos compinches... Apuesto a que es el profesor especialista en juegos de palabras.

Taxista *(Desarmado.)* Soy él.

Dafne *(Festiva, va a su encuentro, le toma de la mano, y le acompaña hacia el diván.)* ¡Es él! ¡Ja, ja, es él! ¡Bravo! ¡Simpático! Si supiera lo que me reí cuando me lo contaron... ¡Un profesional como usted y lo voy a dejar escapar! Siéntese, siéntese, maestro... perdone que le haya humillado; y no se preocupe, mi marido no le reconocerá.

Taxista ¿Que no me reconocerá?

Dafne Teniendo en cuenta que no es buen fisonomista... Además, si se pone la barba, las gafas y el aire profesional que tenía el día del timo...

Taxista ¿Y si me reconoce?

Se oye un timbre.

Dafne *(Se levanta y vuelve a sentarse.)* Dios mío, es él, es él... Rápido, cójame en brazos... *(El taxista, aturdido, se sienta en las rodillas de Dafne.)* ¡No, no, usted a mí! *(El hombre se levanta y la mujer le salta literalmente a los brazos.)* ¡Diga «adelante»!

Taxista ¡Adelante, marido!

Otro timbrazo.

Dafne *(Mira por encima del hombro del taxista.)* ¿Viene?

Taxista ¿Viene el marido? *(Mira hacia la puerta rígido en mitad de la habitación, siempre con la mujer entre sus brazos, en la clásica postura de pastor de Belén que acude con su ofrenda.)* No viene.

Dafne ¿No viene?

Taxista No viene el marido.

Dafne Oh, Dios. Tal vez no tenga llaves.

Taxista ¿No tiene llaves?

Dafne Vaya a abrirlo. *(El taxista se gira hacia el diván con la intención de descargar a la mujer.)* ¡No me deje!

Taxista No la dejo *(Media vuelta. Se encamina hacia la entrada tambaleándose por el fardo.)*

Dafne Gracias. Lo siento si peso. Lo siento.

Taxista *(Llega a la altura de la puerta. Da una patada. La puerta se abre.)* Adelante, pase... No hay nadie.

Otro timbrazo insistente.

Dafne ¡Qué estúpida! Es el teléfono, sobre aquella mesa... Ande, conteste usted.

Taxista Contesto yo, sí. *(Sienta a la mujer sobre la mesa. Levanta el auricular.)*

Dafne *(Apuntándole.)* ¿Diga, quién habla? ¡Hable! ¿Diga? ¿Quién habla? *(El taxista jadea. Además se siente aturdido y no consigue articular palabra. La mujer le insta, nerviosa.)* Hable. ¿Diga? ¿Quién habla? ¡Hable!

Taxista ¿Diga? ¿Quién habla? Hable...

Dafne *(En voz baja.)* ¿Quién es?

Taxista *(Separa el auricular de la oreja y tapa con una mano el micrófono.)* Un ingeniero... No he entendido bien el nombre.

Dafne Ah, sí. Es Aldo, mi amante.

Taxista ¿Se lo paso? *(Al auricular.)* Espere un segundo, amante: le paso a la señora.

Dafne *(Le para la mano tapando el micrófono.)* ¡No, por lo que más quiera! Cuéntele el accidente.

Taxista ¿Qué accidente? ¿Por qué? ¿No lo sabe ya?

Dafne No haga preguntas. Cuénteselo y ya está.

Taxista *(De nuevo se acerca el auricular a la oreja.)* Sí, ingeniero, le escu... sí... no... no, no se ha equivocado de número, es la casa de los Mangelli, sí... *(A la mujer.)* ¿Para qué le voy a contar lo del accidente? ¿No lo sabe ya?

Dafne No haga preguntas. Hable *(Le fuerza a mantenerse a la escucha.)*

Taxista Sí... pero si me permite... Verá, ingeniero: doña Dafne ha tenido un accidente, un accidente de coche... ¿Que con qué coche? Con el suyo: ¿no se acuerda ya del portazo en la nariz?

Dafne *(Le arranca el auricular tapando el micrófono.)* No, por favor. Ese accidente no... el nuestro, el del taxi...

Taxista ¿Pero por qué?

Dafne ¡No haga preguntas! *(Le pone el auricular a la altura de la cara.)*

Taxista. ¡Oiga! ¿Sigue a la escucha? ¿Sí? Sí, ya sé que la señora no tiene coche, me refería al suyo... del otro, del taxista, ¿no? Es decir, el mío. ¡Cómo que quién soy! ¡Pues el taxista! ¡Se lo acabo de decir! ¡Despierte, ingeniero, y ponga atención a lo que estoy diciendo!... Eh, sí, sí, en la nariz... ¿Quién ha hablado de puertas? Ha sido un perro... Que no, la nariz no se la ha mordido el perro: el perro ha cruzado la puerta... *(se corrige)* la calle... Ha cruzado la calle a todo correr... Sí, por la derecha... No, no ha hecho ninguna señal... Y he tenido que frenar de golpe, así que se ha dado en la nariz... No, el perro no; la señora... No, contra el perro no... contra la mampara de cristal... ¿Quién ha dicho que la señora tiene un perro? ¿Y qué sé yo de quién es el perro? *(Pausa.)* No, no se ponga nervioso: el perro no se ha hecho nada.

Dafne ¿Se da cuenta? Se preocupa más del perro que de mí...

Taxista En cambio la señora ha estado desmayada durante cuatro horas. *(A la mujer.)* Ahora le voy a preocupar yo... *(Al teléfono.)* Seguro, cuatro horas, con la nariz partida más para acá que para allá... No, no la nariz más partida para allá... *(A la mujer.)* Me pregunta si se ha torcido la nariz.

Dafne Dígale que sí.

Taxista Sí, tiene la nariz partida para allá... Torcidísima... ¡Da una grima! Sí, está aquí. *(A la mujer.)* ¿Quiere hablar?

Dafne ¡No!

Taxista No quiere hablar. *(Pausa.)* Ella quisiera pero no puede porque está desmayada. *(A Dafne.)* Pregunta si puede venir a verla.

Dafne *(Al oído.)* No, no. Dígale que mi marido ha llamado y que llegará de un momento a otro.

Taxista Oiga, pruebe a llamar cuando su marido haya llegado ya de un momento a otro... *(Pausa.)* No, digo que su marido ha llamado hace poco... Su marido... *(levantando la voz)* su marido ha llamado hace poco que llegará... *(silabeando, molesto)* su marido... Disculpe, ¿tiene usted marido? El marido de la señora ha llamado hace poco que estará aquí de un momento a otro. Pruebe a llamar dentro de un poco si el momento u otro ya ha pasado y el marido ha llegado hace poco, usted al llamar dice diga y el marido también dice diga... ¿No dice diga? ¿Por qué? *(A la mujer.)* Dice que su marido no puede llegar: se ha marchado a Génova.

Dafne ¡Uy, madre!

Taxista *(Repite mecánicamente.)* ¡Uy, madre!... ¿Cómo?... Sí, estaba precisamente diciendo que se ha marchado a Génova a casa de la madre... el marido. *(Pausa para escuchar.)* ¿Que no tiene madre? ¡Ha muerto!... *(A la mujer, consternado.)* ¡Ha muerto la madre! *(Al micrófono.)* Ah, claro... Comprendo... pero... oiga... *(A la mujer, conmovido.)* ¡Está llorando! *(De nuevo al micrófono.)* ¿Pero cuándo ha muerto? *(Pausa para escuchar.)* ¿Hace tres años que ha muerto? *(Cuelga con rabia.)*

Dafne *(Va a sentarse en el diván.)* ¡Qué desgracia!

Taxista ¿Cómo qué desgracia? ¡Qué suerte, querrá decir! Él se marchó hace tres horas, usted puede decir que volvió a casa dos minutos después de que se fuera... Una hora de retraso, qué más da... Usted tranquila y yo tranquilo, que puedo marcharme sin riesgo de que me reconozca, ya me entiende...

Dafne Ya, pero mi nariz no se va a curar en una noche. Me han dado dos puntos, sabe.

Taxista Siempre puede contarle otro accidente... Que ha tropezado...

Dafne Ya, ahora que le ha contado al ingeniero la historia del taxi y además de esa forma tan disparatada... ¡Oh, Dios mío, vaya cristo!

Taxista Desde luego, un verdadero cristo... *(Ofendido.)* ¿Pero cómo? Ese le estampa la puerta en las narices y usted me obliga a contarle la historia del accidente de taxi y del perro.

Dafne Que no. Que el de la puerta no es él. Es otro.

Taxista ¿Otro amante?

Dafne ¿Qué tiene de raro?

Taxista No, nada. ¿Y lo va a dejar en dos o es que los colecciona como los sellos?

Dafne Vaya, seguimos con los chistes... ¿Qué sabe usted de mí y de los motivos que tengo para actuar así? ¿Con qué derecho se atreve a juzgarme? ¿Acaso me he permitido yo juzgarle por la estafa del pie?

Taxista Tiene razón, disculpe.

Dafne Entonces hágame el favor de irse. *(Se levanta y va hacia la puerta de la izquierda.)* Perdone si no le acompaño pero tengo que desvestirme.

Taxista *(La detiene incómodo.)* Doña Dafne, no es necesario que lo haga, le he pedido disculpas.

Dafne *(Fría, sin mirarlo.)* Está bien, acepto sus disculpas. Pero salga, por favor...

Taxista ¿Amigos como antes?

Dafne *(En tono aburrido.)* Sí, amigos como antes...

Taxista No es verdad... La ha tomado conmigo: ni siquiera me ha dado la mano, ni una sonrisa... Con todo lo que he hecho...

Dafne *(Ablandada.)* Está bien, ahí va la sonrisa... *(se le acerca)* la mano... ¿Quiere también un beso?

Taxista Ahora es usted quien me toma el pelo.

Dafne En absoluto... Ahí va el beso. *(Lo besa en la frente. El taxista se queda como embelesado.)* ¿Satisfecho? *(Con dulzura.)* Pero ahora márchese, que ese está a punto de llegar. Y el ingeniero no es como mi marido. Le reconocería al instante.

Taxista Ah, ¿es el mismo ingeniero al que timamos? ¿El socio de su marido?

Dafne Eso, diga ahora que la sociedad abarca también a la esposa.

Taxista No lo digo, y además me voy en seguida. Mucho gusto y gracias por todo. *(Va hacia la salida.)*

Dafne ¿Gracias de qué? Al contrario, siento haberle hecho perder todo el día. *(Sale por la izquierda.)*

Taxista No lo he perdido, lo he ganado. ¡Ah, qué bonito oficio el de taxista! Hasta luego. *(Sale a su vez pero vuelve a entrar en seguida. Sin querer, da un portazo.)*

Dafne ¿Quién es? ¿Eres tú, Aldo?

Taxista No, señora. Soy yo otra vez, Apolo.

Dafne *(Desde dentro.)* ¿Apolo?

Taxista Sí, el taxista.

Dafne *(Desde dentro.)* ¿Usted se llama Apolo? *(Se ríe.)*

Taxista Sí, pero, por favor, no se ría... Nunca se lo he dicho a nadie, ni siquiera a mi madre... Ni siquiera a ese amigo mío con el que pego los timos. Y nadie me ha llamado así... ni siquiera mi padre... Sabe, de pequeño era un poco feo... Era un poco feo hasta para mi madre... Así que me llamaron Febo, que también es Apolo pero la gente no lo sabe... Y al verme se ríe menos.

Dafne *(Desde dentro.)* ¿Y sólo ha vuelto para decirme su verdadero nombre? ¡Qué amable!

Taxista Sí, pero sobre todo para pedirle un favor... Quisiera que me dejara llevarme el pie. *(Lo recoge del diván.)*

Dafne *(Desde dentro.)* ¿Lo necesita para otro timo?

Taxista No, quisiera devolvérselo a Mercurio... La última vez que fui a verle me pareció un poco deprimido. Ni siquiera el cabritillo le ha levantado la moral. Y eso que le llevé uno bien gordo...

Dafne *(Vuelve a entrar. Lleva puesta un bata llena de puntillas y encajes.)* ¿Qué está diciendo? Un cabritillo gordo... Mercurio deprimido... ¡Qué loco! Está bien, llévese el pie deprisa, antes de que llegue ese...

Taxista *(Observándola cada vez más aturdido.)* Gracias, Dafne, perdón... señora.

Dafne Por favor... ¡Adiós, Apolo! *(El taxista sale caminando hacia atrás para volver casi al instante cerrando con violencia la puerta a sus espaldas.)* ¿Otra vez? ¿Qué pasa, Apolo? ¿Otro secreto que contarme?

Taxista No. Es que no puedo bajar: está subiendo...

Dafne ¿Aldo?

Taxista No, su marido.

Dafne Imposible... Si está en Génova...

Taxista Estoy seguro de que es él: lo he reconocido en seguida.

Dafne ¡Rápido, a sus brazos! *(Corre a su encuentro, y antes de darse cuenta, el taxista la tiene en sus brazos.)*

Entra el marido. Lleva un gran maletín negro y un impermeable color amarillo sobre el brazo.

Marido de Dafne ¿Qué ha pasado?

Taxista *(Vuelve la cara, preocupado de que le reconozca.)* Disculpe, ¿es usted el marido?

Marido Sí, soy el marido.

Taxista Tanto gusto. Entonces esta es su mujer.

Marido Lo sé, ¿pero qué ha pasado? ¿Qué se ha hecho en la nariz? ¿Y usted por qué vuelve la cabeza?

Taxista Me da mucha grima, no puedo mirarla... La gente desmayada siempre me da mucha grima. Desde niño...

Marido *(Posa el maletín en una silla, deja el impermeable, vuelve a coger el maletín, lo deja, coge el impermeable en una secuencia mecánica sin sentido.)* ¿Cuánto lleva desmayada?

Taxista Cuatro horas... Tiene la nariz toda partida más para allá que para acá. ¡Qué grima!

Marido ¿Qué hace ahí como un palo? Acuéstela en el diván.

Taxista No, ella no quiere...

Marido ¿Quién no quiere?

Taxista Ella. La enfermera que la ha atendido... Me dijo que tiene que tener la cabeza levantada... Y como no hay cojines...

Marido Tiene razón. Ha hecho usted bien. *(Recoge por enésima vez el impermeable y lo observa asombrado.)* ¡Caray, este impermeable no es el mío! El mío era negro... Y el maletín amarillo *(Se pone el impermeable.)* ¡Qué suerte haber perdido aquel tren! ¡Pobre Dafne! *(Va hacia el fondo.)* Yo tengo cojines en mi habitación... *(Sale por la izquierda por la misma puerta por la que entró Dafne.)*

Dafne ¡Bravo! ¡Ya ha visto que no le ha reconocido! Siga así. ¡Caray, si estoy en bata, esperemos que no se dé cuenta.

Marido *(Desde dentro.)* ¡Menudo desorden, hay ropa por todas partes! Medias, bodys... Juraría que cuando me fui no estaba toda esta ropa.

Taxista *(Acuesta a la mujer en el diván.)* Menos mal que tiene mala memoria... Pero me imagino que verá el body.

Marido *(Volviendo con un cojín bajo el brazo.)* Oiga, ¿quién ha tirado todos esos vestidos sobre la cama?

Taxista ¿Eh? ¿Qué vestidos? *(Repara en el pie de mármol olvidado en un sillón. Se quita la gorra y va a ponerla sobre el pie con el propósito de ocultarlo a los ojos del marido.)*

Marido ¿Está en bata? ¿Quién ha desvestido a mi mujer?

Taxista *(Interpretando el personaje del simple.)* ¿Eh? ¿Desvestido?

Marido ¿No me dirá que se ha desvestido sola? ¿Estando desmayada?

Taxista No, estando desmayada, no...

Marido ¿Entonces la ha desvestido usted? ¿Cómo se ha atrevido?

Taxista No, yo no me he atrevido... Ha sido la enfermera.

Marido Ah, bueno, si ha sido la enfermera, no hay más que hablar. *(Se inclina sobre la mujer, que continúa simulando un desmayo.)* Pobre gato mío... ¡Dafne, Dafne, contesta!

Taxista No la llame: la enfermera ha dicho que la dejemos descansar... Cuando vuelva en sí, vuelve en sí y sanseacabó.

Marido Ah, entonces no es grave... ¿Pero cómo ha sido?

Taxista ¿No se lo he contado? Entonces mire, voy a empezar por el principio. Pues estaba yo con mi taxi en la parada de...

Marido Déjese de principios y vamos al grano.

Taxista Ni hablar, tengo que empezar por el principio que si no me pierdo.

Marido ¡Se lo ruego, sea amable, no me tenga sobre ascuas!

Taxista Está bien. Entonces le hago un resumen... Mire, fue todo culpa de un perro... Es decir, de uno cojo... sin toda la pierna...

Marido *(Le apremia.)* Explíquese: ¿de un perro o de un cojo?

Taxista *(Al mismo ritmo impuesto por el marido de Dafne.)* De los dos... un cojo con un perro... Sabe, de esos que acompañan a los ciegos.

Marido ¿Estaba también ciego?

Taxista ¿Quién?

Marido *(Sin darle tregua.)* El cojo. Digo que si le guiaba un perro será porque también era ciego...

Taxista Bueno, sí... ¿Por qué? ¿Acaso he dicho que no era ciego? Era cojo y ciego... Una lástima.

Marido *(Como antes.)* Me lo imagino... ¿Entonces qué pasó con el pobre tipo?

Taxista Se me cruzó a todo meter...

Marido ¿A todo meter? ¿Ciego y cojo como estaba?

Taxista Ay, usted no tiene idea de lo deprisa que van cuando quieren... Sabe, tienen un oído finísimo.

Marido No diga estupideces... El oído... No se anda con el oído...

Taxista ¿Quién ha dicho que andaba? Iba en bicicleta... Ya sabe, una de esas de pedal de un solo eje que en el 18...

Marido ¿Un ciego en bicicleta?

Taxista Bueno, una bicicleta de mujer...

Marido ¿Un ciego en bicicleta, con bicicleta de mujer?

Marido y Taxista *(A dos voces.)* Con un solo eje, un ciego en bicicleta.

Taxista *(Completamente lanzado.)* Sí, pero el perro veía... Era él quien conducía...

Marido ¿El perro conducía? ¡Es una locura!

Taxista Es lo mismo que yo digo... Y luego nos sorprendemos de que haya accidentes. Oh, entendámonos, el perro no estaba en el manillar... Nooo, iba delante, atado a la bicicleta... abriendo camino. *(De un tirón.)* El otro pedaleaba en el pedal de un solo eje, pero el perro veía y todo iba como la seda.

Marido *(Retrocede unos pasos para poder abarcarlo todo.)* Continúe... Usted se lo topa de frente.

Taxista Pegué un frenazo y, ¡pataplán!, su mujer se estampa de narices contra la mampara de cristal.

Marido *(Gritando.)* ¿Era necesario frenar así?

Taxista *(Le observa guasón, le guiña un ojo, le da un codazo amistoso.)* Se ha aprendido bien la lección, ¿eh? Igual que en los ensayos. Muy bien.

Marido ¿Qué lección? ¿Qué ensayos?

Taxista *(Agresivo, calculador.)* ¿Qué pretendía? ¿Que para salvar la nariz de su mujer me cargara a aquel pobre animal... con pedal de mujer? *(Va a sentarse en el sillón.)*

Marido *(Le obliga a levantarse.)* No se las dé de humanitario: Explíqueme más bien cómo es que usted no se ha hecho nada.

Taxista ¿Y por qué? Si me hubiera partido la nariz también yo, todos tan contentos...

Marido ¡No se salga por la tangente! Si no me equivoco quien va delante siempre recibe el impacto mayor. Y no hay más cáscaras: o volantazo en el estómago o se rompe el cristal en la cabeza... Pero aquí no veo costillas rotas ni cortes de cristales... ¿Entonces cómo se explica?

Taxista *(Se vuelve a sentar.)* ¡Claro que no tengo nada roto! Voy sin cristal. Todavía hace calor, prefiero el coche descapotable.

Marido ¿Descapotable por delante?

Taxista Pues sí. Quería descapotarlo por arriba pero llueve. *(Asqueado él mismo de su descaro.)* Si no se lo cree eche un vistazo a mi taxi: está abajo, si quiere se lo enseño... *(Se levanta, hace amago de salir.)*

Marido *(Le retiene.)* Por Dios, le creo, le creo...

Taxista *(Se vuelve a sentar.)* Menos mal.

Marido ¿Menos mal que me lo he tragado, no?

Taxista No, decía que menos mal que no quiere ver el taxi. Porque, sabe, subírselo, con el ascensor que no funciona... No lo parece, pero pesa lo suyo...

Marido Oh, no... Nunca le permitiría que hiciera semejante esfuerzo.

Taxista ¡Qué amable!

Marido Bajaré yo para ver ese maravilloso coche descapotable por delante. *(Va hacia el fondo, se vuelve, retrocede algunos pasos.)* A menos que se decida a decirme la verdad.

Taxista ¿Qué verdad?

Marido Entonces bajo... *(Da media vuelta y sale rápidamente.)*

Taxista No, espere.

Marido Vaya, muy bien. Por fin se ha decidido.

Taxista No, quería decir que esperara para no dejar sola a la señora, la pobrecilla está volviendo en sí.

Dafne *(Se dispone, en efecto, a interpretar la escena del despertar.)* Ahhh... Ayyy... ¡Qué dolor! ¿Quién es? ¿Dónde estoy?

Marido *(Corre al lado de la mujer.)* Estás en casa, cariño... en tu casa... con tu Attilio...

Dafne *(Abre mucho los ojos en plan muñeca.)* Ah, sí... Hola, Attilio... ¿Quién es este señor?

Taxista *(Con una sonrisa de pastor hablando al Niño Jesús.)* Soy Apolo, el taxista... ¿No se acuerda?

Marido ¿Y cómo quiere que se acuerde? ¡Con el golpe que se ha llevado! *(Le acaricia la frente.)* Pobre amorcito, te duele mucho, ¿eh? Verás cómo mañana estarás ya curada.

Dafne *(Con voz quejumbrosa, arrastrada.)* ¿Qué ha pasado?

Marido Ha pasado que por un frenazo brusco te has golpeado con el cristal de su taxi. Por suerte te ha traído a casa en seguida y al menos ha tenido el reflejo de llamar a una enfermera... *(De golpe, al taxista.)* Y, por cierto, ¿por qué no ha llamado a un médico?

Taxista *(Molesto.)* Oiga, si se inventa historias por su cuenta y encima pretende que funcionen... Yo, a la señora... no la he traído en seguida casa, sino a urgencias. Y allí no tenía que llamar al médico: ya había uno esperando. La han curado, le han hecho radiografías... En fin, allí le han hecho de todo.

Marido ¿Incluso desvestirla?

Taxista ¿No le acabo de decir que ha sido la enfermera?

Dafne emite un gemido de desconsuelo.

Marido ¿Y no la han vuelto a vestir?

Dafne *(En tono completamente normal, para luego volver rápidamente al sufrido y arrastrado de antes.)* Pero, cariño, ¿con todo lo que tienen que hacer en urgencias quieres que encima me vistan? Y da gracias que me han desnudado con la prisa que tienen. Delante de mí había un señor que se había roto un pie y le han escayolado sin quitarle siquiera el zapato. ¡Cómo lloraba!

Marido *(Furibundo.)* ¿No te das cuenta de que este desgraciado, por no llamarle algo peor, te ha traído desnuda a casa?

Taxista *(Imitando sin darse cuenta la forma de hablar de Dafne.)* Vamos, si no hace frío... Todavía estamos en otoño.

Marido ¡Mi mujer desnuda en un taxi!

Taxista *(Con voz normal.)* Tranquilo, iba tumbada en el suelo, no la ha visto nadie.

Marido ¡Pero usted sí! ¡Usted sí que la ha visto! Y también la ha tocado... ¡La ha tenido desnuda en sus brazos!

Taxista Pero siempre volviendo la cara. Ya habrá observado que cuando ha entrado, yo...

Dafne *(Con un hilo de voz, casi cantando.)* Attilio, querido... ¿Por qué quieres ver siempre el mal en todas partes?

Taxista Por qué quieres siempre ver... ¡No nos pongamos católicos!

Dafne En lugar de darle las gracias por cómo se ha portado... Y además, mira, llevo bata... Está claro que nada más llegar a casa se ha preocupado en seguida de buscar algo para cubrirme... Tienes que reconocerlo.

Marido Lo reconozco, lo reconozco. *(Se sienta en el sillón donde está el pie tapado por la gorra. Levantándose de golpe.)* ¿Y esto? ¿De dónde ha salido? ¿Quién lo ha sacado del armario?

Taxista ¿Un pie con sombrero? *(Pausa, luego con decisión.)* Lo he sacado yo del armario para tapar a la señora. *(Se da cuenta del disparate.)* Pero luego he visto que era demasiado pequeño y lo he dejado allí.

Marido ¿Ha estado hurgando ahí dentro? ¿Buscaba dinero, eh? Ya comprendo la técnica: se provoca el accidente a una señora y con la excusa de llevarla a casa, aprovechando que está desmayada... *(Va hacia el pequeño armario.)*

Taxista ¿De qué dinero habla?

Marido *(Que ha abierto un cajón.)* Del que había aquí dentro y que ahora ya no está. Medio millón en metálico... Lo dejé aquí esta mañana. *(Caminando amenazante hacia el taxista.)* ¡Venga, menos rollos, suéltelo de una vez!

Taxista *(Lo esquiva con gesto decidido.)* ¿Y quién ha visto su medio millón? Señora, usted es testigo.

Marido Mi mujer no es testigo de nada. Espabile o llamo a la policía. Es más, voy a llamarla de todas formas, así dejará de hacerse el listo... ¿Se cree que me he tragado de verdad el rollo que me ha contado?

Dafne *(Cruza la habitación casi corriendo, hasta la mesa donde*

163

está el teléfono.) ¡Déjalo, Attilio! ¡A lo mejor te equivocas en lo del dinero!

Marido *(Hojeando la guía telefónica.)* No me equivoco, no me equivoco en absoluto... ¡Ya veremos si sigue mintiendo delante de la policía! Me voy a reír...

Taxista *(Tranquilo y provocador.)* No creo que se ría mucho.

Marido ¿Has oído? ¡Encima se pone chulo! ¡Timador, ladrón, abusador de mujeres, eso es lo que es!

Taxista ¡Ah, no! ¡Abusador de mujeres, no!

Marido ¡Abusador de mujeres, sí! ¡Y también guarro!

El taxista se gira de golpe tan violentamente que le da un calambre en los riñones.

Dafne Attilio, cálmate. Te estás pasando.

Marido Tranquila, que no me paso. ¿No ves la cara de maníaco sexual que tiene? Apuesto a que te ha desvestido él solo... ¡Conque la enfermera!... ¡Y luego te ha vejado!

Dafne ¿Qué dices? ¿Vejado en la nariz?

Marido ¡Sí, en la nariz! Es el típico objeto de su libido. ¡Monstruo, monstruo horrendo!

Taxista *(Se acerca muy despacio, con paso desmadejado.)* ¿Quién es monstruo horrendo?

Marido ¡Usted!

Taxista ¿Ah, sí? *(Le apunta con el dedo como si fuera un arma.)* ¡Pues si yo soy un monstruo horrendo, usted es un rinoceronte!

Marido *(Sonriéndole con aire de conmiseración.)* ¿Qué quiere decir? ¿Por qué rinoceronte?

Taxista Porque los rinocerontes tienen cuernos hasta en la nariz. *(Se lleva un dedo a la altura de la nariz para ilustrar mejor la alusión.)*

El marido se pone rígido, como paralizado.

Dafne ¡Apolo, se lo ruego!

Taxista ¡No, perdone! ¡Está diciendo palabrotas!

Dafne ¡Ya lo sé, pero dejadlo ya... Intentad razonar, ¡no seáis críos!

Marido *(Histérico, dando un puñetazo sobre la mesa.)* ¡No soy un crío!

Taxista *(Mortificado, objetivo.)* Tiene razón, lamento tener que reconocerlo pero usted no es un crío... *(Pausa, luego insolente.)* Sólo los rinocerontes adultos tienen cuernos en la nariz.

Marido *(Fuera de sí, agarrándole por las solapas.)* ¿Insiste? ¡Le voy a partir la cara, retire el insulto!

Taxista *(Sin descomponerse.)* ¡Retire primero el suyo!

Marido ¡No!

Dafne Apolo, se está buscando la ruina...

Marido ¿Pero qué haces, Dafne? Eso, ahora dale consejos a este monstruo. *(Le pega un empellón que produce el efecto contrario: es decir, el taxista se queda quieto y él aterriza en el sillón.)*

El marido se encuentra perdido. El taxista se le echa encima pero, inesperadamente, en vez de agredirle, le ayuda a levantarse y le arregla la chaqueta con amabilidad extrema.

Taxista. Perdone, me he equivocado. La culpa es mía: me he dejado llevar. Discúlpeme, retiro lo que he dicho. Usted no es un rinoceronte.

Marido Así me gusta.

Taxista Usted es una manada de rinocerontes... turubum, turubum... *(Mima, agitando los brazos, el avance arrollador de la manada.)* Porque su mujer no tiene un solo amante, sino dos y tal vez más...

Marido *(En tono agudo.)* ¿De quién está hablando?

Dafne *(Obvia.)* De Aldo y de Miguel...

Marido *(Divertido.)* ¿Y según usted esos son amantes de mi mujer?

Taxista Ja, ja... Seguro.

Marido *(Va a sentarse en el sillón con indolencia calculada.)* Oh, no me dice nada nuevo... Ya lo sabía.

Taxista ¡Así que el rinoceronte está contento! Supongo que también sabrá que yo me he prestado a toda esta historia para que crea que ella se ha pasado la cuatro horas desmayada en horizontal. Cuando en realidad ha estado en horizontal pero no desmayada.

165

Dafne *(Se incorpora y se sienta en el diván.)* ¡Apolo, eso es una maldad!

Taxista ¡Ya sé que es maldad! Es que esas risitas de cínico asqueroso me sacan de quicio.

Marido *(Deja caer los brazos a los lados del sillón y cruza las piernas para adoptar una postura lo más distanciada y serena posible.)* No, no es cinismo: es que entre los amigos de mi mujer y yo existen lazos de trabajo profundos, profunda estima y comprensión. Y, sobre todo, lealtad. Cosas estas que para la mente obtusa de un taxista no llegan a explicar que yo sienta orgullo sabiendo que lo que yo amo es amado con igual calor por mis amigos más queridos.

Taxista *(Le imita en la actitud afectada.)* ¡Así que el rinoceronte tiene la manada a su cargo!

Marido *(Finge no sentirse aludido, se levanta.)* Usted creía revelarme un secreto, cuando yo ya sabía perfectamente que hoy mi mujer había quedado con el ingeniero: me lo dijo ella misma antes de salir.

Taxista Pues en cambio se ha visto con el otro...

Marido *(Con indulgencia.)* ¿Quién? ¿Miguel?

Dafne *(Se deja caer en el diván, desmayada.)* ¡Oooh!

Ninguno de los dos se da cuenta.

Taxista Sí, ¿ve cómo no se entera de nada?

Marido *(Se sienta a su lado.)* ¡Ja, ja! Si Miguel lleva dos meses en Australia y no vuelve hasta Navidad. *(Le da una palmadita confidencial en la rodilla.)*

Taxista ¡Pues Feliz Navidad! *(Le devuelve la palmadita.)* De todas formas, ¿quiere explicarme cómo podía la señora estar con el ingeniero, si el ingeniero estaba con usted en la estación? ¡Felices Pascuas! *(Otro manotazo más sostenido que le hace literalmente pegar un bote.)*

Marido Dafne, ¿cómo podías?

La mujer, que estaba a punto de volver en sí, vuelve a perder el conocimiento.

Taxista Cuantas más preguntas, más desmayos.

Marido *(La toma por los hombros.)* Dafne, contesta... ¿Con quién estabas hoy? ¿Con quién has estado?

Taxista ¡Venga, hombre! ¡No grite así! ¡Habrá estado con alguno de sus amigos! ¡Los de la manada, turubum, turubum! *(Imita con la voz y con el gesto a una manada que avanza en estampida y luego se aleja desapareciendo en el horizonte.)* De esos que tanto le enorgullecen... Como se suele decir: «Quien tiene amigos, tiene tesoros». ¡Turubum... turubum!

Marido *(Desesperado, al borde de las lágrimas.)* Pero si yo no tengo más amigos que los dos que he dicho... No tengo más.

Taxista Bueno, ya se las apañará ella para conseguirle más.

Marido ¡Basta ya! ¿No ve lo desesperado que estoy? ¿No comprende que todo un castillo se me cae encima? ¡El castillo de la certeza, de la confianza que tenía en ella!... ¡Oh, Dafne, Dafne! ¡Contesta, contesta!...

Dafne *(Vuelve en sí.)* ¡Madre mía, la cabeza me da vueltas! ¿Qué me está pasando? Querido, no me mires con esa cara. Me asustas.

Taxista *(Sádico.)* Tiene cara de siniestrado: se le ha caído encima todo un castillo.

Marido Dafne, ¿quién era ese hombre?

Dafne Apolo, ¿qué le ha dicho a mi marido?

Taxista Marido, ¿qué le he dicho de su mujer?

Marido Mira, mira cómo se lo pasa... ¡Al monstruo no le basta con verme hecho polvo! ¡Monstruo!

Taxista ¿Ya estamos? *(En posición de partida para mimar el galope.)*

Marido ¡Sí, monstruo! ¡Porque sólo un ser tan innoble como usted puede disfrutar revelando la verdad al hombre traicionado! ¡Monstruo! Qué cierto era lo que decían los Evangelios apócrifos: «Sólo hay un hombre más canalla que Judas: el que abre los ojos al cornudo».

Dafne Es inútil que te desesperes, querido Attilio. Sólo tienes que decir «mea culpa». Vamos, tú te lo has buscado... ¿Te parece bonito cómo has agredido desde el principio a este pobre taxista? Le has llamado ladrón, maníaco sexual, monstruo... Es lógico que haya querido vengarse.

Marido ¿Pero tú, tú por qué me has mentido?

Dafne ¡Y dale con las ofensas! Nunca te he mentido... Me he roto la nariz en el taxi... No recuerdo cómo, cuándo ni por qué me desmayé... Esto te lo debe, óyelo bien *(hace mucho hincapié en la palabra)*, DEBE contar él... Si no, saco lo del pie...

Taxista ¡Ah, no!

Dafne ¡Ah, sí! ¡Ojo por ojo, pie por pie!

Marido ¿Qué estáis diciendo? ¿De qué pie habláis?

Dafne Apolo, es inútil seguir mintiendo. Creo que será mejor contarlo todo y no darle más vueltas.

Taxista Adiós taxi... *(Recoge la gorra y se la encasqueta en la cabeza.)*

Dafne Attilio, todo esto ha ocurrido porque el taxista sólo tiene un pie.

El taxista, de un respingo, trata de esconder un pie tras el sillón.

Marido Yo, la verdad, le veo dos...

Dafne Sí, pero uno es postizo *(El taxista empieza a caminar cojeando levemente. Poco a poco aumenta la cojera hasta dar la impresión de que uno de los pies se le ha desatornillado.)* Es un pie ortopédico... Por tanto, no puede conducir un vehículo público. No comprendo cómo ha conseguido la licencia.

Marido Yo sí: con los chanchullos de costumbre. Y luego los perjudicados son siempre los ciudadanos que pagan impuestos.

Dafne Ahora no te ensañes... Para que lo sepas, el pobrecillo tiene una familia numerosa que mantener y ha perdido un pie en la guerra. *(El taxista se queda paralizado como un monumento a la cojera.)* Sólo la desesperación le ha hecho correr el riesgo de la cárcel por conducir con un pie defectuoso.

Marido *(Apesadumbrado.)* ¿Por qué no me lo has dicho antes?

Dafne Reflexiona por un momento. ¿Acaso podía poner en peligro la vida, el futuro de este pobre desgraciado?...

Taxista *(De pronto olvida hacerse el cojo.)* ¿Desgraciado, quién? ¿Ahora también empieza usted?

Marido ¡Cállese y dé usted gracias al buen corazón, a la generosidad de mi mujer, que es un ángel! ¡Pobre amorcito mío...! ¡Y yo que he dudado de ti, que te he ofendido!... *(Precipitándose a encadenar un final.)* Y tú sufriendo tantas humillaciones por salvar a este maldito desagradecido, cojo... y ladrón!

Taxista ¡Pero qué manía!

Marido Pues sí, ladrón. Porque, a ver... ¿quién ha cogido el medio millón?

Dafne *(Rápida, con ímpetu.)* Yo... lo he cogido yo: no me atreví a dejar el dinero en casa sin nadie, así que me lo llevé conmigo... en el bolso.

Marido ¡Bravo! ¡Bien hecho! *(Va a mirar en el bolso de la mujer.)*

Taxista ¡Ahora hágame el favor de retirar eso de ladrón!

Marido ¡No, lo mantengo porque en el bolso no hay ni un duro!

Taxista ¿Y me mira a mí? ¿Qué tengo yo que ver?

Dafne Apolo, se lo ruego... Prometió que contaríamos todo.

Taxista ¡Ni hablar! ¡En hacerme pasar por ladrón no estábamos de acuerdo para nada!

Dafne ¿Hablamos del pie? *(Apolo vuelve a cojear.)* Attilio, sé que soy una estúpida sentimental. Sé que es un defecto ser demasiado generosa pero, qué quieres, le he dado el medio millón al taxista para pagar el seguro del coche que le vencía justo hoy...

Apolo se vuelve para mirar a la mujer, aturdido.

Marido Medio millón para su... ¡Estás completamente loca!

Dafne Querido, si él no está asegurado, de dónde sacamos los cuatro millones que nos corresponden por mi nariz rota...

Marido ¿Cuatro millones? ¿Estás segura?

Dafne Sí, sí. Segurísima. También lo dijo el médico de urgencias.

Marido Muy bien, muy bien, Dafne, has estado formidable... Mi gatito querido, cómo se ha ocupado ella en seguida de agenciarse la indemnización de su naricilla...

Taxista ¡Qué contento se pone ahora don sensible! *(Amaga*

169

la pantomima de la manada en estampida.) Turubum, turubum...

Marido *(Al taxista.)* De todos modos me firmará usted unas letras: el medio millón... no pensará pagármelo al galope. Y como en casa no faltan letras, me las firma en seguida y si te he visto no me acuerdo *(Abre un cajón del mismo armario de siempre.)*

Taxista ¿Qué voy a firmar yo?

Marido *(Sin volverse.)* Las letras, rápido.

Taxista ¡Tiene la cabeza como una olla llena de grillos! *(Con ímpetu.)* ¡Señora, ya basta! Usted sabe que... *(Dafne le señala el pie.)* Firmo, firmo lo que sea... *(Tira la visera al sillón.)*

Marido Aquí están: ya están preparadas. *(Invita a Apolo a sentarse a la mesa de la derecha.)* Basta con la firma. *(El taxista comienza a firmar.)* Bravo, si hasta sabe escribir... ¿Está seguro de que se llama Febo Minervini? ¿Y por qué mi mujer le llama siempre Apolo?

Dafne *(Aburrida, muy en actitud de la Andrómaca alejandrina.)* Apolo es el mismo que Febo, querido. ¡Vamos, no demuestres tu ignorancia!

Marido ¡Habló la intelectual de izquierdas! Será mejor que me digas cómo conoces su nombre. ¡Y no me salgas con que lo has leído en la placa de su taxi! ¿O es que es un taxi en plan peluquería: «Apolo's, taxista de señoras»?

Dafne *(Sin inmutarse.)* Pero, cariño, ya te he dicho que nos conocemos hace tiempo.

Marido Despacio, me has dicho que él te conocía a ti y no tú a él. Pero cualquiera diría que habéis hecho juntos la mili... ¡Sabes más cosas de él que de mí! ¡Y además cosas íntimas!

Dafne *(En tono agudo.)* ¿Cómo que íntimas?

Marido *(Agitando las manos.)* Pues sí: ¿qué hay más íntimo que un pie? Mira, querida, cuando dos personas del sexo opuesto llegan a hablar sin pudor alguno de sus pies...

Dafne *(Todavía en tono agudo para terminar en un la sostenido perfecto.)* ¿A dónde quieres llegar, Attilio?

Marido *(Con un nudo en la garganta.)* Por ejemplo, a la constatación de que nunca has hablado de pies conmigo.

Dafne *(Tierna, maternal.)* Pero él está mutilado. *(Mecáni-*

camente, ya como un reflejo inmediato, Apolo vuelve a cojear.) Es un caso muy particular.

Marido ¿Quieres decir que para tener intimidad contigo debería cortarme un pie también yo?

Dafne Que no, Attilio, cariño. Si ya andas mal con dos, imagínate con uno... *(Alude a la forma de andar de su marido: la típica del camarero próximo a la jubilación.)*

Marido ¡Se acabó! Sólo de pensar que has sido la amante de un taxista me vuelvo loco...

Taxista *(Saltando en tono alto.)* ¿Sabe? Nosotros también pagamos impuestos.

Marido ¿Has oído? ¡Lo reconoce! ¡Y con qué cinismo! ¡Para estar contigo basta con pagar impuestos! ¡Tú no eres mi mujer, eres un incentivo fiscal!

Dafne *(Cae de espaldas sobre el diván.)* ¡Oh, nooo!

Taxista *(En tono informativo.)* El incentivo fiscal se ha desmayado.

Dafne *(Se lleva las manos a la garganta.)* ¡Socorro, socorro, me ahogo!

Marido ¡Caray, me empieza a preocupar! ¿Sabe lo que le digo? Voy a llamar a un médico. *(Corre al teléfono.)*

Taxista ¡Qué esfuerzo! ¡Lo que ha costado!

Dafne ¡Oh, Dios, qué calor! *(Se desabrocha la bata a la altura del cuello.)*

Taxista La señora tiene calor, será mejor desvestirla.

Marido *(Que está marcando el número de teléfono.)* ¿Otra vez? ¿No la ha visto ya desnuda?

Taxista Lo decía por meterla en la cama...

Marido No, déjela. Será mejor no moverla hasta que llegue el médico. *(Al aparato, agitado.)* ¿Oiga? ¿Clínica Salus? Aquí Mangelli: ¿podría enviar un médico? Sí, Mangelli, calle Angeloni 9. Es urgente.

Médico *(Entrando.)* Permiso... *(Pregunta algo al taxista que ha salido a su encuentro.)*

Taxista El señor Mangelli es ese.

Marido Disculpe ¿Y usted quién es?

Médico Soy el médico.

Taxista *(Retrocede unos pasos.)* ¡Ooh!

Marido ¡Caray, vaya prisa se ha dado!

Médico *(Se quita el abrigo.)* Claro, cuando se trata de un caso urgente, hay que darse prisa.

Taxista ¿Ha visto? ¡Y luego hay quien critica la sanidad pública!

Marido Pase, doctor. Es mi mujer... Se ha desmayado. *(Le acompaña hasta el diván.)*

Médico Me lo imaginaba. *(Se inclina sobre la mujer y comienza a examinarla con cuidado empezando por la nariz.)*

Marido ¡Qué intuición!... Disculpe. ¿Cree que se trata de una hemorragia?

Médico En absoluto, la nariz está perfectamente... ¿Cuánto tiempo lleva sin conocimiento?

Marido Esta vez, unos cuatro minutos. Pero antes estuvo sin sentido cuatro horas.

Médico *(Le toma el pulso.)* ¿Cuatro horas? ¡Imposible!

Marido ¡Cómo que imposible! Él es testigo, la ha traído a casa en taxi.

Médico Y pensar que después de la intervención estaba perfectamente. ¡Quién lo iba a decir! *(Saca del maletín un estetoscopio y en seguida empieza a auscultar el corazón de la mujer.)*

Marido ¿Después de la intervención? ¿Y cómo lo sabe?

Médico Lo sé porque la intervención se la he hecho yo.

Marido ¡Ja, ja, qué tonto! Entonces ha venido por su cuenta y no por mi llamada.

Médico Sí.

Taxista ¡Habría sido genial! Uno llama: oiga, venga rápido, se lo ruego. ¡Ring! Y aquí estoy.

El médico indica que bajen la voz.

Marido *(Al taxista y hablándole a la oreja.)* Perdone, ¿no ha reconocido al doctor?...

Taxista No, yo sólo conocí a la enfermera. Quería conocer al doctor pero no me han dejado.

Marido *(Vuelve junto al médico, que ha terminado de auscultar.)* Ha sido muy amable al tomarse la molestia otra vez... Gracias.

Médico No, no me dé las gracias... Todo lo contrario, debo admitir que he cometido un error.

Marido ¿Porque se le ha quedado torcida la nariz? Bueno, no es grave. Insistió mucho para que le dejara hacerse la cirugía plástica. Decía que la tenía demasiado larga y ahora estará contenta. Ya que se la va a enderezar, acórtesela de paso. ¿Cuesta lo mismo, no?

Médico No, no.

Marido *(Preocupado.)* ¿No cuesta lo mismo? Bueno, doctor, ya nos pondremos de acuerdo. Sólo serán unas diez mil arriba o abajo...

Médico No, decía que mi error no tiene nada que ver con la nariz de la señora, sino con no haber prestado la debida atención al informe del análisis de sangre antes de la intervención. *(Saca del maletín el aparato para medir la presión y hace que el empresario le ayude sujetando en alto el brazo de la mujer.)*

Marido ¿Por qué? ¿Qué decía el informe?

Médico Decía que su esposa padece un principio del síndrome de Johnson and Parker.

Marido Es decir...

Médico Un tipo de enfisema pulmonar. Esto es, su mujer, o mejor, sus pulmones, tienen dificultad para producir oxígeno, así que su sangre posee una baja cantidad de esta sustancia.

Marido ¿Baja en oxígeno? ¡Con todo lo que me gasté el año pasado en mandarla a la montaña entre pinos!

Médico Los pinos no tienen nada que ver. Es el sistema de oxidación lo que no funciona. *(Comienza a inflar la perilla.)*

Marido ¿Y qué le puede pasar?

Médico De momento, nada especial: algún desmayo de vez en cuando... Más adelante, con el progresivo empobrecimiento de oxígeno en el sistema circulatorio, comenzará a azulear.

Marido ¿Comenzará a qué?

Médico A azulear: se pondrá azul... Primero los ojos, luego la piel y el pelo...

Marido ¿Toda azul?

Taxista ¡Toda desnuda y azul! ¡Qué hermosa! *(Inconsciente, desvariando.)* Estará más hermosa que blanca... ¡Parecerá un ángel!

Médico De hecho, también lo llaman el «morbo de los ángeles». Tal vez porque inevitablemente conduce al cielo.
Marido ¡Al cielo! ¿Es decir que se muere?... ¡Oohh! *(Se desmaya desplomándose en el sillón.)*

El médico no se da cuenta.

Taxista Doctor, también se ha desmayado él... Dígame, ¿no será contagiosa esta enfermedad azul?
Médico *(Acude corriendo junto al empresario.)* ¡Qué dice! ¡Maldita sea, hoy no hago más que meter la pata! ¿A santo de qué le habré dicho lo de los ángeles que se mueren?

La mujer da señales de vida: mueve los brazos lentamente en un amago de danza.

Taxista Menos mal que va por turnos... Uno se desmaya, la otra vuelve en sí. *(A Dafne.)* ¡Bienhallada, señora! Ha llegado el doctor.
Dafne *(Ve a su marido desplomado en el sillón.)* ¿Qué le ha pasado a mi marido?
Taxista Nada, señora, nada. Le ha relevado un rato.
Dafne ¡Pobre amor mío! ¿Qué le ha ocurrido?

El taxista advierte que el empresario está tumbado sobre su gorra. Se las apaña para sacarla de debajo manejando al desmayado como si fuera un muñeco: le obliga a plegar el busto hacia adelante, luego le hace balancearse con tal violencia que le impulsa a levantar las posaderas del sillón. Una vez sacada la gorra, se la encasqueta en la cabeza y se agarra a la visera como dándose fuerzas para volverlo a tender en la postura inicial.

Médico Señora, déjelo correr: su marido está como una rosa. En cambio usted no está nada bien. Sus desmayos prolongados no se deben a otra cosa que a una carencia más bien elevada de oxígeno en la sangre.
Dafne ¿Qué desmayos ni qué desmayos? ¡Sólo se me ha ido un poco la cabeza!

Taxista *(Todavía en pleno trajín con el marido de Dafne.)* ¡Sí, se le ha ido la cabeza! ¡Ha sido un desmayo tras otro! Siga usted así y ya verá cómo se pone azul. Toda desnuda y azul con lunares azules.

Médico ¡Cállese!

Dafne ¿Qué?

Médico Tranquila. La enfermedad está todavía en su fase inicial. Si la atajamos de raíz no será difícil salvarla.

Marido *(Vuelve en sí. Quiere levantar el busto pero cae hacia atrás sin fuerzas.)* Dafne, oh, Dafne mía... Ángel no me dejes, no remontes el vuelo.

El taxista tira de la visera encasquetada en la cabeza del empresario, que se queda sentado.

Dafne ¿Delira?

Médico No, es sólo la impresión al enterarse de su enfermedad. *(Se acerca al empresario y trata de quitarle la visera, que, encasquetada como está, no sale. Lo intenta de un tirón.)*

Taxista ¡No, que me la rompe! *(Agarra la visera delicadamente y la gira como desenroscándola de la cabeza del empresario. Bastan algunas vueltas y sale casi por sí sola.)*

Dafne *(Sinceramente conmovida mientras el médico se afana en medir la presión también al marido.)* ¿Te has desmayado por eso? Sólo por mis mentiras... No, no puedo verte sufrir así... ¿Sabes cuál es la verdad? Pues ahí va: nunca tuve ningún accidente de taxi ni perdí el conocimiento... Todo es mentira, una estúpida mentira irresponsable que ha hecho que el doctor se engañe también.

Taxista Así que devuélvame mis letras y no hablemos más.

Marido *(Mueve la cabeza como un autómata.)* No... no...

Taxista ¿Cómo que no?

Marido *(Con la cabeza caída.)* No, mi querida y dulce Dafne. Te agradezco ese maravilloso sacrificio que haces de tu honestidad de esposa para liberarme del dolor que me causa saberte ya perdida... Pero no puedo aceptar... Tu gesto es hermoso, pero no puedo aceptarlo... Aunque habría preferido, por amor a ti, ser mil veces rinoceronte antes que viudo.

Dafne *(Se incorpora con esfuerzo, tendiendo los brazos.)* Attilio, créetelo, es la verdad. Nunca te quedarás viudo...

Taxista *(En el mismo tono, sin recalcar.)* Sólo serás rinoceronte.

Dafne Exacto... Eso es, dígaselo usted, doctor.

Médico *(Guarda el aparato de medir la presión.)* Están los dos equivocados. Su marido por malinterpretar y agigantar la gravedad del mal, y usted por creer que los desmayos son los únicos indicios en los que se basa mi diagnóstico. Como le he dicho antes a su marido, he tenido conocimiento de su enfermedad tras comprobar el informe del análisis de sangre. *(Saca del maletín un estuche que se parece a los que contienen jeringuillas para inyecciones.)*

Taxista ¡Así que adiós letra!

Dafne ¿Entonces estoy enferma de verdad? ¿Qué tengo que hacer? *(Reparando en el estuche.)* ¿La jeringuilla? No, no, pinchazos, no, que me dan miedo.

Marido ¡Querida, no empieces otra vez!

Médico *(Abre el estuche y muestra a la mujer una linterna para examinar el fondo del ojo.)* No harán falta ni inyecciones ni pastillas. Por desgracia, aún no se han encontrado fármacos eficaces para curar este mal.

Dafne ¿Me moriré?

Marido Entonces ¿doctor, admite que es grave?

Médico Déjeme terminar... Existe, no obstante, un sistema que se ha experimentado en Suecia hace unos meses con resultados realmente excelentes: el sistema denominado de circulación siamesa. El término «siamés» o de los gemelos siameses explica por sí solo en qué consiste el tratamiento. *(Apenas el taxista enciende un cigarro, el médico se lo quita de la boca, le toma por un brazo, se lo levanta y prosigue su discurso mimando las diferentes fases de la intervención.)* Es decir, al injertar la circulación sanguínea del sujeto pobre en el sistema de otro sujeto rico. El rico bombeará oxígeno para el pobre... *(Baja y levanta el brazo del taxista rítmicamente: de la boca de este último salen, sincronizadas, volutas de humo.)*

Taxista *(Se libera de un tirón.)* Disculpe, doctor. Un sistema así funcionará en Suecia pero aquí en nuestro país acabarán por dejarle al pobre sin el poco oxígeno que tenía.

Marido ¡No es momento para chistes! Está en juego la vida de mi mujer. *(Al médico.)* ¿Le importaría decirme cómo se obtiene esa doble circulación?

Médico Injertando las dos venas ascendente y descendente de las muñecas. *(Con gestos descriptivos.)* En pocas palabras, la sangre de la señora, al salir a través del injerto, entrará en el sistema circulatorio del otro para volver enriquecida de oxígeno al propio.

Taxista ¡Caray, están en todo! Es el mismo sistema que el de la bomba para cambiar el aceite, la del circuito cerrado.

Médico Exactamente: una bomba auxiliar de recambio. Una bomba humana, en resumen.

Dafne ¿Y yo tendría que estar toda la vida colgada de una bomba? ¡Es espantoso! Con la muñeca pegada a la de otro... ¿Cómo podré tocar el violín?

Marido Pero, querida, ¿desde cuándo tocas tú el violín?

Dafne hace un gesto de contrariedad.

Médico *(Coge de nuevo el brazo de Apolo y vuelve a usarlo como si fuese una bomba.)* De todos modos, no será para toda la vida, señora. Sólo el tiempo necesario para que su aparato oxigenador se recupere gracias a que otro trabaja para usted, y estará curada. Bastará con un mes.

Siempre en sincronía con el gesto del médico, Apolo emite volutas de humo.

Dafne ¿Un mes? ¿Y le parece poco?

Taxista *(Que ha agotado las reservas de humo, al médico, que continúa distraídamente bombeando.)* No tengo más... *(Tose vaciado.)*

Marido Cariño, pasará rapidísimo y será el mes más hermoso de nuestra vida. *(Idílico.)* Te imaginas, cogidos de la mano como en los buenos tiempos, tú y yo...

Dafne *(Conmovida.)* ¿Tú y yo?

Marido Sí, acabo de decidir que yo seré tu bomba auxiliar.

Dafne ¡Eres un ángel!

Marido ¿Verdad, doctor?

Médico No. Por desgracia la cosa no es tan fácil. Ante todo, ¿cuál es su grupo sanguíneo?

Marido ¿El mío? No lo sé.

Médico Tendrá que hacerse un análisis en seguida.

Marido ¿Análisis? Si me lo he hecho hace justo un mes en la clínica Salus para el pasaporte. En seguida llamo y que me lo lean. *(Va hacia el teléfono.)*

Médico ¿Análisis para el pasaporte?

Marido Sí, tenía que ir a Estados Unidos... En fin, para el visado. Me volvieron loco... *(Marca el número.)* Decían que si era progresista... vamos... ¿dónde se ha visto un industrial progresista? Al final se enteraron de que luché en África contra los negros y hasta me concedieron un visado especial. *(Al micrófono.)* ¿Oiga? ¿Clínica Salus? Aquí Mangelli... Quisiera... *(Baja la voz.)* ¿Quiere hablar usted? *(Le pasa el auricular al médico.)*

Médico Sí, tal vez sea mejor. *(Coge el auricular y empieza a hablar en voz baja. El empresario permanece a su lado.)*

Taxista *(Con mala idea.)* Mangelli, un doctor en ciencias empresariales como usted que no conoce su grupo sanguíneo es un doctor peligroso.

Dafne ¿Por qué? ¿Usted conoce el suyo?

Taxista ¡Desde luego! Mire, tengo aquí el carné. *(Se saca un carné del bolsillo de la chaqueta y se lo da a la mujer.)*

Dafne ¿Donante de sangre? ¡Es donante! Mis felicitaciones, es muy hermoso... muy altruista...

Taxista No lo he hecho por altruismo. Estaba en Suiza y sin empleo... Y como por cada litro que me sacaban me daban unas tres mil liras, pues me ofrecí. Luego descubrí que salía perdiendo. Con tres mil liras no me llegaba ni para reponer la cuarta parte de la sangre. Así que mandé todo al garete y me volví a Italia.

Dafne ¿Por qué? ¿Pagan más en Italia?

Taxista Desde luego.

Dafne ¿Y eso?

Taxista Tal vez porque la sangre es el único líquido que todavía no han conseguido fabricar a base de polvos y mucho menos con jabón.

Médico (*Alza la voz.*) No, por ahora me interesa sólo el grupo... ¿Grupo B? Vale, gracias. (*Cuelga.*)

Marido ¿Has oído, Dafne? Vale...

Médico (*Anota algo en una libreta.*) He dicho: vale, gracias, no que vale el grupo. Lo siento, pero no vale. Al contrario, sería nocivo, por no decir trágico, para ambos.

Marido ¿Por qué?

Médico No se pueden mezclar grupos distintos. Usted tiene el grupo B y la señora el AB, que, por desgracia, es un tipo de sangre dificilísima de encontrar. Tan rara que la llamamos «sangre honrada».

Dafne Es muy amable, doctor. Gracias.

Marido ¿Quiere decir que quien tenga el B está deshonrado?

Taxista Pues sí, fíjese que se ve a simple vista que usted tiene el B. No hacía falta preguntarlo en la clínica.

Marido ¿Y usted que no hace más que jorobar, qué grupo tiene?

Taxista Honrado. Grupo AB, factor RH positivo. (*Muestra el carné.*) Compruébelo, por favor.

Médico (*Coge el carné.*) ¡Genial! También la señora tiene RH positivo. Y además (*leyendo*): «Oxígeno: 40% de capacidad»... Si es el máximo porcentaje. Bravo, enhorabuena. (*Le coge la mano y se la estrecha.*) No se hace idea de la suerte que tenemos la señora y yo por haberle encontrado.

Marido (*Tira de la muñeca del taxista liberándolo de las manos del médico.*) Alto ahí, doctor: ¿no estará pensando en este mamarracho como bomba auxiliar?

Médico (*Vuelve a coger la mano del taxista y la agita con violencia.*) ¿Por qué no?

Marido ¿Él la bomba de mi mujer? ¿Una bomba coja? (*Se repite la acción de antes.*)

Médico Desde luego, si no le parece bien, se podría buscar otra bomba que sea de su agrado. Pero hay que haber nacido de pie para dar con ella.

Al taxista le empieza a oscilar un brazo arriba y abajo y no consigue pararlo.

Marido La encontraremos aunque nos cueste dinero.

Médico Le costará. Y mucho. No se preocupe...

Marido Eh, no. Si me dice eso cómo no me voy a preocupar... ¡De todas formas, haga lo que quiera, pero ese con mi mujer no! ¡Ya sólo me faltaba tenerlo todo el día pisándome los talones, siempre pegado a ella, hasta en la cama! Estaría bueno, no duermo yo con mi mujer porque dice que ronco y tendría que aguantar que otro...

Taxista Yo no ronco.

Dafne *(Entusiasta.)* ¿De verdad?

Marido No le hagas caso, Dafne. Me gustaría preguntárselo a su mujer...

Taxista ¿A mi mujer?

Marido Sólo las mujeres saben si el marido ronca o no.

Taxista Lo siento por usted pero no tengo mujer.

Marido ¿Cómo? ¿No está casado? ¿Y todos esos hijos que decía que tenía que mantener?...

Taxista Ah, sí, los hijos de mi amigo... Se quedó viudo muy joven y como no encontró una mujer buena que quisiera casarse con él...

Marido *(En el mismo tono, concluyendo.)* ¡¿Se casó usted con él?!

Taxista *(Repite mecánicamente.)* Me casé yo con él. *(Dándose cuenta.)* ¡No! Yo educo a sus hijos. *(Finge exasperación.)* Además, a usted qué le importa si yo estoy o no estoy... ¿Acaso le he pedido que me busque una novia?

Dafne *(Otra vez muy en Andrómaca alejandrina.)* Attilio... querido, no seas pelma, si no quiere echarse novia, ¿por qué insistes?

Marido ¡Oh! ¿Ha oído, doctor? Mi mujer quiere un gemelo virginal todo para ella.

Dafne ¿Yo?

Marido ¡A la señora le parece mentira poder volver a convivir, a condormir con su Apolo's, taxista de señoras!

Dafne Oye, ¿te has vuelto loco? ¡Me ofendes, sabes! No me vuelvas a dirigir la palabra. *(Se envuelve en la amplia bata escondiendo hasta la cara.)*

Médico Me parece que está sacando los pies del tiesto.

Marido ¿Yo?... Es usted quien me quiere sacar del tiesto para que se meta otro.

Médico *(Coge el maletín y el abrigo.)* Basta, ahora me ofende. Ya no quiero nada: le he expuesto la única manera de salvar a su mujer. Pero haga lo que le parezca. Si quiere, buscamos otra bomba, y le deseo que encuentre una dispuesta a cargar con semejante sacrificio. *(Se pone el abrigo.)* Y en el caso de encontrarla, ¿cuánto tardaríamos? Un día, dos días, una semana... No olvidemos que el tiempo juega en contra nuestra. Hoy por hoy, el mal está todavía en un estadio curable, pero no garantizo lo que pueda pasar en el futuro. Dentro de cuatro días puede ser demasiado tarde. *(Va hacia el fondo.)*

Marido ¿Cuatro días? ¡Oh, Dafne querida!

Dafne No, no... Déjame en paz, me has ofendido... Estoy encantada de morir. ¡Pero no te creas que te dejo mis joyas, mis pieles y mis vestidos para tu futura mujer! ¡No! Me lo llevaré todo a la tumba conmigo. Encargaré una tumba con armario empotrado.

Marido Oh, Dafne, te lo ruego... No hables así.

Médico *(Que se había detenido al fondo, vuelve al proscenio.)* Escuche, yo en su lugar no perdería el tiempo en inútiles cuestiones de principios y pensaría en conservar esta bomba *(señala al taxista)* que el destino nos ha deparado tan generosamente.

Marido De acuerdo... Si es por tu bien, Dafne, cógete la bomba que quieras.

Taxista *(Interviene entre los dos.)* Sin prisas... ¿Por quién me han tomado? «Me la llevo, no me la llevo, se la envuelvo...» ¡Todavía no tengo cuentalitros con taxímetro! De acuerdo, seré una bomba. Pero un poco de respeto por las bombas ajenas. Además, ¿quién les ha dicho que estoy conforme? Entendámonos... No me importaría, al contrario... La señora habrá comprendido, y el marido también, de qué pie cojeo...

Marido Claro, del que no tiene... ¡Pobre Dafne, tener que asistir al momento en que se quite el postizo!

Taxista Tranquilo, que no me lo voy a quitar.

Marido ¿Duerme con la prótesis?

Taxista Sí, pero no voy a dormir con su mujer.

Marido ¿Por qué? ¿Ya no le gusta mi mujer?

Taxista No se ofenda ni se enfade: me gusta muchísimo, todavía más que antes. Pero tal y como están las cosas, la prefiero desnuda.

Médico ¿Desnuda?

Marido Sí, doctor. Este sinvergüenza la ha visto desnuda. Y varias veces. También hoy, parece ser.

Médico ¡También hoy! *(Interesado.)* ¿Y cómo es, cómo es?

Marido *(Abre los brazos, melodramático.)* Doctor, si a usted también le da por ahí, estamos...

Médico *(Yergue el busto.)* Preguntaba desde un punto de vista estrictamente clínico.

Taxista Es un monumento. Y la prefería así. En cambio en su forma actual me acepta sólo porque se ve obligada a ello: o yo o la muerte. Soy una bomba y nada más: una bomba antifúnebre.

Dafne *(Sincera, dulcísima.)* No, Apolo. Es una bomba de oro, la más valiosa que conozco.

El taxista la mira tragando saliva. El empresario fuerza al taxista a desviar la mirada de la mujer.

Marido Entonces, vayamos al grano. Porque ya sé yo a dónde llevan tantas zalamerías. ¿Cuánto quiere por el trabajo?

Taxista ¿Qué trabajo?

Marido Lo digo porque tendrá que dejar el taxi durante algún tiempo. ¿No pretenderá que mi mujer se ponga de cajera suya en lugar del taxímetro?... ¿Le parece bien cincuenta al mes?

Diálogo picado, sin pausas.

Taxista ¿Cincuenta mil?

Marido Sí.

Taxista ¿Manutención y alojamiento?

Marido Pagado.

Taxista ¿Cigarrillos?

Médico No, lo siento, no podrá fumar.

Taxista Nada de fumar... ¿Vino?

Médico Vino... Algún vaso que otro pero poco más.

Taxista ¿Mujeres?

Marido ¿Cómo mujeres?

Taxista Quiero decir... ¿cómo hacemos con las mujeres? No pretenderá... en la misma cama...

Marido No habrá misma cama sino camas separadas.

Taxista ¿Cómo se hace? ¿Me cortarán el brazo? ¡Ya me han quitado un pie!

Marido Ya encontraré el sistema. Haré que traigan la cama aquí... encargaré una mampara estilo guillotina con un agujero para el brazo... y si te he visto no me acuerdo. ¡Y sanseacabó con el chollo del desnudo! Mejor le pongo un candado.

Taxista Un candado a su mujer... armadura de hierro, plumas y... ¡hala, a las cruzadas! ¡Piripipí, piripipí, turubum, turubum! *(Mima el trote de un caballo.)*

Médico Tiene razón, vamos, ¿no cree que exagera?

Taxista Déjelo ir. Si quiere ir a las cruzadas, que vaya. Pero antes de partir que me devuelva mis letras.

Dafne ¡Apolo, ahora es usted quien me decepciona! ¡Así que no es a mí a quien quiere salvar sino a sus letras! Gracias. ¿Entonces sabe lo que le digo? Que chantaje por chantaje, voy a sacar lo del pie.

Marido ¿Qué chantaje? Si yo ya lo sé.

Dafne No es de ese pie del que estamos hablando sino del otro.

Marido ¿Del otro? ¿Le falta también el otro pie? ¡Qué asco!

Médico *(Interviene decidido.)* Me sorprende que sigan discutiendo... Vamos, ¿dónde ha ido a parar el antiguo espíritu caballeresco? Aquí hay una dama en apuros y ustedes discutiendo de pies y letras, vamos...

Taxista Está bien... vamos.

Médico ¡Oh, por fin! Genial. Si no les molesta, les rogaría que me siguieran a la clínica. Es mejor proceder en seguida al injerto. ¿Quiere llamar a un taxi mientras la señora se viste, por favor?

Marido ¿Para qué? Ya tenemos el suyo. Nos llevará él y en el viaje de vuelta conduciré yo.

Taxista De acuerdo. ¿Quién pagará la carrera?

Dafne ¿Apolo, otra vez con los chantajes?

Taxista Por Dios, quiero decir que después de todo lo que han hecho por mí, sin pies, tres hijos que mantener, un brazo en la guillotina, medio millón de letras que pagar, convertido en bomba... *(con fuerza)* me permitirán ustedes que al menos les invite al taxi. Vamos. *(Sale por el fondo.)*

ACTO II

Escena primera

La misma escenografía del apartamento del empresario. La mujer y el taxista están bailando. Un extraño aparato los mantiene esposados por las muñecas: ella por la izquierda y él por la derecha.

Dafne *(Que evidentemente le está enseñando un paso de danza.)* Uno, dos... uno, dos, tres... ¡Genial! Ya ha visto que no es difícil.

Taxista No, no es difícil pero a mí me sale mejor el be-bop: taratá, taratá... *(Marca pasos frenéticos.)*

Dafne ¿Qué es eso? ¿Se ha vuelto loco? Pero no, no, no podemos... Estése quieto que arrancamos la sonda.

Taxista Hagamos una cosa: nos la quitamos durante dos minutos. Dos minutos al día se puede...

Dafne Sí, querido. Pero sólo en casos urgentes y delicados: necesidades fisiológicas, etcétera. ¿Vamos a desperdiciar minutos valiosos para ensayar el be-bop? Venga, volvamos al agarrado. Más cerca... Eso es, así... No tan tieso: abandónese y no tenga miedo... Abráceme, abráceme más.

Taxista La abrazo, la abrazo más... Es que me está entrando un sofoco...

Dafne No se preocupe. Es por la doble circulación pero el circuito se estabiliza en seguida...

Taxista ¿Se estabiliza?

Marido *(Entra con dos maletas en la mano. Al verles bailar tan apretados se detiene turbado.)* ¿Qué estáis haciendo?

Taxista *(Continúa con el baile.)* Estabilizándonos...

Marido ¿Cómo?

Dafne Nos estamos entrenando, cariño. Estoy tratando de que coja seguridad. ¿A que sí?

Marido ¿Entrenándoos para qué?

Dafne Para bailar. Por si alguna noche se nos ocurre salir, ir a divertirnos un poco... ¿No pretenderás que me quede en clausura todo el mes, no? Además, ya que tengo nariz nueva gracias al accidente, espero que me dejes presumir.

Taxista *(Imitando el tono de la mujer.)* ¡Oh, tirano!

Marido Pero, querida, ¿no te das cuenta de que hace sólo dos horas que has salido de la clínica? *(El taxista continúa marcando el paso.)* ¡Y usted haga el favor de quedarse quieto mientras hablo con mi mujer! *(Levanta una mano para abofetearle.)*

Dafne Attilio, por favor. No seas manazas. Si le haces daño a él, me lo haces también a mí. No te olvides que tenemos el mismo sistema.

Los dos continúan bailando.

Marido ¡Y tú no te olvides de que en el fondo eres mi mujer! ¡Y enferma, para más señas!

Dafne Sí, pero el doctor ha dicho que un poco de distracción no me puede sentar mal. Y, al contrario, cualquier enfado sólo puede sentarme mal.

Marido Tienes razón, querida. Disculpa. Bien, hagamos las paces: venga, dame un besito *(Se inclina para besarla pero la mano de Apolo se interpone entre ambos.)*

Taxista ¡No! Lo siento. Nada de besitos...

Marido ¿Cómo se atreve? Es mi mujer...

Taxista Pero la sangre es mía. El besito lleva bacilos. Y el canalla del bacilo pasa de usted a la señora y luego me llega a mí, se encuentra a gusto, echa raíces y hasta llama a sus parientes del pueblo para que vengan.

Marido ¿De qué bacilos del pueblo me habla?

Taxista Los que usted tiene en el labio. Cada uno tenemos los nuestros. Usted los del pueblo, así que quédeselos. Críelos, edúquelos, cáselos pero que no vengan a procrear en mí.

El empresario tiene un arranque de rabia. La mujer intenta calmarle.

Dafne Tú también... ¿por qué quieres que procreen en él?
Marido ¿Quién procrea? ¡Ahora resulta que no puedo ni besar a mi propia mujer!
Taxista No, sólo puedo yo si me apetece... Tanto que nuestros bacilos han intimado ya. Y ahora basta de discusiones, no perdamos más el tiempo y bailemos. *(Vuelve a tomar a Dafne entre sus brazos.)*
Marido Un momento... *(Observa de cerca la ropa que lleva el taxista.)* Esta chaqueta es mía. Es la chaqueta de mi chaqué.
Dafne Claro, cariño. Era la única que le quedaba bien.
Marido Y también se ha puesto mis pantalones.
Taxista Sí, también los pantalones, ¿y qué? ¿Le parecería bonito que bailara con su mujer en calzoncillos?
Marido Y los zapatos, mis zapatos nuevos, los mejores que tengo.
Taxista Sí, la verdad es que son bonitos pero me quedan un poco prietos.

El marido gruñe rabioso. Está a punto de agredir al taxista pero la mujer le detiene.

Dafne ¡Attilio, escucha!
Marido ¡Quíteselos inmediatamente! No soporto que alguien sin pies se ponga mis zapatos.
Dafne Attilio, verás... Deja que te explique. ¡Cómo puedes pretender que una mujer como yo, acostumbrada a tratar gente de cierta clase, esté con un hombre vestido de esa manera tan horrenda, con ropas baratas, zapatos y camisas de rebajas! Por no hablar de la ropa interior...
Marido Ropa interior... ¿También le has dado mis calzoncillos?
Dafne Claro, cariño. ¿Qué pretendías, que le diera los míos? Sin contar con el mal gusto de ver a un taxista con encajes...
Marido Dafne, es una locura...
Dafne Eso digo yo. Además, sabiendo que te molestaría, ya

he llamado al sastre para que le tome medidas. Le he encargado tres trajes con sus complementos completos. ¿Satisfecho?

Marido ¡Satisfechísimo! Ya que estamos, explicadme por qué me habéis mandado a su casa a buscar las maletas con toda su ropa si ya está usando la mía y van a traer más.

Dafne Tienes razón, tal vez era inútil... Siento que te hayas molestado para nada.

Taxista ¡Y tanto que para nada! *(Ha abierto una maleta.)* Pero, vamos, hombre! ¿Dónde tiene la cabeza? Estas no son las maletas que tenía que traer. Me ha traído las maletas de trucos y disfraces. Mire, ¿qué quiere que haga con estas barbas y bigotes postizos? *(Los enseña.)*

Marido Barbas... y bigotes. ¿Para que los usaba?

Dafne Oh, mira... ¡Qué divertido! Apuesto a que esta es la famosa barba...

El taxista le hace un gesto para que se calle.

Marido ¿De qué barba hablas?

Dafne *(Impertérrita.)* Anda, es verdad, cariño... No te lo había contado. Él es uno de los dos tipos del pie romano.

Marido ¿Del pie romano?

Taxista *(En el colmo de la incomodidad.)* Esto... Esto... doña Dafne, no vale...

Dafne ¿Qué importa ya? Total, al punto en el que estamos un día u otro terminará enterándose y encima por boca ajena. Hágame caso, Apolo: es mejor que se lo digamos nosotros.

Marido ¿Os importaría explicarme algo también a mí?

Dafne Adelante, póngase la barba.

Taxista Está bien. Pero temo que esta vez no lo encaje demasiado bien... Ya está. *(Se la pone.)*

Marido ¿El profesor?

Dafne ¡Genial, Attilio! ¡Lo has adivinado!

Marido ¡Ah, asqueroso estafador, ladrón...! *(Quisiera agarrarle por el cuello pero Apolo estira un pie y le obliga a mantener la distancia de seguridad.)*

Taxista ¡Eh, las manos quietas! Si me lastima a mí, también lastimará a la señora... por medio de la sonda.

Marido Cobarde... aprovecharse de una mujer...

Taxista También la mujer se aprovecha de mi oxígeno. Así que estamos en paz.

Dafne Venga, Attilio, ya es agua pasada: ¡sé comprensivo!

Marido Mira si soy comprensivo que lo voy a meter en el trullo...

Dafne Muy bien, así también me meterán a mí. Además, no olvides que en el fondo te ha hecho un favor.

Taxista ¿Qué favor le he hecho?

Dafne Verá... Le han robado la idea. Él y el ingeniero, fingiendo no saber nada de la estafa, enseñaron el pie a los demás socios, que se asustaron y cedieron sus acciones a la tercera parte de su valor. Ahora estos dos espabilados son los únicos propietarios de la empresa.

Taxista ¡Vaya ladrones! ¡Eh, quiero los derechos de autor! ¿Entendido?

Marido ¿Qué pasa? ¿Tres millones no le parecen suficientes?

Taxista Bueno, sí... Entonces, de acuerdo, estamos en paz y no hablemos más.

Marido ¡Y un cuerno en paz! Espere a toparse con el ingeniero y ya verá qué risa... ¡A ese no le detendrá la doble circulación!

Taxista ¡No le detendrá! ¡Menudo cobarde! Tiene el valor de lastimar a una señora lastimándome a mí. Ah, no. No lo permitiré. ¡Señora, no deje que el ingeniero venga!

Dafne Tranquilo, no vendrá. Y aunque venga, ya buscaremos la forma de que no le reconozca. Sobre todo, que nos nos vea atados así... ¡Es tan celoso!

Taxista ¿Es celoso?

Dafne ¡Unos celos, unos celos!... Attilio, ¿verdad que el ingeniero es muy celoso? *(Attilio hace un gesto que ratifica distraídamente lo que dice Dafne.)* ¡Es celosísimo! ¡Caray! ¿Qué hora es? Nos hemos olvidado de cenar. Cariño, ya sabes que la asistenta y la doncella no están.

Marido ¿Y qué quieres que yo haga?

Dafne ¿Quieres que vayamos a un restaurante en estas condiciones? Anda, sé bueno, vete a la cocina a prepararnos algo rico.

Marido ¿Yo? ¿Yo tengo que guisar?

Dafne Attilio, no seas modesto. *(Al taxista.)* Verá usted, Apolo lo bien que cocina. Es una cocinera formidable.

Taxista ¡Viva la cocinera! *(Le da una palmada en el trasero.)*

Marido ¡Eh, menos confianzas!

Dafne ¿Por qué? Es entrañable ser democrático con la servidumbre... Anda, ve. Mientras nosotros dos nos quitamos esto durante unos minutos: siento una necesidad urgente de tomar un baño.

Taxista También yo, también yo siento una necesidad...

Dafne No, no, usted no. Ayúdeme a quitarme la sonda. Y luego, aproveche que está libre para ayudar a mi marido a poner la mesa. *(Se separan.)* Ya está.

Taxista ¿Y malgastar estos minutos tan preciosos?

Dafne Apolo, basta de discusiones. Haga lo que le he dicho. Y póngase un delantal: obedézcame.

Taxista Claro, claro. Además, con esta barba me siento como un ex combatiente republicano. Espere que me la quite...

Dafne No, déjesela. La barba le queda tan bien...

Taxista ¡No puedo hacer de doncella con barba!

Dafne ¡A mí me gusta barbudo!

Taxista Está bien, haré de doncella con barba.

Ella sale por un lado y él por otro.

Ingeniero *(Entra.)* ¡Permiso! ¿Hay alguien? ¡Dafne! ¡Dafne!

Dafne ¿Aldo? ¿Eres tú, cariño? *(Se asoma.)*

Ingeniero ¡Ah, por fin! ¿Qué te ha pasado? He hablado por teléfono con un taxista que me ha dicho no sé qué de un accidente. He venido dos días seguidos pero no he encontrado a nadie. ¿Dónde has estado?

Dafne Ya te contaré, ya te contaré. Ten un poco de paciencia: me doy un baño y vuelvo. *(Desaparece de nuevo.)*

Ingeniero Tranquila. Mientras echaré un vistazo al periódico. *(Saca un periódico del bolsillo, se sienta en el sillón y comienza a leer.)*

Apolo entra en escena. Lleva puesto un delantal lleno de

encajes. Empuja un carrito de cocina con platos, cacharros y todo lo necesario para la mesa.

Dafne ¿Te quedas a cenar con nosotros?

Ingeniero De mil amores.

Dafne ¡Apolo, ponga un cubierto más!

Taxista *(Dando la espalda al ingeniero, que apenas le mira.)* ¿Un cubierto más?... ¿Por qué, señora?

Ingeniero ¡Ya veo que tenemos nueva doncella!

Taxista Menos cachondeo...

El otro se cubre la cara con el periódico.

Ingeniero Lo siento, no era mi intención. Ha sido por culpa del delantal de encajes. No había visto los pantalones. Perdone si me meto: ¿no tenía otra cosa que ponerse?... Servir la mesa con esa pinta... Estaría mejor sin...

Taxista ¿Sin pantalones? ¡Así que es una manía familiar! Uno quiere que baile en calzoncillos y el otro que para servir la mesa...

Ingeniero *(Siempre escondido tras el periódico desplegado.)* ¡Ja, ja!... ¿Quién quiere que baile en calzoncillos?

Taxista El señor de la casa.

Ingeniero ¿Quién, Attilio? ¿Perdón, don Attilio?

Taxista Sí, él.

Ingeniero ¡Ja, ja! ¡Menudo loco! La verdad es que no les envidio a ustedes los doncellos, hay cada señor que... De todas formas, ya verá cómo se encuentra a gusto en esta casa. Lo importante es llevarse bien con la señora.

Taxista Ah, si es por eso, nos llevamos fenomenal.

Ingeniero A propósito, ¿cómo se llama?

Taxista *(Se equivoca.)* Dafne.

Ingeniero ¿Dafne? ¿También usted? ¡Qué curioso!

Taxista ¿Qué tiene de curioso?

Ingeniero Es el nombre de una ninfa.

Taxista ¿Y qué? ¿Es que acaso está prohibido ponerse el nombre de una ninfa? Además es un nombre precioso: Dafne. A mí, por ejemplo, me gusta muchísimo.

Ingeniero Sí, sí. Es un bonito nombre. Ahora entiendo por qué le gusta tanto el delantal. *(Ríe intencionadamente llevándose literalmente el periódico a la cara.)*

Taxista ¿El delantal? Lo siento, no comprendo el doble sentido. Explíquemelo o le doy un guantazo. *(Pone un puño en el periódico a la altura de su cara.)*

Ingeniero ¡No, por Dios! Quiero decir... *(Cubriéndose cada vez más el rostro con el periódico.)* Estoy encantado de que la señora haya elegido a alguien como usted... Me deja más tranquilo. *(Suelta una risita histérica.)*

Taxista Déjese de cachondeo y míreme a la cara cuando le hable. *(Le arranca el periódico y se da cuenta de que es el ingeniero.)*

Ingeniero ¡Vaya modales! ¡Devuélvame el periódico!

Taxista *(Se cubre a su vez el rostro con el periódico.)* Un momento, déjeme leer un segundo... Disculpe, hay una noticia que me interesa muchísimo. Siga, siga: ¿qué estaba diciendo?

Ingeniero Estaba diciendo que me devuelva el periódico.

Taxista *(Se quita rápidamente la barba postiza.)* Ya está: ya he leído la noticia, muy interesante.

Ingeniero Disculpe, ¿dónde está?

Taxista ¿Quién?

Ingeniero Ese de la barba que estaba aquí ahora mismo, detrás del periódico... Lo he visto de pasada pero lo he visto.

Taxista ¿Detrás del periódico con barba? *(Toma el periódico y lo hojea.)* No, no hay ninguna foto de un hombre con barba. Ah, sí, aquí está: es Fidel Castro.

Ingeniero No, no es él.

Taxista Tiene razón: no se le parece en nada. Será una foto vieja...

Ingeniero Vaya, estaré viendo visiones... Juraría que había un tipo con barba.

Taxista Disculpe, ¿me deja ver sus gafas?

Ingeniero Por favor. *(Se quita las gafas y se las da.)*

Taxista ¿Las lleva también por la calle? *(Se las pone.)*

Ingeniero No, sólo para leer.

Taxista ¡Anda! ¡Le estoy viendo con barba! Ahora todo se explica... ¿Llevaba estas gafas cuando me ha visto con barba?

Ingeniero Sí.

Taxista Es el fenómeno del cambio de enfoque de la retina. Pruebe otra vez: lea una línea cualquiera en voz alta para acostumbrar la vista. *(Le devuelve las gafas.)*

Mientras el ingeniero lee, el otro se vuelve a poner la barba cubriéndose con el periódico.

Ingeniero *(Lee.)* «Trágico accidente ferroviario. Treinta y cinco muertos entre los pasajeros, por suerte casi todos de segunda clase.»

Taxista ¡Menos mal! Ya está. Míreme. ¿Ahora cómo me ve?

Ingeniero *(Estupefacto.)* Con barba... Sí, le veo barbudo... Se parece muchísimo a un tipo...

Taxista Muy bien, por fin lo ha dicho. También usted se parece a un tipo... Es el fenómeno del cambio de enfoque de la retina... Ahora pruebe quitándose las gafas... Déme el periódico para que me tape. *(Se quita la barba.)* ¡Hop... ya está! ¿Ahora cómo me ve?

Ingeniero ¡Sin barba!

Taxista ¿Y me parezco al tipo que decía?

Ingeniero Vagamente.

Taxista Ya me lo imaginaba. La impresión equívoca que se forma en la retina persiste.

Ingeniero También la voz parece la misma.

Taxista ¡Normal! ¡No me diga que cuando se afeita la barba y está bien rasurado no habla con voz diferente!

Ingeniero No.

Taxista Entonces siga afeitándose tranquilamente... Pero, por lo que más quiera, cambie de gafas, ingeniero.

Ingeniero ¿Cómo sabe que soy ingeniero?

Taxista No lo sabía pero lo he deducido. Por su bolsillo de la chaqueta asoma una regleta, típico instrumento de los ingenieros.

Ingeniero Caray, primero las lentes, ahora la regla... ¿Es usted detective?

Taxista ¿Cómo? ¿Detective?... Sí, lo ha adivinado.

Ingeniero ¿Policía?

Taxista Sí, pero, por lo que más quiera, que nadie se entere, sobre todo los de la casa. Tengo que seguir siendo para todos...

Ingeniero ¡El doncello!

Taxista No, el taxista.

Ingeniero ¿El taxista? Ah, sí, ¿ese con el que he hablado por teléfono?

Taxista Sí, él mismo.

Ingeniero ¿Entonces el accidente ha sucedido o no?

Taxista Sí y no.

Ingeniero ¿Era simulado?

Taxista Simulado, simulado.

Ingeniero ¿Con un fin?

Taxista Con un fin, con un fin.

Ingeniero ¿Con qué fin?

Taxista ¡Ah, no! Quiere saber demasiado. Policía. No puedo.

Ingeniero ¿Está investigando?

Taxista ¿Eh?

Ingeniero Quiero decir si ha descubierto quién es el culpable...

Taxista ¿Y a usted quién le parece que es?

Ingeniero Bueno, vamos a ver. Attilio no porque estaba conmigo. Sólo queda la señora...

Taxista Lo ha adivinado.

Ingeniero ¿La va a detener?

Taxista Sí, ya tengo las esposas listas. Ahora se las enseño. *(Revuelve en la maleta de trucos.)* ¿Dónde han ido a parar? Aquí están, son las de mi primera detención. Me dan suerte, por eso las llevo siempre conmigo. Mire qué bonitas son.

Ingeniero ¡Pobre Dafne! ¿Se puede saber al menos qué ha hecho?

Taxista ¡Quién sabe!

Ingeniero Dígame la verdad, ¿anda por medio el seguro?

Taxista Bravo, ha dado justo en el clavo. ¡Sabe, no se le escapa una, ingeniero!

Ingeniero Gracias, comisario. Diga la verdad, he adivinado por segunda vez. Porque usted es comisario...

Taxista Me está usted acomplejando... ¡Maldita sea, adivina siempre! Eh, pero por lo que más quiera: punto en boca.

Ingeniero Confíe en mí. Escuche, comisario. *(Le invita a sentarse a su lado.)* No sé por dónde empezar... No lo tome como el típico intento de soborno... Trate de comprender la desesperación, el dolor de un hombre enamorado al saber que su mujer está a punto de ser detenida, expuesta a la vergüenza...

Taxista Disculpe, ¿quién es el hombre enamorado de su mujer?

Ingeniero Yo, señor comisario... Sé que es una situación vergonzosa.

Taxista Está bien, está bien... Me da usted asco pero tiene dinero así que por esta vez pase. Entonces...

Ingeniero ¿No se ofende?

Taxista ¡¿Si a usted no le ofende dar asco?!

Ingeniero Lo sé, lo sé... Pero, bueno, puedo pagar.

Taxista ¿Cuánto?

Ingeniero Diga usted una cifra.

Taxista Tres millones. Es mi cifra: ¿conforme?

Ingeniero Conforme. En seguida le hago un cheque. *(Trata de sacar la chequera.)*

Taxista No, nada de cheques: en metálico.

Dafne *(Entra.)* Ya estoy lista. Perdona si te he hecho esperar.

Taxista ¡Maldita sea, podía esperar dos minutos más!

Dafne *(Hace caso omiso.)* ¡Ya veo que habéis hecho amistad! *(Aparte, al taxista.)* ¡Vaya lío! ¿Cómo hacemos ahora para volvernos a sondar. Este va a montar la de dios es cristo, nos va a matar a todos... *(Al ingeniero.)* Qué buen aspecto tienes, Aldo. Estás guapísimo...

El ingeniero sonríe halagado.

Taxista *(En voz baja.)* Yo me ocupo... *(En tono normal, saca las esposas del bolsillo.)* Lo siento, señora. Ha llegado el momento: ¡queda usted detenida! Deme la muñeca: una esposa para mí y otra para usted.

Dafne ¿Qué hace?

Ingeniero Comisario, no me diga que se lo ha pensado mejor.

Taxista No, no me lo he pensado mejor. Primero busque liquidez y luego ya hablaremos.

Dafne ¡Pero por favor!

Taxista *(Aparte.)* Es la mejor manera de disimular la sonda. *(Inserta las dos clavijas de la sonda, que quedan disimuladas por las esposas.)* Ya está: una esposa para ella y otra para mí, así no se me escapa. Para que aprenda lo que pasa por estafar al seguro.

Dafne *(Interpreta melodramática.)* ¡Oh, no, se lo aseguro! Soy inocente.

Ingeniero Cálmate, Dafne. Será mejor que digas la verdad y verás lo comprensivo que es el señor comisario... *(La obliga a sentarse.)* ¿Verdad, comisario?

Dafne ¡Ah! ¿Es comisario? ¿Cómo lo sabes?

Ingeniero *(Con un nudo en la garganta, apasionado.)* Dafne, Dafne, ¿por qué lo has hecho? Si ha sido porque necesitabas dinero, ¡para qué están las personas que te quieren! Mujer, podías haber pedido... *(pausa, cambia de tono)* podías habérselo pedido a tu marido.

Dafne ¡Gracias, cariño! ¡Qué generoso eres, cariño! *(Se levanta.)* Bien. Sólo dos minutos, lo necesario para terminar de vestirme. *(Va hacia la puerta de la cocina.)* Attilio, es el ingeniero. Ven a saludarle. *(A Apolo.)* Usted acompáñeme a mi habitación.

Salen los dos.

Marido ¿Quién, Aldo? En seguida voy.

Dafne *(Vuelve a asomarse, al ingeniero.)* Por lo que más quieras, no le cuentes nada por ahora. Sería un golpe demasiado fuerte. Hay que prepararle poco a poco...

Ingeniero Tranquila: yo te lo preparo.

Entra el marido.

Marido Hola, Aldo. Te ruego que no te burles de la pinta que llevo *(también él lleva un llamativo delantal y una cofia de cocinera)* pero estaba cocinando... *(Lleva en la mano una sopera llena de caldo que deposita sobre la mesa.)*

Ingeniero ¡Qué va! Esta noche ya no me impresiona nada...

195

Marido ¡Ah!... ¿Te has enterado del accidente y lo demás?

Ingeniero Sobre todo de lo demás... Incluso de lo que tú no sabes.

Marido ¿Lo que yo no sé? ¿Qué es lo que yo no sé?

Ingeniero No puedo decírtelo. Lo he prometido.

Marido Ah, no. Me lo tienes que decir. *(Le agarra por los brazos.)* ¿Qué carajo de amigo eres entonces? ¡En el nombre de la mujer que nos une, habla!

Se sientan.

Ingeniero Attilio, abre los ojos. ¿Es posible que no hayas sospechado nada?

Marido Sí, sospeché al principio. Ahora estoy tranquilo.

Ingeniero Ya. Tranquilo como un rinoceronte.

Marido *(Agarrándole por las solapas.)* ¿También tú? Retira ahora mismo lo que has dicho o...

Ingeniero ¡No retiro nada en absoluto! Haberlo pensado antes, haberte preocupado un poco de tu mujer en vez de dejarla abandonada a su suerte como siempre has hecho. Por culpa de tu mezquino egoísmo, la has privado de las necesidades más elementales... Y era lógico que la pobrecilla, desesperada, se dejara arrastrar a la vergonzosa situación a la que tú y sólo tú la has abocado.

Marido ¡Encima es culpa mía si está liada con otro!

Ingeniero ¿Cómo? *(Con voz compungida, poniéndose en pie.)* ¿Liada con otro? ¿Y lo dices así? ¡Como si no tuviera nada que ver contigo! ¡Qué cinismo!

Marido Tú me dirás lo que puedo hacer. He tenido que aceptar la situación a la fuerza. ¿Cómo habría soportado si no verla languidecer día tras día? ¿No comprendes que si la separo de él se me muere?

Ingeniero ¡Por favor, morirse! ¡Si haces caso al teatro que le echan las mujeres! ¡Es el capricho de turno!...

Marido No, Aldo. Esta vez va en serio. La he visto desmayarse tres veces seguidas, ponerse pálida, blanca como este mantel. ¿Comprendes? ¡Es como si le faltase el aire! No puedo separarla: es él quien le da el oxígeno.

Ingeniero ¿Él le da el oxígeno? ¿Y yo qué?... ¿Entonces yo no cuento en absoluto? *(Llora.)*

Marido *(Abrazándole para consolarle.)* Claro que sí, Aldo. También yo sufrí al principio, pero he comprendido que sólo es cuestión de sangre, de afinidad fisiológica, como suele decirse... *(silabeando)* afinidad fisiológica.

Ingeniero Te lo ruego, Attilio. Deja de hablarme en términos médico-científicos... ¿Por qué no intentas distraerla, hacer un viaje, qué sé yo, un crucero?

Marido ¡Claro, así también le tengo que pagar el viaje al otro!

Ingeniero *(Agrediéndole con la voz y con una serie de empellones.)* Eso, ya salió el tacaño egoísta. Excusas para no gastar y nada más... Lógico que su mujer se vea obligada a pegársela con otro. *(Se interrumpe, mira a su alrededor.)* A propósito, ¿dónde está ahora?

Marido ¿Quién?

Ingeniero Él, su oxígeno. ¿Dónde está en este momento?

Marido Por ahí, en la habitación, con ella.

Ingeniero ¿Quién? ¿El que estaba aquí antes?

Marido Sí, el taxista. ¿Por qué? ¿No te has dado cuenta? ¿No te has fijado en lo pegados que estaban?

Ingeniero Bueno, ahora que lo pienso, debo admitir que se comportaban de forma más bien rara... Esa manera de hablarse en voz baja, además... ¡Qué sinvergüenza! ¡Aprovecharse de la debilidad de una mujer para conseguir sus propios fines! Es la peor de las estafas. Yo le demando. Le denuncio por chantajearme tres millones.

Marido ¿Por tres millones? ¿Y no piensas en Dafne? ¿Quieres que la metan en chirona también a ella?

Ingeniero ¡Ah, pero entonces tú también estás al corriente de quién es realmente el taxista... del timo y de todo lo demás!

Marido Claro que lo estoy. Y también Dafne. Ella ha sido la primera en reconocerle y desenmascararle. Lo único es dejar las cosas como están, estar a buenas y esperar a que todo salga bien.

Dafne *(Entra arrastrando a Apolo.)* Una buena noticia: el comisario se queda a cenar con nosotros.

Marido ¿El comisario?

Dafne ¿No te encanta? *(En voz baja al marido.)* Intenta seguirle el juego. Ya sabes lo celoso que es Aldo.

Taxista Sin cumplidos, señora. Si molesto, me la llevo conmigo a la comisaría. Tomará el rancho con nosotros.

Ingeniero ¡Por Dios! *(En voz baja al marido.)* Síguele el juego. *(De nuevo en voz alta.)* Comisario, no lo diga ni en broma: no molesta en absoluto. ¿No es cierto, Attilio? *(Dándole un codazo que le hace pegar un bote.)*

Marido Ah, sí... Es un auténtico placer para nosotros, señor comisario. Siéntese, espero que le guste. *(Destapa la sopera.)*

Ingeniero ¡Qué bueno está este caldo! Es caldo de...

Taxista Por favor, no empecemos con la publicidad. ¿Cómo nos organizamos?

Dafne A ver, el comisario a mi lado, por las esposas...

Marido ¿Las esposas? Déjame ver. Pero, bueno, ¿ha perdido el seso? Quítele en seguida esos chismes.

Taxista ¡Está usted fresco! No tengo ganas de que se me escape... Me importa mucho mi carrera.

Marido ¿Quién se escapa?

Dafne ¡Attilio, basta! El comisario tiene razón en no fiarse. Yo, en su lugar, te esposaría a ti también.

Taxista No es mala idea, al contrario. *(Se vuelve al ingeniero.)* Oiga, ingeniero, hágame un favor: en mi maleta hay otro par de esposas... cójalas y póngaselas también, así la señora no se sentirá molesta.

El ingeniero lo lleva a cabo.

Marido ¿Está bromeando, verdad?

Ingeniero *(En voz baja.)* ¡Síguele el juego, estúpido!

Marido ¿Qué juego? No tengo ninguna gana de jugar.

Ingeniero *(Entre dientes.)* ¡Y en cambio nosotros sí queremos jugar! Si no te gusta, puedes irte. Da igual, no necesitamos un cuarto.

Taxista Exacto: lo matamos y jugamos con el muerto.

Dafne Attilio, déjate de rabietas. Ponte las esposas. ¡Si supieras lo divertido que es! *(El marido lo lleva a cabo.)* ¡Muy bien! Ahora sirve el caldo, que se está enfriando.

Marido Está bien... De todos modos, no hay quien se aclare. Por lo menos explicadme una cosa: ¿qué hay que hacer ahora con el caldo?

Ingeniero ¡Vaya preguntas! Intentar beberlo, ¿no?

Marido ¿Sin cuchara y sin tocar el plato con las manos? O sea, sólo con la boca. Ah, ya comprendo: gana quien haga más ruido sorbiendo.

Dafne No has comprendido nada en absoluto.

Taxista *(Que apenas se ha llevado a la boca una cucharada de caldo, se pone a toser.)* Caray, no hay quien coma con la mano izquierda. Se me va por el otro lado.

Dafne Attilio, ayúdale.

Marido ¿Cómo?

Ingeniero ¡Dale de comer al comisario!

Marido ¿Que le dé de comer?

Dafne Sí, ya sabes que si se le va por el otro lado, se ahoga y yo sufro.

Ingeniero ¿Sufre también si se atraganta?... Me parece que exagera. Tienes razón, Attilio. La verdad es que es un caso patológico.

Marido Ya te lo había dicho ¡Y mira lo que me toca hacer! *(Le pone la cuchara en la boca con desgana.)*

Taxista *(Se atraganta y vuelve a toser.)* ¡Ajo, ajá! *(Haciendo pucheros infantiles.)* ¡Por su culpa se me ha ido por el otro lado! ¡Lo ha hecho aposta, lo ha hecho aposta!

Dafne ¡Malo! ¡Llévale la cuchara a la boca como Dios manda o le digo al ingeniero que lo haga!

Ingeniero Ah, no, ni hablar. Attilio, no jorobes... Hazlo bien.

Taxista Tengo sed. ¿Me da un poco de vino, ingeniero?

Marido Ah, no. Vino no.

Dafne Venga, se le puede dar un sorbito. Attilio, límpiale primero los churretes con la servilleta.

Marido Acabaré masticándole también el pan.

El taxista bebe con ayuda del marido. Traga demasiado rápido y vuelve a toser. En seguida comienza a toser también la mujer.

Taxista ¡El vino se me ha ido por el otro lado!... ¡Lo ha hecho aposta!

Dafne Attilio, malo... ¡Hip! Por tu culpa me ha dado hipo.

Ingeniero ¡Es espantoso! Él se atraganta y a ella le da hipo. ¡Nunca he visto una pasión semejante!

Marido Te juro que no lo he hecho con mala intención.

Taxista Sí, sí lo ha hecho aposta. *(Al ingeniero.)* Rápido, deme del otro vino... A lo mejor se le pasa...

Ingeniero ¿No sería mejor agua?

Taxista Si uno no está acostumbrado, el agua sienta peor. *(Traga el contenido del vaso.)*

Ingeniero ¿Cómo? ¿Se lo bebe usted?

Taxista ¡Claro! Para que a la señora se le pase el hipo, soy yo quien tiene que beberlo, ¿no? *(Se vuelve a la mujer.)* ¿Pasó?

Dafne *(Hace ademán de que espere, suelta un suspiro.)* Sí, sí, pasó... Ahora me siento estupendamente.

Taxista ¿Ha visto? ¡Hip! *(Le entra el hipo.)*

Ingeniero ¡Increíble! Entonces es un caso contagioso.

Dafne Puede que haya bebido demasiado, Apolo... La cabeza me da vueltas. Ay, no sé por qué, pero me está entrando la risa... Nunca me he sentido más alegre que esta noche. *(Ríe.)*

Ingeniero A mí en cambio me están entrando ganas de llorar.

Taxista ¡Venga, venga! ¡Viva la vida! ¡Alegría!*(Levanta el vaso lleno.)*

Ingeniero ¡Eh, no, deje de beber! ¿Quiere que ella se emborrache? ¡Debería darle vergüenza!

Taxista Está bien, está bien... No bebo más, lo juro.

Ingeniero Lo siento pero el que tiene que beber soy yo. Si no me emborracho me vuelvo loco. *(Se sirve de beber.)*

Marido Entonces, si no te molesta, será mejor que nos soltemos. No vaya a ser que cuando tú bebas también yo me emborrache.

Ingeniero No temas, no estoy tan enamorado de ti.

Taxista ¿Seguimos entonces? ¿Qué hay de segundo plato?

Marido Nada.

Dafne ¿Cómo que nada?

Marido Querida, ha llegado Aldo y he perdido la cabeza...

Ingeniero ¿Has perdido la cabeza por mí? Será mejor que

nos soltemos de verdad. *(Se levanta de golpe obligando a su amigo a hacer lo propio.)*

Marido *(Maniobra en la cerradura de las esposas.)* ¿Cómo se abre esto?

Taxista Lo siento, pero estas esposas son de cierre automático.

Ingeniero ¿Que no tiene llave?

Los dos se dejan caer de golpe en sus sillas respectivas.

Dafne *(Más bien eufórica.)* ¡Ja, ja! ¡Qué cenita tan agradable! ¡Sopa y vino! No importa. ¿Bailamos? *(Se levanta tambaleándose ligeramente.)* Ahora lo que me apetece es bailar.

Taxista A mí también. *(Pone en marcha el tocadiscos.)*

Dafne ¡Vamos, a bailar también vosotros!

Marido ¿Cómo?

Taxista Pues sí, lo siento pero somos parejas a la fuerza. *(Abraza a la mujer mientras empieza a bailar.)* Por otro lado, no querrán que bailemos solos... No es divertido.

Ingeniero ¿Y quién tiene ganas de divertirse?

Dafne Venga, un poco de marcha. Os aseguro que hacéis una buena pareja.

Ingeniero Bueno, sigámosle el juego.

Marido ¡Ni hablar! Se acabó, no juego más.

Ingeniero ¿No comprendes que tu mujer está haciendo de todo para salvarse? Trata de estar a buenas, de distraerle para que no cambie de opinión.

Marido De acuerdo, bailemos. Te juro que empiezo a no soportarlo. ¡Esto es de locos! A ver, ¿quién hace de mujer?

Ingeniero ¡Ah, desde luego, yo no! No soy capaz de dejarme llevar.

Marido Ni yo.

Dafne Attilio, no pongas excusas ni montes líos. Haz de mujer tú, que te sale fenomenal.

Marido Está bien, yo hago de mujer. *(Al ingeniero, ofreciéndosele con los brazos abiertos.)* ¿Cómo la prefieres, ingenua o picarona? Total, ya que estamos... Pero que quede claro, nada de mejilla con mejilla... No lo soporto.

Taxista *(Completamente pegado a la mujer.)* No le haga caso, ingeniero: todas dicen lo mismo pero luego se dejan, ¡y tanto!

Médico *(Entra.)* ¡Permiso!

Dafne *(Sin soltarse del abrazo de Apolo.)* ¡Adelante!... ¡Oh, doctor, bienvenido! Pase.

Médico *(Mira aterrado a los dos constructores que bailan arrobados.)* ¿Qué está pasando aquí?

Dafne Nada. ¡Un poco de música y baile!

Médico ¿Todavía está levantada a estas horas? *(Va hacia los dos bailarines.)* Me sorprende en usted, señor Attilio: en vez de bailar con hombres debería prestar más atención a su mujer. *(El empresario y el socio no le hacen ni caso, embebidos como están en un paso complicado. De nuevo a Dafne.)* ¡A la cama en seguida! *(A Apolo.)* Llévese a la señora a su habitación, que tengo que hacerle una revisión.

Salen los dos. El médico empieza a sacar todo tipo de chismes del maletín.

Ingeniero *(Señalando al médico.)* ¿Quién es?

Marido ¿Eh? ¿Quién?

Ingeniero El de la revisión.

Marido *(Absorto.)* Es el revisor. *(Dándose cuenta, como despertándose.)* El médico que ha llevado a cabo la intervención. *(Al médico.)* Permítame, doctor, que le presente a un amigo mío queridísimo. *(Deja de bailar.)* El ingeniero Colussi.

Médico Tanto gusto.

Ingeniero Tanto gusto, doctor. Habría que convencer al comisario de que lo sobresea.

Médico ¿Al comisario?

Ingeniero Claro, usted no tiene por qué saberlo. Attilio, será mejor que se lo digas tú: no podemos seguir ocultándolo...

Marido Sí, doctor. Es necesario que también usted le siga el juego. Por mi mujer, sabe.

Médico *(En ese momento repara en las esposas.)* No entiendo. ¿Por qué están esposados?

Marido Por seguir el juego. ¡Fíjese, hasta he tenido que hacer de mujer!

Retoman la danza.

Médico ¿Han bebido?

Ingeniero Sí, pero sólo yo. Comprenderá que ante un caso patológico... Es un golpe demasiado fuerte. ¡Compréndalo, doctor! ¡Es el amor!

Médico ¡Ah, es el amor y yo tengo que comprender! ¿No les da vergüenza? Y luego nos escandalizamos si en el teatro se hacen alusiones... ¡Apuesto a que ustedes son de los primeros en gritar espantados!... ¡Vaya sociedad podrida! Uno se pone el delantal y el otro se hace el loco patológico. ¡Se esposan el uno al otro y luego me piden que siga el juego! *(En un alarido.)* ¡Depravados!

Marido Doctor, no se equivoque: entre nosotros dos no hay nada más que profunda amistad.

Médico ¡Ya... todos dicen lo mismo! ¡Hipócritas!

Marido Se lo aseguro. Todo esto sucede porque ambos amamos a mi mujer.

Médico ¿Ambos? ¿En sociedad?

Ingeniero No nos desprecie, y le ruego que nos crea. La nuestra es una sociedad seria. Estamos dispuestos a todo para salvar a nuestra querida Dafne. Tiene que ayudarnos. La señora no puede ir a prisión.

Médico ¿Quién ha dicho que tenga que ir a prisión?

Ingeniero ¡Ah! ¿Entonces no se ha enterado? El accidente se simuló para estafar al seguro.

Marido ¡Anda ya! ¿Quién te lo ha dicho?

Ingeniero Él mismo.

Marido ¿El taxista? ¿Y mi mujer qué tiene que ver?

Ingeniero Es la que ha organizado todo. Creía que iba a por lana y ha salido trasquilada. Por eso terminará en el trullo.

Marido ¿Dafne ha hecho algo así? ¡Es imposible!

Ingeniero Por desgracia es así.

Médico Un momento... Me parece que se han metido en un buen berenjenal. No ha habido ningún accidente que yo sepa. Sólo una intervención normal de cirugía plástica. No comprendo por qué la señora se ha inventado la historia del accidente...

Marido ¿Dafne se la ha inventado? ¡No es posible! *(Llama en voz alta.)* ¡Dafne, Dafne! ¿Te importaría venir un momento?

Ingeniero ¿Entonces qué tiene que ver el comisario?

Dafne *(Entra, siempre seguida de Apolo.)* Aquí estoy. ¿Qué pasa?

Marido Chitón, que ya llega. Yo hago las preguntas.

Ingeniero No, las hago yo.

Médico No, las hago yo.

Marido Nos lo rifamos. *(Hace molinetes con las manos como en el juego infantil.)*

Médico Le acabarán produciendo un exceso de circulación.

Dafne ¿Qué queréis de mí?

Médico Señora, se lo he contado todo a su marido. Lo siento pero no podía soportar que la acusaran de estafadora.

Dafne ¿Les ha dicho lo de la cirugía plástica en la nariz?

Médico Sí. Explíquenos por qué ha querido ocultarlo.

Dafne ¡Caray!, porque si se lo hubiera dicho me habría montado una escena. En cambio con el accidente y la idea de sacarle dinero al seguro sabía que se pondría muy contento, que hasta me felicitaría, como de hecho ha sucedido.

Marido ¡Mentirosa! ¿Cuándo te he negado yo a ti algo?

Dafne Siempre. Cuando le pedí medio millón para pagar la intervención por poco le da un síncope. Así que, para no hacerle sufrir, tuve que robárselo.

Marido ¿Entonces el medio millón que faltaba?...

Dafne Sí, se lo di al doctor.

Taxista ¡Eh, eh! ¡Ahora hágame el favor de soltar en seguida las letras!

Ingeniero ¿Qué letras? ¡Lo siento pero yo también merezco una explicación! Comprendo lo de la plástica y el accidente inventado... ¿Pero quién se ha inventado lo del comisario?

Taxista Usted.

Ingeniero ¿Yo?

Taxista Sí, ha sido usted y su manía de adivinar. ¿Ya no se acuerda? ¡Quería adivinarlo todo!

Ingeniero Pero me dijo que sí...

Taxista A la fuerza, para que no le sentara mal.

Ingeniero De acuerdo. Pero si usted no es el comisario, ¿entonces quién es?

Taxista El taxista.

Ingeniero ¡No diga tonterías! Si el accidente es pura invención...

Taxista No en mi caso. Sólo en el de la señora, que ahora me va a explicar por qué me contó lo del portazo, lo del amante, lo del otro amante...

Dafne Apolo, contésteme con sinceridad: si le hubiera dicho que me ayudara porque no quería que mi marido supiera que me había arreglado la nariz... ¿habría aceptado?

Taxista Desde luego que no. Parece una bola...

Dafne Exacto. En cambio nada más decirle que tengo un amante y que mi marido es un cornudo honorario, en seguida se lo ha creído y se ha ofrecido a ayudarme. Quién sabe por qué a los hombres les da tanta alegría cuando pueden contribuir a los cuernos de sus congéneres.

Taxista Es verdad. Estaba muy contento. Sobre todo cuando he conocido al congénere en persona. ¡Honorario!

Ingeniero Escuche, usted que se hace tanto el gracioso. En lugar de...

Taxista El otro congénere llega en horario.

Ingeniero Menos ofender, y suéltese en seguida de la muñeca de la señora.

Médico No lo diga ni en broma, ingeniero. Después de todo lo que nos ha costado convencerle... ¿Quién le da el oxígeno?

Taxista *(Chulo.)* ¡Eso! ¿Quién se lo da?

Dafne ¡Por piedad, Apolo, no me deje! *(Se cuelga con fuerza de su brazo.)* Me siento tan bien ahora que está usted... Es como si resucitara...

Ingeniero *(Se retuerce los dedos, desesperado.)* Dafne, Dafne... No, te lo ruego... No me obligues a escuchar esas frases... ¿No quieres apiadarte un poco de mí? ¿Qué te ha hecho ese monstruo? Y pensar que ni siquiera es gran cosa, que es más bien feo...

Taxista Pero simpático, ¿verdad, señora?

Dafne ¡Oh, sí!

Taxista ¿Bailamos? *(La vuelve a tomar entre sus brazos. Dulcemente la mujer le convence para que desista.)*

Marido Ya te lo he dicho, Aldo. Es una cuestión de sangre. Explíqueselo, doctor.

Médico Sí, la señora tiene una fuerte carencia de oxígeno en la sangre. Con el sondaje que le hemos puesto se produce una doble circulación de tipo siamés.

Ingeniero Ahora lo entiendo. Es un sistema sueco, ¿no? Recuerdo haber leído algo al respecto. Ahora bien, ¿cómo hacen para dormir? Supongo que no dormirán en la misma cama, ¿no?

Marido ¡Por Dios! Camas separadas. Ya he pensado en todo. Dormirán aquí, acercaremos los dos sofás-cama.

Médico Estupendo. No perdamos tiempo. Que traigan sábanas y mantas, que la señora tiene que dormir. Con la hora que es, debería estar ya en la cama desde hace un buen rato. Llamen a la doncella.

Marido Por desgracia no hay doncella.

Médico Bueno, pues apáñenselas. Háganla ustedes. Tampoco es tan complicado hacer una cama.

Ingeniero Sí, pero con estas esposas... *(Al taxista.)* ¿Seguro que no tiene la llave?

Taxista No, lo siento. Ya se lo he dicho, estas esposas son de cierre automático.

Ingeniero Sí, lo ha dicho... pero después.

Dafne ¡Uf, cuánta historia! Venga, haced lo que ha dicho el doctor mientras nosotros nos vamos a desvestir.

El ingeniero y el socio salen a coger lo necesario para hacer las camas.

Taxista Sí... Nos vamos a desvestir.

Dafne Doctor, venga usted también.

Médico *(Distraídamente.)* No, gracias, tengo que volver a casa. No puedo desvestirme aquí. Mi mujer me está esperando. *(Recoge el instrumental.)*

Dafne ¿Se va sin hacerme la revisión?

Médico ¡Ah, claro, la revisión! Se me había olvidado. Vamos, enséñeme el camino.

Dafne Ah, querido, cojo un pijama de los tuyos...

Marido *(Entra cargado de cojines y sábanas, ayudado por su compañero de esposas.)* ¿Para quién?

Dafne, el taxista y el médico salen.

Dafne Para Apolo. ¿No pretenderás que duerma sin él?
Marido Por Dios. Como si quiere dos. Y tapadlo bien, no se vaya a enfriar.

Los dos trajinan en torno a las camas.

Ingeniero ¡Es como para no creérselo! ¡El marido prestando su pijama y haciendo la cama para que otro pueda dormir a gusto con su mujer!
Marido Bueno, si nos ponemos así, todavía es más extraordinario que el amante ayude al marido a hacer la cama del sustituto.
Ingeniero A propósito, ¿cuánto tiempo vamos a seguir así?
Marido Alrededor de un mes.
Ingeniero Entonces búscate a toda prisa una asistenta porque yo no podré venir todas las noches a ayudarte... ¡Caray con las esposas! ¿Cómo hacemos?
Marido ¿Hacer qué?
Ingeniero Para dormir, quiero decir. Si no podemos separarnos...
Marido Llevaremos mi cama a la habitación de mi mujer y... No, no podremos: habría que desmontarla. Escucha, por esta noche ya nos arreglaremos... Usaremos sólo una cama... ¿Te molesta si ronco?
Ingeniero Claro que me molesta. Todo me molesta. Hazme caso, la solución es ir a la comisaría. Allí tienen llaves para todo tipo de esposas.
Marido ¡Genial! ¿Y qué les contamos? Querrán saber. No nos creerán y pensarán que nos hemos fugado.
Ingeniero ¡Ni hablar! Conozco al comisario jefe. Larguémonos. Un salto y estamos libres.
Marido Espera a que coja los documentos.
Ingeniero Déjate de documentos; no los tengo ni siquiera yo: no sirven.
Marido Déjame que al menos avise a mi mujer. *(Va hacia la puerta de la habitación de la cama.)* ¿Podemos entrar, Dafne?

Dafne *(Desde dentro.)* No, el doctor me está examinando... Tendréis que esperar unos diez minutos.

Ingeniero Entonces, vamos. En diez minutos estamos de vuelta.

Van hacia el fondo.

Marido ¿Tienes coche?

Ingeniero No.

Marido Tomemos el taxi de ese imbécil. Llevo las llaves encima. Vamos.

Salen. Las voces de los otros llegan del dormitorio.

Dafne *(Desde dentro.)* ¿Cómo le queda el pijama?

Taxista *(Igual.)* A decir verdad, algo cortito. Pero no importa. Me ha entrado hambre; mejor dicho, todavía no se me ha quitado.

Dafne *(Igual.)* Claro, con ese caldito... Haga una cosa, Apolo. Busque a mi marido y dígale que mire en el frigorífico. Seguro que encuentra algo. O mejor, que le haga un bocadillo también para mí.

Taxista *(Igual.)* ¿También para usted, doctor?

Médico No, gracias. Ya le he dicho que mi mujer me está esperando.

Dafne *(Igual.)* ¿No ha cenado todavía?

Médico *(Igual.)* Sí, he cenado. Pero mi mujer me espera igual.

Taxista *(Entra en escena llevando un pijama muy estrecho.)* ¡Señor Attilio, aquí hay platos para fregar! ¿Adónde se han largado esos dos? *(Sale por la puerta central del fondo, que da a la cocina.)*

Médico *(Desde dentro.)* Todo marcha viento en popa. Ahora haga lo que tiene que hacer, injértese a su gemelo y a la cama.

Dafne *(Igual.)* De acuerdo, doctor. Gracias por todo.

Médico *(Cruzando la escena.)* Hasta mañana.

Dafne *(Desde dentro.)* Hasta mañana.

Taxista *(Se asoma.)* Adiós, doctor. Perdone, tengo las manos ocupadas.

Médico No se moleste. Quisiera despedirme de los otros dos amigos... ¿Dónde están?

Taxista Ah, no sé. Han desaparecido.

Médico Bueno, salúdeles de mi parte.

Taxista *(Vuelve a entrar, le precede y le abre la puerta de la casa.)* Permítame. Espere que le acompaño.

Médico Gracias, hasta la vista. *(Sale.)*

Taxista Hasta la vista, doctor. *(Al volver sobre sus pasos ve el periódico en el suelo, lo recoge mecánicamente y lo lee.)*

Dafne *(Desde dentro.)* Apolo, sigo esperando el bocadillo... ¿Has conseguido cortarlo?

Taxista No, señora. No he conseguido cortar el pan.

Dafne ¿Y eso? ¿Tan correoso está?

Taxista No sé si está correoso o no; no he encontrado pan.

Dafne *(Entra.)* Mejor así. ¡El pan correoso es tan indigesto! Sea amable, Apolo, pongámonos la sonda. *(Lo llevan a cabo.)* Será sugestión, pero en cuanto nos separamos, la cabeza me da vueltas. *(Mira a su alrededor.)* ¿Dónde están mi marido y el ingeniero?

Taxista No lo sé. Han desaparecido. Tal vez anden por ahí durmiendo.

Dafne ¡Por lo menos podían habernos dicho buenas noches! De todos modos, si les gusta ser maleducados, peor para ellos. Metámonos en la cama. *(Lo hacen. La mujer se arropa con la sábana de la cama de la izquierda. Apolo se tumba en la cama de la derecha. Las dos camas están paralelas y separadas por un estrecho espacio.)* ¿Está a gusto?

Taxista A gustísimo. Caray, nos hemos olvidado de apagar la luz.

Dafne No importa, yo siempre duermo con la luz encendida: estoy acostumbrada, lo siento por usted.

Taxista Ah, a mí me da lo mismo. Encendida o apagada, esta noche ni siquiera conseguiré fingir que duermo...

Dafne ¿Es por la muñeca, no?

Taxista No, no me molesta. Es que sólo ahora me doy cuenta del porqué del injerto. *(Con una pizca de despecho.)* Debí imaginármelo.

Dafne ¿Qué?

Taxista Que como Dafne se convirtió en árbol, la única manera de amarla es haciéndole un injerto.

Dafne ¿Que yo me convertí en árbol?

Taxista Sí, en un árbol blanco de cerezas negras. ¡Y apuesto a que el zorro de mi hermano Mercurio anda otra vez de por medio!...

Dafne ¿Su hermano Mercurio?

Taxista Sí, los dos somos hijos de Júpiter. Él es el hijo inteligente y alado que vuela con el viento y yo el ignorante del taxi que va con las mujeres.

Dafne ¡No se infravalore! Usted es tan amable y sensible... Es uno de los pocos hombres que en seguida inspiran confianza y ternura. *(Breve pausa.)* El corazón me late. Apolo, ¿qué le sucede?

Taxista Disculpe, pero es la bomba de aquí *(señala el corazón)* que está pasada de vueltas. Si me dice ciertas cosas, terminaré quemando la batería.

Dafne Tiene razón. Tal vez sea mejor cambiar de tema... Pero, por favor, nada de mitología: es algo que no consigo comprender y además me da dolor de cabeza...

Taxista Ahora es usted quien se infravalora. *(Pausa; luego, de un tirón, mirando a otra parte en el colmo de la timidez.)* Y pensar que es la cosa más jabón que conozco...

Dafne ¿Jabón?

Taxista Sí, jabón húmedo... *(suspira)* que hace espuma... ese perfumado que se escurre como un pez. *(Cambia continuamente de registro e intensidad.)* Vamos, que a mí el jabón es lo que más me gusta del mundo. Si por casualidad me pongo triste, me meto bajo el agua, me enjabono todo y vuelvo a ser feliz como antes. Ahora comprendo a los negros que se comían el jabón. Con un jabón como usted, me pasaría el día lavándome... ¡Caray, ahora el corazón me está gastando a mí la misma broma! ¡Sienta cómo late!

Dafne Sí, lo sé. Esta vez soy yo quien está pasada de vueltas. La culpa es suya... ¡Vamos! ¿Cómo no voy a sofocarme? «Jabón húmedo», nadie me lo había dicho antes... «Jabón húmedo que hace espuma»: ¡es un cumplido precioso! ¡A saber a cuántas mujeres se lo habrá dicho ya!

Taxista *(Sin mirarla.)* No, usted es el primer jabón, el único jabón, el único verdadero jabón que hace espuma... de carísimo perfume francés.

Dafne Basta, Apolo. Va a hacerme llorar...

Taxista Sí, sí, llore. Apuesto a que si llora le salen pompas, muchas pompas de colores saliendo de sus ojos... como lágrimas de jabón...

Suena un timbre.

Dafne Oh, están llamando. Hay que ir a abrir.

Taxista ¿Por qué? Ya está abierta... sólo hay que decir «¡Adelante!».

Dafne ¿Quién será?

Taxista En seguida lo sabremos. *(En voz alta.)* ¡Adelante, pase!

Entra un agente de policía vestido de paisano.

Agente *(Da unos pasos y se detiene un tanto cohibido.)* No quisiera molestar pero me gustaría saber si vive aquí el propietario del taxi número 56-13.

Taxista ¡Soy yo! El taxi número 56-13 es mío. ¿Por qué lo pregunta?...

Agente *(Llega al proscenio, repara en Dafne.)* Oh, perdón. No me había dado cuenta de que también estaba la señora... Disculpe, señora, por la invasión.

Dafne *(Se esmera en cubrir el sondaje de las muñecas con la sábana.)* ¡No tiene importancia! Diga, ¿quién es usted?

Agente Soy de la policía, brigada de buenas costumbres. Como decía, estoy aquí por el taxi del señor.

Taxista *(En un tono alto.)* ¿De buenas costumbres? *(Golpeándose con fuerza la mano libre en la rodilla.)* ¡Claro, qué tonto! ¿Sabe? Los taxis son como las mujeres: nunca hay que comprarlos de segunda mano. ¿Qué ha hecho? ¿Tal vez ha cometido actos obscenos o delitos contra la moral?

Agente No, pero se lo ha encontrado en posesión de presuntos implicados.

Taxista Perdone, pero no comprendo: ¿es mi taxi quien se ha apoderado de los presuntos o han sido los presuntos quienes se han implicado... quiero decir, ¿apoderado?

Agente Los presuntos se han implicado. *(Se corrige.)* Que han robado, vamos.

Taxista *(Fuera de sí.)* ¿Me han robado el taxi? ¡Malditos ladrones! Si los encuentro me los como.

Agente ¡Ya está hecho!

Taxista ¿Se los ha comido?

Agente No, quiero decir... los hemos encontrado. Y el coche está ahí abajo otra vez en su sitio. Aquí tiene las llaves *(Se las entrega.)*

Taxista ¿Mis llaves? Oh, gracias, siéntese. *(Señala un sillón.)*

Agente Gracias. Lo hemos encontrado por casualidad. Como le decía, soy de buenas costumbres y no entra dentro de nuestra competencia detener coches, pero ese taxi levantaba sospechas: iba haciendo zigzags. Luego comprendimos por qué: había dos personas al volante y... esposadas.

Dafne ¡Bravo, han hecho ustedes bien! Esposadas ya no podrán robar más coches.

Agente Esperemos... No quisiera causar más molestias...

Taxista Por Dios, moleste lo que quiera y ahórrese los cumplidos...

Agente Gracias. Primero quisiera, si no les importa, echar un vistazo a sus documentos para poder redactar el informe.

Taxista Están allí, en la otra habitación. *(Olvida que está atado a Dafne.)* Espere a que me levante. *(Vuelve a caer en la cama retenido por Dafne.)*

Agente No, no se levante sólo para esto... No se moleste, me apañaré con el permiso de circulación que he encontrado en el coche.

Taxista Gracias, es muy amable.

Agente Una última pregunta. Perdone por la indiscreción pero también es para el informe. ¿La señora es su mujer?

Taxista ¿Eh? *(Los dos se miran para ponerse de acuerdo.)* Sí... sí, es mi mujer.

Agente Es suficiente. Ya me puedo ir. *(Retrocede, mundano.)* ¡Enhorabuena! Si me lo permite, se ha casado usted con una mujer bellísima.

Dafne Oh, gracias.

Agente Y se lo digo yo, que las he visto bellísimas. Las mejores de estas calles.

Dafne *(Sarcástica.)* ¡Adulador!

Agente No, es la verdad. Usted es la mejor de todas... ¡Y el canalla me quería hacer creer que usted era su mujer!

Dafne ¿Quién pretendía?...

Agente Uno de los implicados con las esposas. ¡De dónde se habrán escapado!

Taxista *(Mira a Dafne con intención, conteniendo la risa.)* ¿Dos con esposas?

Agente Claro. ¡Tenía usted que haber oído al que se las daba de ingeniero! *(Imita el tono y los gestos del ingeniero.)* «Conozco al comisario, lléveme donde él... Haré que le expulsen del cuerpo... Haré esto, haré lo de más allá!» Amenazando, ya me entiende.

Taxista *(Finge indignación.)* ¡Hay que ver, hay que ver!

Agente Esposado y aún tenía la cara dura de ponerse chulo.

Taxista *(Como antes.)* ¡Ayayay!

Agente Y se negaba a subirse al furgón de las prostitutas.

Taxista *(Como antes.)* ¡Uyuyuy!

Agente Encima se puso a insultar a las chicas que habíamos cogido en la redada. Imagínese, por poco lo linchan.

Dafne ¿También mi marido?

Agente ¿Cómo?

Dafne No, no. Quiero decir, el tipo ese que decía que era mi marido: ¿le pegaron las prostitutas?

Agente No, a ese le pegaron los taxistas de la parada de al lado. Y con toda la razón del mundo... Tenía que haber oído la chulería: «¡No, yo no he robado el taxi, no soy un ladrón! ¡Los ladrones sois vosotros que robáis en la tarifa de cada carrera! Y golpe al canto. *(Imita voces diferentes.)* «¿Y quién le ha puesto las esposas?» «Un taxista, para seguirle el juego a mi mujer»...

Taxista *(Se ríe más que divertido. Dafne le echa una mirada de reproche.)* ¡Y golpe al canto!

Agente *(Siempre imitando varias voces.)* «¡Os juro que es la verdad!: preguntádselo a ella.» «¿Y dónde está tu mujer?» «En la cama con el taxista.»

Taxista *(Mima con el brazo.)* ¡Y golpe al canto! *(El agente le hace un gesto para que siga.)* ¡Y golpe al canto!... Usted dirá cuándo paro...

Agente Mire, si hubiera sido por mí, habría dejado que los mataran del asco que me daban. ¿Cómo se puede ser tan guarro? «¿Dónde está tu mujer?» «¡En la cama con el taxista!»

Taxista *(Como en una cantinela infantil.)* ¡Golpe al canto! ¡Golpe al canto!: ¡a degüello!

Dafne *(Da un tirón a la muñeca de Apolo, que se interrumpe fingiendo bochorno.)* ¡Pobrecillo! ¿Y luego adónde los han llevado?

Agente Están abajo con mi colega. Sabe, antes de encerrarlos, queríamos asegurarnos... Dicen que viven en esta casa, así que...

Taxista *(En tono agudo.)* ¡Uy, qué fantasía!

Dafne Hágalos subir... A lo mejor al verlos en persona... Nunca se sabe, es posible que hayan dicho la verdad...

Agente ¡Señora, son dos delincuentes! ¿Qué verdad? ¿Deberíamos creernos la insinuación de que usted está en la cama con otro?

Taxista Tiene razón, son delincuentes. ¡Mejor que no suban! ¡Golpe al canto y se acabó!

Dafne No, Apolo. Ahora es usted el malo: malo y perverso.

Agente ¿Quién es malo y perverso?

Taxista Apolo.

Dafne *(Señala al taxista.)* Mi marido.

Agente ¿Le trata de usted?

Dafne Sí, cuando es malo, siempre.

Taxista Una vez me trató de vos...

Dafne *(Suplicante, al polizonte.)* ¡Se lo ruego, se lo ruego, agente! ¡Hágalos subir! ¡Apolo, te lo suplico, dile que los haga subir!

Apolo mira a su alrededor como ausente.

Agente Está bien, señora, se los subiré. ¡Pero ay de esos dos sinvergüenzas si vuelven a decir patrañas y a ponerse chulos!

Taxista *(Siempre en clave ausente.)* ¡Proceda!

El agente sale.

Dafne ¡Pobre Attilio, golpeado por los taxistas!

Taxista (*Mima la paliza en miniatura casi a escondidas. Pausa. Luego, con un hilo de voz.*) ¡Golpe al canto!

Dafne ¿Está contento, eh?

Taxista Que no se hubiera metido con la profesión. Además, me dan ganas de llorar de alegría por el ingeniero... ¡Te metes con las putas y te revientan a taconazos el ojo por mirar tanto!

Dafne (*Indignada.*) ¡Apolo, cállese! Un poco de comprensión, al menos en lo que a mí respecta, vamos.

Taxista Tiene razón. Soy un poco canalla, lo siento... Hagamos las paces, tuteémonos y luego bailemos.

Dafne No.

Taxista (*Resopla.*) ¡Aquí nunca se baila!

Dafne El error ha sido decirle que somos marido y mujer.

Taxista ¡Qué error! Es de buenas costumbres. Nos habría encerrado a los dos.

Dafne No puedo permitir que terminen en prisión por no comprometernos... Cuando vuelva se lo cuento todo. Le explicaré lo del injerto...

Taxista ¡Eso! ¡Así metes en el ajo al pobre doctor!

Dafne ¿Qué tiene que ver el doctor?

Taxista A usted se lo ha ocultado para no ponerla nerviosa pero a mí me lo ha dicho... Y ahora, tal y como están las cosas, tengo que hablar. Escuche, ¿no se ha preguntado por qué después del injerto, sólo dos días después, en lugar de dejarnos hospitalizados para la convalecencia nos ha mandado a casa en seguida?

Dafne ¡Claro! ¿Y por qué será?

Taxista Porque esto de hermanarnos es un método curativo que todavía no está aceptado por el colegio de médicos. Así que es ilegal. Y si lo descubren, suspenderán al doctor.

Dafne ¡Pobrecillo! ¡Se la ha jugado por mí!

Taxista Claro, para salvarla. Así que usted sabrá si, por ahorrar algunas horas de prisión a esos dos egoístas, merece la pena arruinar para siempre a un hombre tan generoso que tiene una mujer en casa que le espera sin parar.

Dafne Tiene razón, no se puede: habrá que sacrificar a la fuerza a Attilio y al ingeniero.

Taxista *(Compungido.)* Sí, hay que sacrificarlos. Se me parte el corazón pero no podemos hacer otra cosa: ¡un sacrificio en toda regla y a correr! *(Pausa. Se oye el ruido de pasos en la entrada.)* ¿Preparada para el sacrificio? Ya vienen.

Dafne Preparada.

Agente ¿Se puede?

Taxista Adelante. Veamos a esos dos farsantes.

Agente Aquí están. Entrad, y cuidadito con levantar la voz o con ofender... Saludad a la señora.

Entran los dos esposados, magullados y con las ropas echas jirones.

Marido *(Va delante casi a la carrera: arrastra tras de sí al ingeniero que del tirón va a estamparse contra la armadura.)* ¡Por fin! Tesoro, díselo tú...

Dafne *(Interpreta el personaje de la reina en el trono.)* Perdone... ¿Qué se supone que debería decir?

Marido ¿No lo ves, querida? Nos han detenido, nos han tomado por ladrones...

Dafne ¿Y qué es lo que son entonces?

Ingeniero *(Se coloca delante a su vez con tal ímpetu que obliga a su compañero de esposas a darse un auténtico cabezazo contra la armadura.)* ¿Qué somos? ¿De verdad que no nos reconoces? Debemos tener una pinta espantosa...

Agente ¡Adelante y menos rollos! A ver la cara dura: decid a la señora quiénes sois.

Marido ¡Yo soy su marido!

Agente *(Con voz casi bronca.)* ¿Entonces quién es el señor que está en la cama?

Marido Ya se lo he dicho diez veces... Si está con mi mujer sólo puede ser el taxista.

Ingeniero ¡Es de cajón!

Agente ¿Es de cajón que los taxistas duerman con las mujeres de los demás? ¿Se da cuenta de lo descarados y agresivos que son? *(Da un empellón al ingeniero; del contragolpe, el otro se choca de nuevo con la armadura.)*

Ingeniero Te lo ruego, diles que Attilio es tu marido.

Dafne Lo siento por usted pero yo sólo tengo un marido... Y es el que está en la cama conmigo

Ingeniero ¿Ése? ¡Tú la mujer de un taxista!

Taxista ¡Sí! ¿Y qué? ¿Qué tiene de raro? *(Hace ademán de salir de la cama.)* Ahora me levanto y le parto la cara.

Dafne Cálmate, cariño, no merece la pena que te manches las manos con esa gentuza.

Taxista Con los pies, le parto la cara

Marido *(Con voz cercana al llanto.)* ¿Qué te pasa, cariño?

Agente *(Lo aparta con decisión.)* Basta. ¡No vuelva a atreverse a usar un tono tan familiar con la señora! Si insiste, trátela de usted y llámela señora.

Marido *(Furibundo.)* ¡Está bien, señora! Señora, se lo suplico... Señora, ¿por qué no nos quiere salvar? ¡Diga que estamos casados, dígalo!

Dafne Queridos míos, si tuviera que casarme con todos los que intentan robar el taxi a mi marido, estaría apañada... ¡Haberlo pensado antes, ladrones!

Marido ¡O sea que quieres buscarnos la ruina!

Taxista *(Con fuerza.)* Sí. *(Se da cuenta de que el agente le observa y trata de disimular el «sí» fingiendo un estornudo.)* Esto... ¡Aaachís! Jesús, gracias.

Marido Está bien. ¿Me permite que vaya a mi habitación a coger mis documentos, señor agente?

Agente ¿Qué habitación?

Marido La mía: la segunda a la derecha.

Dafne Ni hablar, no se equivoque. Esto no es una pensión y no alquilamos habitaciones a nadie. Y mucho menos a ladrones de coches.

Agente Bien dicho, señora *(Se dirige con gesto torvo al empresario.)* Se hace el listo, el muy sinvergüenza... ¿Se pensaba que íbamos a dejarle ir para que pudiera largarse por la ventana? ¿Con quién se cree que está hablando?

Marido De acuerdo. Entonces mire en la guía telefónica y compruebe a qué nombre está puesto este número.

El agente toma la guía y comienza a hojearla.

Dafne Está a mi nombre, Dafne Ranzoni.

Marido Exacto, Ranzoni es mi apellido.

Dafne Mentiroso. Ranzoni es mi apellido de soltera: Ranzoni de Apolo.

Taxista Y Apolo soy yo... el marido de Dafne, Minervini de soltero. Compruébelo en el permiso de circulación del coche: Apolo Minervini.

Agente Ya lo he comprobado. También corresponde el nombre de la señora. *(Vuelve a cerrar la guía telefónica.)* Llegados a este punto comprenderán que es hora de dejarse de patrañas. Pidan disculpas a los señores y vámonos. *(Agarra por el brazo al empresario.)*

Ingeniero *(Iluminado por una idea, se echa hacia delante arrastrando al empresario y al agente.)* Un momento, señor agente, mire a su alrededor: ¿le parece la casa de un taxista?

Esta vez es el agente quien se estampa contra la armadura.

Agente *(Frotándose un ojo.)* Bueno, la verdad es que es muy bonita... ¡Quién sabe lo que costará el alquiler!

Dafne Nada de alquileres... Es nuestra... Quiero decir, mía personal: una herencia...

Agente ¿También los muebles?

Dafne Sí, todo.

Taxista Bueno, las columnas las puse yo: me las ha prestado una tía. Mire qué bonitas.

Dafne Sólo está decorada esta habitación... Las demás están vacías.

Marido No es verdad.

Dafne ¡Chitón! ¡Para qué habré insistido tanto en que subieran!

Agente Señora, ya le dije que no merecía la pena. *(Agarrándolos por las muñecas.)* Venga, muévanse. A jefatura.

Ingeniero Ya lo creo que vamos a ir en seguida... ¡Hablaremos con el comisario Faroni y ya veremos!

Agente *(Imitándole.)* El comisario Faroni no está. Está fuera en una misión y no volverá antes de un mes.

Ingeniero ¡Maldita sea, lo que faltaba! ¿Qué hacemos ahora?

Marido Que nos lleve a tu casa.

Ingeniero ¡Genial! ¿Y cómo entro? Ya no tengo llaves. ¡Esas desgraciadas casi me desnudan! ¡Me han sacado hasta los forros!...

Taxista *(Maligno.)* ¡Oh, qué pena me da!

Ingeniero ¡Búrlese, búrlese, que cuando consiga que me suelten juro que me las pagará!... ¡Y tanto!

Taxista ¿Ha oído eso, agente? ¡Me está amenazando!

Agente *(Le propina un codazo: ambos terminan abrazando la armadura.)* ¡Sinvergüenza! Te lo había advertido... Venga, movimiento... ¡Largo de aquí!

Taxista ¡Al trullo!

Marido Tú también, Dafne... tú también... ¡Me las pagarás!

Taxista Otra amenaza... ¡También él, el farsante!

Agente ¡Ah, este es reincidente! ¡Fuera! *(Los empuja violentamente hacia la salida atados como están, pierden el equilibrio y se agarran a la armadura arramplando con ella en volandas como si fuera la estatua de un santo en procesión.)* Hasta la vista y disculpe, señora.

Oscuro y música.

Escena segunda

Siempre la casa de Dafne. Vuelve la luz. Dafne sigue en la cama, pero la otra cama está vacía. Dafne duerme. Llaman a la puerta.

Dafne *(Sin abrir los ojos.)* ¿Quién es? Apolo, llaman a la puerta. Sé amable, quítate la sonda y ve a abrir... ¡Apolo! *(Abre los ojos y mira a su alrededor.)* ¿Dónde estás?

Taxista No lo sé. *(Su voz proviene de debajo de la cama de Dafne.)*

Dafne ¡Oh, santo cielo!... ¿Pero qué haces ahí abajo?

Taxista A lo mejor me he caído... He pasado una noche tan agitada...

Dafne De hecho, he oído cómo te quejabas. ¿Y ahora cómo te sientes?

Taxista Ah, bien, bien... Con un poco de sueño.

Dafne Perdona pero tienes que salir de ahí... Están llamando a la puerta. *(Apolo mueve las piernas inútilmente.)* Eh, no. Así no lo conseguirás... espera... me suelto la muñeca y voy yo a abrir.

Taxista Sí, ve tú, gracias. Yo, si no te importa, sigo durmiendo que me muero de sueño.

Dafne Anda cariño, sé amable: vete a dormir bajo tu cama. Sabes que me molesta que duerman debajo de la mía.

Taxista Es que la tuya tiene visillos más largos. *(Se refiere a las sábanas no remetidas que cuelgan hasta el suelo y lo ocultan por completo.)*

Vuelven a llamar a la puerta.

Dafne ¡Ya voy! *(Va a abrir.)*

Entra la secretaria del empresario.

Señorita Buenos días, señora...

Dafne ¡Oh, señorita Ana! Disculpe si la he hecho esperar pero todavía estábamos durmiendo. Pase.

Señorita Disculpe usted, señora, si la molesto a esta hora.

Dafne ¿Por qué? ¿Qué hora es?

Señorita Cerca de las ocho.

Dafne ¿Tan pronto? ¿Y cómo así?

Señorita Dentro de media hora empieza el juicio. ¿No ha recibido la citación?

Dafne ¿El juicio de quién?

Señorita De su marido y del ingeniero. ¿De verdad no sabe nada?

Dafne No, de verdad. *(Quita las sábanas de la cama donde dormía Apolo y empieza a doblarlas ayudada por Ana.)* Hace veinte días que no dan señales de vida, que no llaman por teléfono, tantos que hasta he llegado a dudar si no estarán enfadados conmigo.

Señorita Ah, enfadados desde luego lo están... De todos modos, me parece que usted tampoco ha hecho mucho por averiguar algo.

Dafne Estaba tranquila. Sabía que los soltaron a la mañana siguiente. Los esperaba en casa y en cambio...

Señorita Y en cambio los han vuelto a encerrar en seguida.

Dafne ¿Y eso?

Señorita Porque, para comprobar su identidad, antes de soltarlos un agente vino a la oficina, quiso ver la documentación de la empresa. Se la enseñé, pero en la confusión, como estaba nerviosa, saqué también la del cambio de propiedad: todo sin declarar y con el valor catastral falso. Se armó la de dios es cristo. Ese chinche quiso interrogar a los ex socios para aclarar el motivo de su renuncia a las acciones... Volvió a salir la pesadilla del pie y los socios se dieron cuenta de que les habían estafado... Han puesto una denuncia.

Dafne ¡Y los han detenido!

Señorita Sí, pero esta vez en serio. El abogado ha dicho que menos de cuatro años no se los quita nadie. Y todo por ese maldito pie. *(Pega un grito.)* ¡Ay, mi madre! ¡Aquí está otra vez! *(La punta de un pie de Apolo asoma por debajo de la cama.)*

Dafne ¿Quién?

Señorita El pie. *(Señala el susodicho pie, a cuyo lado viene a colocarse el otro.)* Mejor dicho, dos. ¡Allí, mire cómo se mueven! ¡Señora, hay un hombre debajo de la cama!

Dafne Ah, sí. No haga caso: es Apolo. Venga, cariño, sal fuera... Es la secretaria de mi marido.

Taxista *(Hace un movimiento con los pies como saludando.)* Encantado.

Señorita *(En un gallo.)* Encantada. *(Escandalizada.)* ¿Pero cómo, señora, su marido en la cárcel y usted con un hombre debajo de la cama?

Dafne Bueno, normalmente lo tengo encima de la cama pero cuando usted tocó el timbre...

Señorita Ha hecho bien en esconderlo. ¡Qué desagradable! Aquel pobre hombre, la primera vez que consigo hablarle se preocupa por usted, me obliga a que la venga a ver para traerle consuelo... Llego y descubro que no sólo la señora no lo necesita sino que además tiene un consuelo debajo de la cama... ¡Oh, pobre Attilio, qué imbécil eres!

Dafne No, no, señorita, déjeme que le explique. *(Como para* *sí, cayendo en la cuenta.)* ¿Imbécil? ¡Imbécil! *(Interpelándola.)* ¿Y cómo conoce a mi marido tan íntimamente? ¿Cómo se permite tutearle?

Señorita Me lo permito por el mero hecho de que me lo ha pedido él... Por otra parte, debe admitir que sería cuando menos ridículo empeñarse en expresarse en términos de oficina: «Muy señor mío, según su solicitud a fecha de hoy... *(Como si estuviera escribiendo a máquina.)* Dlin... He reservado una habitación de matrimonio en casa de amiga complaciente... dlin... para uso y satisfacción de nuestra pasión amorosa... dlin... Aguárdole ya desvestida, etcétera, etcétera, etcétera... dlin, dlin, dlin...».

Dafne ¡Desvergonzada! ¿Y tiene el valor de venírmelo a decir con máquina y dlin, dlin, dlin incluidos?

Señorita Tiene razón. Usted es mucho más correcta. No lo dice a máquina: se lo mete debajo de la cama.

Dafne ¡Oh, me siento mal! *(Se deja caer sobre la cama.)* La cabeza me da vueltas...

Señorita Se lo ruego, no le eche tanto teatro que a mí no me engaña, ¿sabe?

Dafne Apolo, rápido, la sonda... Me falta el aire. *(Se tumba bocabajo en la cama.)*

Taxista ¡Ya estoy aquí! Dame la muñeca: yo me ocuparé, *(Asoma medio cuerpo por debajo de la cama, permaneciendo oculto a los ojos de la secretaria.)* ¡Ya está!

Dafne ¡Oh, menos mal! Ahora me encuentro bien. *(Se incorpora para sentarse, levanta un brazo, se da cuenta de que la clavija de la sonda no está insertada.)*

Taxista No, todavía no está. *(Agarra la muñeca de Dafne y la aproxima a la suya.)*

Dafne *(Volviendo a gritar.)* ¡Mi madre, qué mal estoy!

Taxista *(Inserta la clavija.)* ¿Ahora cómo te sientes?

Dafne Mucho mejor, gracias.

Taxista Hemos estado separados demasiado tiempo. *(Se levanta del suelo y se sienta en la cama cerca de Dafne.)* ¡Ha sido por eso! ¡Toda la culpa es mía!

Señorita *(Que no se ha dado cuenta del porqué de tanto trajín.)* ¡Miren cómo se aman los tortolitos! ¡Y a plena luz del día! ¡No se corten, no se corten, déjense de ceremonias! Luego la señora habla de desvergüenza. Perdonen, pero llegados a este punto será mejor que me vaya... Me dan ganas de vomitar.

Taxista *(Se presiona con fuerza el abdomen.)* Qué raro, también a mí... Perdone, señorita, ¿le importaría comprarme un helado ya que tiene que salir? Tengo un antojo...

Señorita ¿De helado?

Taxista Sí, helado. Ya sabe, uno de turrón con nata por dentro... Seguro que se me pasarán las náuseas.

Señorita Oiga, que encima se ponga gracioso, la verdad es que no lo soporto. ¡Debería darle vergüenza!

Taxista Sí, me da, me da muchísima vergüenza. ¡Pero, ande, cómpreme un helado, sea amable!

Dafne ¿Apolo, qué te pasa? ¿Te parece que es momento para bromas? ¡Es el colmo! Yo me acabo de enterar de que mi marido tiene una amante y tu...

Taxista *(Lloriqueando.)* Y yo quiero un helado... Un helado, turrón con nata por dentro. Oyoyoy... el turrón... con nata... por.... *(Se desmaya cayendo de golpe sobre la cama, todo de través.)*

Dafne ¿Apolo, qué te ocurre? ¿Te sientes mal? ¡Apolo!... ¡Se ha desmayado! *(Trata de colocarlo en una posición más normal.)* Ayúdeme...

Señorita *(Agarra al hombre por los hombros y lo incorpora con gran esfuerzo.)* ¿No será otra broma?... ¡Caray, qué impresión! ¡Parece que está muerto!

Dafne ¡Toda la culpa es suya!

Señorita ¿Mía? ¿Porque no le he comprado el helado?

Dafne No, por agredirme de ese modo. Me ha hecho sufrir. ¿Cómo se puede tener tan poca delicadeza como para revelarme de golpe que mi marido, además de estar procesado, tiene también una amante? Tenía que pasar, tan unidos como estamos: yo he sentido que me desmayaba y él se ha desmayado.

Señorita Lo siento... Sinceramente... No imaginaba... ¿Qué puedo hacer?

Dafne No lo sé, no lo sé, tranquilíceme. *(Le coge una mano.)* Convénzame de que ha mentido, que entre usted y mi marido no hay nada, que no condenarán a mi marido... Todo lo contrario, que le nombrarán general de la oficina técnica de avia-

ción por la estafa. Vamos, que va todo como de costumbre...
Así yo me calmo y él vuelve en sí.
Señorita Pues eso, es como dice. No ha pasado nada. Los socios han retirado la denuncia.

Apolo levanta un brazo.

Dafne Siga, siga, que lo estamos consiguiendo.
Señorita Todo va viento en popa. Yo a su marido le trato de usted y sólo me dirijo a él por carta.
Dafne Ya es suficiente, gracias. Ha vuelto a abrir los ojos... ¿Cómo te sientes, Apolo? ¿Quieres un poco de coñac?
Taxista No, quiero helado.
Dafne ¿Otra vez?
Taxista Sí. Otra vez. Pero no de turrón... De nata con fresas.
Dafne Hay que llamar al doctor. Señorita, llame al hospital. Mire, el número está en la agenda.
Taxista No, en el hospital el helado es muy malo...
Señorita Tal vez tenga razón. Será mejor llamar al bar de la esquina...
Dafne Siga mi consejo... haga lo que le digo... ¿Qué hora es?
Señorita Las nueve menos diez.
Dafne Entonces déjelo. El doctor está a punto de llegar. Esperemos que no tarde. Los demás días siempre ha sido puntual... *(Suena el timbre.)* Ya está aquí, es él. Sea amable y vaya a abrir.

La secretaria lo hace.

Señorita *(Tendiendo los brazos feliz.)* Attilio... ¡Qué alegría! ¿Te han absuelto?
Marido *(Entra.)* ¡No! Nos han condenado a doce meses... Yo he salido en libertad condicional; en cambio el ingeniero tendrá que cumplirlos.
Señorita *(Lo abraza.)* Lo importante es que estés libre.
Marido Libre sí pero arruinado. He tenido que ceder toda la empresa a los socios... No me queda un duro.

Taxista ¿Ni para comprarme un helado?

Marido *(Aparta a la secretaria y se abalanza literalmente sobre el taxista.)* ¡Desgraciado! Todavía tiene la cara de burlarse de mí después de dejarme en el arroyo.

Señorita ¿Te ha dejado en el arroyo? ¿De qué manera?

Marido Primero regalándome la idea del pie y luego haciéndome pasar por un ladrón de taxis...

Señorita ¿La idea del pie?

Marido ¡Claro! ¿Aún no le has reconocido? Es uno de los dos profesores con barba.

Señorita *(Riendo.)* Ah, sí, el de los juegos de palabras... Es verdad, es él.

Marido ¡Yo me lo cargo! Primero a él y luego a mi mujer.

Taxista ¡Oyoyoy! *(Finge desconcierto y pánico.)*

Dafne Si lo que quieres es librarte de mí y casarte con tu dulce secretaria, no es necesario llegar al delito: te concedo todos los divorcios que quieras.

Marido ¿Quién le ha hablado de lo nuestro?

Señorita Se lo he dicho yo.

Marido ¿Tú? ¿Y por qué?

Señorita ¿Para qué ocultarlo, digo yo, después de la desvergüenza que han demostrado? Míralos. ¿No te das cuenta todavía de que se tutean y duermen juntos?

Marido ¿Y qué? ¿Qué necesidad había de pregonarlo?

Señorita Pero... pero... ¿estás hablando en serio? Tu mujer está en la mismísima cama con otro hombre y tú...

Marido ¡Sí, lo sé, soy un desgraciado! Yo mismo le he hecho la cama, le he pagado a este hombre para que se recupere y ella me ha metido en el trullo.

Dafne Te he metido en el trullo para salvar al doctor.

Marido ¿Para salvar al doctor?

Médico *(Entra.)* ¡Permiso! Buenos días a todos.

Dafne Buenos días, doctor. Llega usted en el momento oportuno. Explíquele a mi marido lo que habría sucedido si el colegio de médicos hubiera descubierto lo del injerto.

Médico ¿El colegio de médicos? ¿De qué hablan?

Taxista *(En un intento por cortar el tema.)* Nada, nada, doctor. Discusiones entre marido y mujer. Ya verá qué pronto hacen las paces. (*Lo agarra por la chaqueta.*) Por cierto, ¿me ha traído el helado? (*Tira de él.*)

Médico (*Aturdido.*) ¿Qué helado?

Dafne Olvida por un instante tu helado... Antes quiero que el doctor le hable (*señala al marido*) del riesgo que ha corrido al practicarme la doble circulación.

Médico Bueno, desde luego... Riesgo ha habido, y tanto... Pero por suerte todo se ha resuelto para bien. No hay peligro.

Dafne ¿Has visto, cabezota? Y tú que decías...

Marido ¿Qué decía yo?

Taxista (*Siempre buscando un pretexto para cortar la discusión.*) Esto... Decía, también yo he oído que decía... También la señorita lo ha oído. Tanto así que en cierto momento me he permitido esta observación: «¡Oh, pero qué dice ese!».

Marido Cállese. (*Al médico.*) Era Dafne quien decía... decía que me había metido en el trullo para salvarle a usted, doctor.

Médico ¿Para salvarme a mí?

Dafne Pues sí. Imagínese si la policía descubre el sondaje. Le habrían suspendido.

Apolo emite un gemido similar al de una cámara de aire que se desinfla.

Médico ¿Quién le ha contado semejante cosa?

Dafne Apolo... Pero no se enfade, doctor. Lo ha hecho para bien, para no comprometerle con el colegio de médicos.

Médico (*Agresivo.*) ¿Usted ha contado esa patraña?

Taxista (*Con un hilo de voz.*) Sí, sí, para bien.

Médico (*Exasperado.*) ¿Para bien de quién?

Taxista (*Obvio, ofendido.*) Para bien mío y de Dafne.

Dafne ¡Apolo, me desconciertas!

Marido ¡Ahora mismo lo desconcierto yo del todo, pedazo de canalla! (*Lo agarra por las solapas del pijama.*)

Médico ¡Se lo ruego! No perdamos la cabeza. (*Le obliga a soltar la presa y le aparta.*) Don Attilio, cálmese... Siga mi consejo, vaya a dar una vuelta mientras yo examino a la señora.

Marido Sí, tal vez sea lo mejor. Ven Ana, vamos a tomar el aire, que aquí se asfixia uno.

Van hacia el fondo.

Taxista Oiga, mientas toma el aire, ¿le importa traerme un helado y así yo también tomo algo?
Marido No, esto es demasiado. *(Va a abalanzarse sobre el taxista pero la secretaria lo detiene.)*
Señorita No le hagas caso, vamos.

Van a salir.

Taxista *(En tono desgarrador.)* Helado... he... la... do Tu... rrón... con... *(Se desmaya.)*
Médico Se ha desmayado. *(Al empresario.)* Le dije que se fuera...
Marido Pero si ni siquiera le he tocado... No ve que es puro teatro.
Médico ¿Usted cree? Don Apolo, despierte, deje de fingir *(Lo abofetea.)*
Dafne No, no es teatro. Hace poco le ha pasado lo mismo... Primero ha pedido un helado y luego se ha desmayado. Le diré que me he preocupado mucho. Iba a llamarle al hospital...
Médico No entiendo cómo puede haber ocurrido. Ayer los dos estaban perfectamente, tanto que hoy mismo pensaba quitarles el injerto.
Marido Pues precisamente por eso digo que está haciendo teatro: para seguir pegado a mi mujer. Y quién sabe si no se han puesto de acuerdo...
Médico *(Ausculta el tórax de Apolo.)* No, no. Aquí hay realmente algo que no marcha. Latidos acelerados, respiración exclusivamente torácica típica de las mujeres, glándulas mamarias desarrolladas... ¡Ohhh!
Dafne ¿Está cambiando de sexo?
Médico No, señora, es usted quien está cambiando algo... y él acusa las consecuencias...
Dafne ¿Me estoy convirtiendo en hombre?
Médico No, se está convirtiendo en más mujer que nunca.
Marido *(Ofendido.)* ¿Le parece que mi mujer no lo es bastante?

Médico No me ha comprendido. Su mujer espera un niño.

Todos ¡Nooo!

Médico Sí, al menos los síntomas son los típicos. Además los desvanecimientos y el absurdo antojo de helado son indiscutibles indicios de maternidad incipiente.

Taxista *(Vuelve en sí al instante.)* ¿Eh? ¿Helado? ¿Quién ha hablado de helado? *(Mira alrededor como atontado.)*

Dafne ¡Oh, Attilio, te lo ruego! ¡Vete en seguida a comprarle un helado!...

Taxista *(Con un grito agudo exactamente igual al de un vendedor ambulante de parque público.)* ¡Heladooo!

Marido ¿Yo?

Dafne ¿No querrás que tenga un hijo con antojo de turrón y fresa?

Taxista *(Igual.)* ¡Turrón... fresaa... heladooo!

Marido ¡Esto es para no creérselo! Mi mujer espera un hijo que evidentemente no es mío y encima tengo que ir a buscar un helado a mi sustituto que tiene antojos!

Taxista ¿Cómo? ¿Dafne espera un niño?

Dafne Sí, un niño, pero no comprendo cómo puede haber sido...

Marido *(Irónico, con mala idea.)* Pobrecita... la ingenua... No comprende nada. ¿Quieres que te haga un dibujito?

Taxista *(Escandalizado como si fuera una dama de la alta sociedad.)* ¡Ooh!

Dafne ¡Por favor! Dibujas tan mal... A saber el garabato de niño que saldría.

Taxista Claro, claro: será mejor que tenga las manos quietas... Son criaturas tan delicadas... *(Sinceramente conmovido.)* ¡Es maravilloso, un niño! Por eso me daban náuseas. ¿Estás contenta?

Dafne A decir verdad, las náuseas de los demás nunca me han divertido excesivamente.

Taxista Esta vez es diferente: es como si fueran tuyas.

Dafne Sí, lo sé, pero no consigo entender cómo puedo estar esperando un niño.

Taxista ¡Ah, entonces tu marido tiene razón! La solución es hacerte un dibujo. Doctor, hágalo usted que tiene más práctica.

Médico No se crea... Nunca he tenido excesiva habilidad para las artes figurativas. De todos modos tengo que decirle, Apolo, que cuanto más lo miro más me doy cuenta de que tiene la típica mirada acuosa de la gestante.

Taxista ¿La mirada acuosa? *(Subiendo a un tono agudo.)* ¿Que tengo mirada acuosa de gestante?

Señorita Sí, sí, es verdad. Tiene ojos de mujer encinta. ¡Ay, qué gracioso! *(Ríe.)*

Taxista No empecemos a ofender. En todo caso de hombre encinta. *(Se golpea el pecho con una mano.)* ¡Caray! ¿Por qué me duele tanto aquí?

Dafne Son las glándulas de la leche que se están desarrollando.

Taxista ¿De la leche? *(Desesperado.)* ¿De la leche?

Médico Sí, sí. Es normal.

Taxista ¡Ah, bueno, si es normal!

Médico Sí, es normal que la naturaleza se preocupe de la nutrición del hijo que va nacer.

Taxista ¿Tendré que amamantarlo?

Médico No creo. Usted sólo acusa los reflejos psíquicos: sus glándulas se desarrollan por simpatía.

Taxista De acuerdo. Pero por muy simpático que sea el pecho que me salga, siempre pecho será. ¿Se imagina a un taxista con sostén y faja?

Dafne *(Con melancolía.)* No te preocupes, Apolo. El profesor ha dicho que ya estoy curada y tú podrás andar en taxi, sin faja...

Marido *(Venenoso.)* Eso, con el taxi que yo le he regalado. Y él, para compensarme, me ha regalado un hijo. Muchas gracias.

Señorita Sin duda, tienes que darle las gracias porque esto es un argumento inmejorable para conseguir el divorcio.

Dafne ¡Tranquila, el divorcio se lo concedo sin argumento! Además, les puedo jurar que el padre del argumento en cuestión no es Apolo. Apolo no tiene nada que ver.

Taxista ¡Es cierto! Aunque sea bueno en dibujo, no tengo nada que ver.

Señorita ¿Pero entonces el padre es el ingeniero?

Dafne ¡Uy, ese! ¡Siempre ha sido un objeto decorativo!

Marido ¿Decorativo en qué sentido?

Taxista En el sentido de que dibuja regular.

Dafne *(Fulminando con la mirada a Apolo.)* Quería decir que yo sólo soy para él un objeto decorativo. Digamos que Aldo no está en posición de convertirse en padre de nadie. Y no me hagan hablar más de la cuenta: son cosas delicadas.

Médico Y, sobre todo, sin importancia. Se lo ruego, intentemos resolver la cuestión del embarazo: el nasciturus ya está acostumbrado a este particular tipo de circulación sanguínea, así que dividirla sería arriesgado no ya sólo para él sino también para la madre.

Taxista ¿Quiere decir que tengo que estar atado otros nueve meses?

Médico Exacto. Sé que es un gran sacrificio, pero...

Taxista *(Resuelto, tras una breve pausa.)* Conforme.

Marido ¡Cómo no va a estarlo! Le parecerá mentira...

Taxista Conforme pero con una condición: que el hijo que nazca sea mío...

Dafne ¿Me lo quieres quitar?

Taxista No, quiero decir mío como padre... Pero siempre tuyo como madre. Me basta con saber que cuando nazca podré venirlo a ver cuando me parezca, cogerlo en brazos, que se me mee un poco encima y... *(suspiro)* sobre todo, que me llame papá...

Marido ¡Qué romántico y sentimental!... ¿Habéis oído? Le basta con que le llame papá. Yo se lo mantengo y él lo disfruta.

Taxista ¿Y ahora quién lo mantiene? ¿Quién le proporciona glóbulos nutritivos y bien oxigenados? Usted nunca podrá comprender lo que significa sentirse padre y madre al mismo tiempo, sentir cómo se mueve...

Marido ¡No se pase! Ahora resulta que siente cómo se mueve...

Taxista Desde luego, incluso ahora... Aquí está, mira... *(Toma la mano de Dafne y la coloca sobre su abdomen.)* ¿Sientes cómo me da pataditas?

Dafne ¡Extraordinario! Es verdad. ¿Cómo puede ocurrir una cosa así?

Médico Muy sencillo: se trata otra vez del fenómeno de los hermanos siameses. El niño da pataditas a la madre y él las percibe. Lo insólito es que las perciba tan anticipadamente.

Taxista ¡Hop... caray, menuda patada! Parece que está jugando al fútbol. ¡Seguro que es niño! Juro que, si es un niño, de mayor le meto a taxista.

Marido No, usted no le mete a nada porque, mientras no se demuestre lo contrario, Dafne sigue siendo mi mujer, y hasta que yo no niegue el reconocimiento, el hijo que nazca será mío. ¡Mío!

Taxista ¿Cómo suyo? Pero si usted mismo ha dicho que no tiene nada que ver, que estaba ausente, así que, como se suele decir: «casado que lejos se ausenta, cornamenta».

Médico Perdonen, pero me parece que van demasiado aprisa... No he dicho que la señora esté realmente esperando un hijo. No será la primera vez que haya equívocos sobre la maternidad, y hasta que no hayamos hecho la prueba de la rana...

Señorita Doctor, déjese de ranas. Ha sido usted quien le ha dicho antes al taxista que tenía ojos de parturienta. Hazme caso, Attilio: vamos en seguida a hacer el no reconocimiento mientras estemos a tiempo. Si tantas ganas tienes de ser padre, también yo puedo darte un hijo que no sea tuyo.

Marido Tienes razón. Primero al no reconocimiento y luego al abogado para el divorcio.

Taxista Y luego al bar de la esquina para comprarme un helado.

Marido ¡Cómo no! Helado para usted y flores para Dafne, futura mujer de un honorable taxista. Si supierais la alegría que me da la idea de no volveros a ver... Hasta luego, doctor.

Médico Hasta luego. De todos modos, yo en su lugar esperaría el resultado de la rana.

Marido ¡Por favor! La rana désela a los dos siameses. Yo prefiero este pichoncito... *(Estrecha a la secretaria y la arrastra consigo hacia el fondo.)* Enhorabuena.

Salen.

Dafne *(Llora furibunda.)* ¡Maldito sinvergüenza! ¡Cobarde!

Dejarme así, con un hijo que ni siquiera sé de quién es. Las pataditas... Da pataditas a los demás, a mí, nada: ni siquiera tengo antojo de helado, con todo lo que me gusta...

Taxista Bueno, si el doctor me va a comprar una tarrina, luego te doy un poco a ti.

Médico Pero, vamos, ¿no creerán en esas tonterías de los antojos que se transmiten al niño? Son cuentos medievales.

Taxista Imposible. En la Edad Media no había helado. Y además, ya está bien, siempre discutiendo por tonterías.

Médico ¡De acuerdo! Iré a comprarlo... Sobre todo porque de tanto hablar de ello también a mí me han entrado ganas. *(Sale.)*

Dafne ¡Muy bien, doctor!

Taxista ¡Turrón sin nata!

Dafne *(Tras un instante de silencio cargado de tensión.)* ¡Apolo!

Taxista Sí, Dafne.

Dafne Apolo, te lo ruego. Dime la verdad. ¿Estás seguro de que no te has aprovechado de que tengo el sueño pesado?

Taxista Dafne... Ahora me ofendes... Soy un ladrón, un timador, vale... Siembro pies en el terreno de otros, pero no niños... Y además, mira, robaría un tren con todos los viajeros dentro pero nunca te robaría a ti cinco minutos de amor si tú no quieres. Es lo único que quiero gratis. O gratis o nada.

Dafne Perdona, pero no consigo entender cómo puede haber ocurrido, me estoy volviendo loca... Así, he ofendido a la única persona que me quiere. La verdad es que no te merezco...

Taxista No te preocupes... El cariño que te tengo no lo puedo recuperar. Lo único que siento es que te lo he regalado y tú no sabes qué hacer con él... Y tienes razón: te he dado demasiado y ahora te viene grande como un vestido de otra talla.

Dafne Te equivocas. Casi me vendría justo.

Taxista ¿Por qué dices me vendría? ¿Qué te impide ponértelo?

Dafne Sólo el miedo a perder lo que me ha costado tanto conseguir: la casa, el coche, los vestidos... Eso, sobre todo los vestidos. Nadie como yo puede comprender la importancia de los vestidos, teniendo en cuenta que para tenerlos tuve que comenzar por desnudarme.

Taxista Claro que con el oficio que tengo, para conseguírtelos tendría que dar tres vueltas a la ciudad a cada cliente que quisiera ir del centro a la estación. ¿Y cómo podría? Ya se quejan porque les hago dar vuelta y media. Sigue mi consejo: pruébate este vestido, y si no te queda bien, me lo devuelves y tan amigos.

Dafne Está bien, me lo pruebo. *(Le coje una mano con ternura.)*

Taxista *(Feliz.)* Gracias, gracias. Mira, también él está contento. Está dando saltos. *(Coloca la mano de Dafne en su abdomen.)*

Dafne *(La separa con rabia.)* No, no, es una maldad, no me apetece. Es un niño impertinente. ¡Es a mí a quien debería hacer las gracias! *(Llora.)* ¡Qué gracia tiene esperar un hijo que ni siquiera se puede sentir!

Taxista Pues deberías estarle agradecida. Ni siquiera sentirás los dolores de parto. Por desgracia, me los tendré que comer yo: sólo de pensarlo, me pongo a sudar. *(Da la impresión de estar sintiendo ya las contracciones; la mujer, amorosa, le ayuda a tenerse en pie.)*

Dafne Siéntate.

Taxista Dicen que son espantosos con el primer hijo... Será mejor que comience a ir a un curso de gimnasia para parturientas. He leído que ayuda mucho.

Dafne Basta, por favor. Me parece de locos cuando pienso en la escenita: tú con los dolores y yo paseando y fumando toda nerviosa en la sala de espera. ¡Comprenderás que nunca podré sentirme como una verdadera madre! Como mucho, me sentiré una tía para él. A lo mejor te llama a ti «mamá» y a mí «papá».

Taxista No hagas caso: los niños siempre se hacen un poco de lío. Lo importante es que tenga dos padres.

Dafne Es absurdo. No puedo creerlo.

Taxista *(Cambia de tono al instante.)* Y haces bien en no creerlo.

Dafne *(Asombrada.)* ¿Por qué?

Taxista Porque no estamos esperando un niño. Me lo he inventado todo otra vez.

Dafne ¿Que te lo has inventado? ¡No digas tonterías! ¿Y los desmayos? ¿Y el antojo de helado?

Taxista Todo inventado.

Dafne No te habrás inventado también las pataditas y los saltos...

Taxista ¡Eso es lo más fácil del mundo! Mira, basta con contraer los músculos del abdomen así. Escucha. Aquí están la pataditas: pataditas, saltos, saltos-pataditas, pataditas-pataditas. También el doctor se lo ha tragado.

Dafne ¿Y lo de las glándulas mamarias?

Taxista Seno-bel.

Dafne ¿Cómo?

Taxista Seno-bel. Me he tragado una caja entera de senobel, el tratamiento que desarrolla los senos. Tú no lo necesitas pero deberías recomendárselo a tus amigas. Te lo aseguro: es eficacísimo. *(Muestra la cajita.)*

Dafne ¿Dónde la has encontrado, Apolo?

Taxista En un cajón en la habitación de la doncella. Es evidente que la olvidó. Así que al ver la caja se me ocurrió la idea...

Dafne ¡Menudo liante! ¿Para qué has montado toda esta farsa? ¿Con qué fin?

Taxista ¿Cómo con qué fin? ¡Te olvidas de que hoy el doctor nos habría separado y yo habría tenido que irme! Era la única manera de seguir estando cerca... la única.

Dafne *(Con ternura.)* ¡Qué sinvergüenza eres, Apolo!

Taxista Gracias. Es cierto que también hay un Dios para los bobos. Porque todo ha salido mejor de lo que esperaba. Tu marido te ha dejado, el otro está en el trullo y tú me has dicho que sí. *(Mira hacia lo alto, grita con todas sus fuerzas.)* ¡Mercurio, eres la de dios!

Dafne Tú también, Apolo.

Taxista Normal, soy su hermano. *(La ciñe por el talle.)* ¿Bailamos?

Dafne Ahora sí. Tengo verdaderas ganas de bailar...

Taxista ¡Bien! *(Va hacia el tocadiscos.)* ¿Dónde puedo encontrar algún otro disco? Este lo hemos escuchado demasiado. *(Quita el disco.)*

Dafne Ahí, en mi habitación, hay un álbum lleno. En seguida te lo traigo. *(Se dispone a irse.)*
Taxista No, no te muevas. Ya voy yo. Así aprovecho para ponerme pantalones y unos zapatos. Con zapatos se baila mejor. *(Sale por la izquierda.)*

La puerta del fondo se abre y entra el amigo del taxista.

Dafne *(Suelta un grito ahogado.)* ¡Ay, un ladrón!
Amigo *(Tranquilizador.)* Ha andado usted cerca. Pero tranquilícese, soy el socio de Febo. Sí, bueno, de ese que usted llama Apolo.
Dafne ¡Menudo susto me ha dado! ¿Qué hacía ahí dentro?
Amigo Escuchaba. Hace más de una hora que escucho y, a decir verdad, he oído cada cosa...
Dafne ¿Pero por dónde ha entrado?
Amigo Por la puerta de servicio.
Dafne ¿Estaba abierta?
Amigo No, pero la he abierto yo. Comprenderá que para un profesional como yo es un juego de niños.
Dafne Ya, me olvidaba... Pero, de todos modos, le advierto que si ha venido con idea de volverse a llevar a Apolo por el mal camino, será mejor que se lo quite de la cabeza.
Amigo ¿Por qué? ¿Acaso el camino en el que está ahora le parece mejor?
Dafne ¿Se refiere a que está enamorado de mí?
Amigo Bueno, decir que sólo está enamorado me parece poco...
Dafne A mí también pero le quiero tantísimo...
Amigo ¡Así cualquiera! ¡Estaría bueno que no le quisiera después de que le ha servido de bomba auxiliar durante casi un mes! Pero ahora que vuelve a ser sólo un taxista, ¿cuánto tiempo cree que conseguirá soportarlo? ¿De verdad piensa que van a poder vivir mucho tiempo juntos?
Dafne ¿Y por qué no? Además hemos acordado un periodo de prueba...
Amigo Ah, qué lista. Usted prueba en ese periodo, pero también él. Y dígame, cuando haya probado, ¿quién se encar-

gará de convencerlo de que no pruebe más? Me gustaría ver su cara cuando oiga esto: «Ahora ya basta, ya no jugamos más, amigos como antes y si te he visto no me acuerdo». Si le hiciera explotar una granada en una oreja, le haría menos daño... ¡Se lo digo yo!

Dafne ¡Oh, no! ¡Qué grima! ¡Pobre Apolo, justo en la oreja!

Amigo ¿Pero no se da cuenta de que vive como sonámbulo?... Si lo despierta de golpe, como mínimo lo deja seco.

Dafne ¡Tiene razón!... ¡Qué problema!... ¡No lo había pensado! ¡Qué tengo que hacer, pobre Apolo!

Amigo Ya, pobre Apolo. Escuche, siga mi consejo: despídase de él ahora que todavía está a tiempo, ahora que todavía está en el primer sueño...

Dafne No, no puedo. ¡Le quiero tanto!

Taxista *(Desde dentro.)* Eso es, este sí que vale: es justo el disco que buscaba.

Dafne Ya vuelve... ¿Qué tengo que hacer?

Amigo Venga por aquí. Le diré lo que tiene que hacer. Tal vez en lugar de despertarlo, el sistema mejor sea hacerle cambiar de sueño.

Se la lleva fuera de escena.

Taxista *(Entra.)* Verás lo bien que se baila con este... *(Mira a su alrededor.)* ¡Dafne! ¡Dafne!

Dafne *(Desde dentro.)* Ve poniendo el disco, Apolo... Me estoy refrescando un poco, pero en seguida estoy contigo.

Taxista Oh, no tengas prisa. *(Pone el disco y amaga algunos pasos de danza. Dafne vuelve a entrar. Se esconde detrás de una columna y cuando Apolo pasa cerca de ella se introduce entre sus brazos continuando la danza.)* Oh, Dafne... *(Le levanta el rostro.)* ¿Pero Dafne, qué tienes?... ¿Tienes los ojos húmedos?

Dafne *(Se seca las lágrimas.)* No. Nada... Es que me he echado un poco de agua en la cara... Sabes, hace tanto calor...

Taxista Entonces es mejor que bailemos a lo suelto.

Dafne ¡Oh, no! A lo suelto no... Abrázame... ¡Oh, Apolo, prométeme que nunca me darás un beso!

Taxista ¿Nunca un beso? ¿Y por qué?

Dafne No lo sé... Tengo miedo...

Taxista Si es por eso yo también tengo miedo. Pero hay que tener valor. ¿No queremos que nos llamen cobardes, no? Mira, podemos probar con los ojos cerrados: yo ya estoy listo con los ojos cerrados.

Dafne Oh, sí... Cerremos los ojos...

Taxista ¿Listos entonces? ¡Allá vamos! Unos, dos, tres... uno, dos... *(Se besan.)* No vuelvas a abrir los ojos tan rápido, espera. Besémonos otra vez con los ojos cerrados, luego la tercera vez con los ojos abiertos... Esta todavía es con los ojos cerrados, contamos uno, dos y tres. Empezamos: uno... uno, dos... *(Aproximan los labios. Luego Dafne se aparta pero Apolo se queda como si estuviera disecado. El amigo, que acaba de entrar en ese instante, pone una gran planta ornamental llena de hojas en lugar de Dafne. Luego Dafne y el amigo se esconden detrás de las columnas. Apolo vuelve a abrir los ojos y mira turbado la planta que tiene entre los brazos.)* ¡Dafne, Dafne! *(Desesperado.)* ¡Oh, Dios, qué he hecho!... *(Una pausa. Toma asiento sujetando el tiesto en las rodillas.)* Todo por haberte besado, Dafne... ¡Te has convertido otra vez en planta! Y todo por mi culpa... Soy un desgraciado... Debí haberlo imaginado... Por eso tenías miedo de que te besara... Ya te había pasado lo mismo con otro Apolo... Pero yo, nada... Imbécil... Quiero un beso, quiero un beso... Y tú no has tenido el valor de decirme que no... ¡Quién iba a pensar que me querías tanto! *(Detrás de la columna, Dafne no puede contener las lágrimas. Solloza.)* ¿Lloras? Oh, Dafne... Ya verás como a lo mejor tu padre se lo piensa y te devuelve a tu antiguo ser... Y además, te aseguro que como planta tampoco estás nada mal: tienes bonitas ramas, por no hablar de las hojas... *(Acaricia ramas y hojas.)* Eres preciosa. *(Se pone de pie sujetando amorosamente el tiesto entre los brazos.)* Venga, ahora basta de llantos... Vamos a bailar... Ves, también nos podemos abrazar así... Lástima que con todas estas hojas no consiga saber dónde tienes la boca... Pero besándolas verás cómo descubro la buena... *(Se mueve a cámara lenta.)* Enhorabuena: para ser una planta tengo que decir que te dejas llevar con facilidad... Verás lo bien que vamos a estar juntos. Te llevaré a mi casa: no te dejaré sola ni un momento...

Al contrario, me pondré un tiesto junto al taxímetro y te llevaré siempre conmigo en el taxi. *(Considera las dimensiones más bien llamativas de la planta.)* Me temo que esta vez me tocará conducir un taxi descapotable, si no, no sé cómo vas a caber con lo larga que eres... *(La música ha terminado.)* Vaya, se ha acabado el disco... Espera a que lo vuelva a poner. *(Apoya el tiesto en el sillón.)* Una vez más y nos vamos a casa. No te muevas, vuelvo en un minuto. *(Va hacia el tocadiscos, se para a mitad de camino.)* Ah, también tengo que hacer las maletas. *(Llega al tocadiscos, vuelve a poner la aguja y cruza el escenario por la izquierda.)* Mira, va a ser un momento, a todo correr: dos minutos. Mientras, tú escucha el disco... No te muevas, Dafne. Espérame. *(Sale.)*

Dafne *(Deja el escondrijo, se precipita al centro del salón.)* Basta, basta, no aguanto más. *(Agarra la planta y la tira por la ventana.)*

Amigo *(Vuelve a entrar.)* ¡Bravo, bravo! Ha sido una escena estelar, un gran final de heroína de cómic... ¡Qué hallazgo! El pobre acaba de encajar un mazazo y ella ya le quiere asestar otro... ¡Pero entonces me lo quiere rematar!

Dafne ¿Pero cómo voy a soportar que se le engañe de esta manera? ¡Enamorado de una planta!

Amigo: ¡Ah, vaya! Ahora sale a flote el egoísmo femenino. Se siente estafada. ¿Pero no ha visto? ¿No ha visto que él también está contento así? Y eso sin contar con que además una planta nunca le dará ni un desengaño. Sea generosa, déjelo ir...

Dafne Sí, sí, pero ahora... sin planta...

Amigo ¿No tiene otra?

Dafne Tiene las hojas diferentes.

Amigo No importa. Démela igual. ¿Dónde está?

Dafne Allí.

Amigo Muy bien.

Salen juntos.

Taxista *(Desde dentro.)* Mira qué rapidez, Dafne. *(Entra.)* Dime la verdad: ¿a que nunca te habrías imaginado que fuera tan rápido? Mira, dos maletas de una sola vez. Dos segundos. Está todo un poco revuelto, he puesto las camisas con los zapatos... *(Busca la planta.)* ¿Dónde estás, Dafne? Te dije que no te movieras. *(El amigo entra y, sin ser visto, deja la nueva planta sobre la mesa, luego se retira detrás de la columna a toda prisa.)* Ah, estás aquí... ¿Pero qué has hecho? Te has cambiado de hojas. Ja, ja, qué estúpido... Casi olvidaba que eres una mujer... ¿Y qué mujer no se cambia de vestido antes de salir? ¿Tú te has cambiado de hojas, no? *(Repara en el amigo, que se deja ver intencionadamente.)* ¡Antonio! ¡Antonio!

Amigo Por fin te encuentro. Desde luego, estás fuera de casa casi un mes, sin dar señales de vida ni una sola vez...

Taxista Tienes razón, Antonio, perdona. Pero me han pasado cosas que no hay quien se las crea. Te las contaré, y seguro que cuando lo haga vas a decir: ¡andá! Menos mal que todo ha terminado bien y que has llegado en el momento oportuno. Ves, iba a volver a casa, tengo las maletas hechas. ¿Me ayudas a llevar una?

Amigo De mil amores. *(Lo hace.)* Pero por lo menos podrías presentarme a la señora.

Taxista Ah, claro, la señora... Dafne, Dafne, te presento a un íntimo amigo mío, Antonio ¿Te acuerdas? Te he hablado de Antonio...

Amigo Tanto gusto, señora *(Besa una hoja como si fuera una mano.)*

Taxista *(Se vuelve a la planta.)* ¡Es listo Antonio, eh! ¿Has visto, Dafne? En seguida ha comprendido que eres una mujer.

Amigo Y muy hermosa... ¡Enhorabuena!

Taxista ¡Ah, me alegro de que a ti también te guste! ¿No tendrás nada en contra si me la llevo a casa, no?

Amigo ¡Claro que no! ¿Nos vamos?

Taxista Vamos. *(Va a seguir a su amigo, se lo piensa mejor y retrocede.)* Espera, espera a que coja el pie. *(Va a coger el pie del mueble de la izquierda.)* Sabes, me ha dado buena suerte. Es cierto que el pie camina a donde el corazón se inclina. No sé dónde lo he leído... Ah, sí. En un cartel de teatro de esos que pegan en las paredes. ¡Tendré que ir a ver esa comedia! ¿Cómo será?

Salen mientras Dafne llora desesperadamente detrás de la columna.

ISBN: 84-7844-399-1

Depósito legal: M-17.230-1998

Impreso en Cofás